미국은
드라마
다

주제가 있는
미국사 **2**

강준만 지음

인물과
사상사

머리말
왜 미국은 드라마인가?

미국은 드라마다. 미국 역사가 드라마처럼 흥미진진하다는 뜻이다. 그 어느 나라를 막론하고 역사적인 드라마가 없는 나라가 있을 리 없지만, 드라마의 흥미성과 흡인력이 천차만별이듯이 각국의 드라마 역시 '드라마틱한' 정도에서 천차만별이다. 각자 보는 관점에 따라 다르겠지만, 나는 세계 모든 나라 가운데 역사의 드라마틱한 흥미성이 가장 뛰어난 나라는 미국이라고 생각한다. 그 이유는 '꿈' 때문이다.

드라마의 생명은 꿈이다. 유명 방송 작가들이 말하는 '대박 드라마' 성공 공식에 빠지지 않고 등장하는 것 역시 바로 꿈이다. 물론 여기서 꿈은 '성공'이지만 파란만장波瀾萬丈과 더불어 우여곡절迂餘曲折을 수반한 성공일 때에 시청자들에게 재미와 더불어 감동을 준다. 작가들이 말하는 성공 공식 5개를 감상해보자.

(1) "대중은 판타지, 권선징악, 해피엔딩을 원한다. 지나치게 구체

적인 리얼리티는 싫어한다. 숨기고 싶은 자신의 내면과 만나는 것을 싫어하니까."(〈금쪽 같은 내 새끼〉의 서영명)

(2) "가진 것 없는 사람이 잘 되는 이야기. 시청자들은 '근사하게 사는 부자의 이야기'를 싫어하는 척하면서도 열심히 본다."(〈그 여자네 집〉의 김정수)

(3) "신분상승을 다룬 성공 스토리, 혹은 가족·도덕 관념을 뒤엎는 드라마!……급격한 변화를 겪는 시청자들은 드라마에서도 강렬한 자극을 찾는다."(〈신돈〉의 정하연)

(4) "시청자들은 신데렐라 얘기를 보며 '식상하다' 불평하지만, 그러면서도 신데렐라 구도를 제일 좋아한다."(〈올인〉의 최완규)

(5) "한국 사람은 유난히 성공 스토리를 좋아한다. 〈대장금〉에서도 위기나 갈등보다 명쾌하게 성공을 거두는 장면에서 반응이 더 뜨겁더라."(〈대장금〉의 김영현)[1]

파란만장波瀾萬丈과 더불어 우여곡절迂餘曲折을 수반한 성공을 미국식으로 표현하자면, 그건 바로 '아메리칸 드림American Dream'이다. 미국 칼럼니스트 월터 리프먼Walter Lippmann, 1889~1974은 "미국은 언제나 국가일 뿐만 아니라 꿈이었다America has always been not only a country but a dream"고 했다.[2]

미국을 무한한 '기회의 땅'으로 여기는 '아메리칸 드림'의 역사는 400년이 넘었지만, 그것이 대중 용어로 자리 잡은 건 1931년 역사가인 제임스 애덤스James Adams, 1878~1949가 『미국의 서사시The Epic of America』라는 책에서 처음 사용한 이후부터다.

'아메리칸 드림'은 이미 1956년에 출간된 찰스 라이트 밀스Charles Wright Mills, 1916~1962의 『파워 엘리트The Power Elite』에 의해 실증적으로 부정되었다. 이 책은 3,000만 달러 이상을 가진 미국의 대부호 275명 가운데 93퍼센트가 상속에 의해 부자가 된 사람들이란 걸 보여주었다. 그러나 미국인들은 그런 사실에 전혀 개의치 않았으며 '아메리칸 드림'이라는 신앙을 버리지도 않았다.

1992년 9월 5일자 『이코노미스트』의 조사에 따르면, "자유와 평등 가운데 어떤 가치를 더 높이 평가하느냐"는 질문에 대해 미국인의 72퍼센트가 자유를 택했으며, 평등을 택한 사람은 20퍼센트에 지나지 않았다. 반면 독일인은 37퍼센트가 자유, 40퍼센트가 평등을 택했다. 또 "당신은 자유 경제체제를 통해 발생한 소득의 손실을 보완하기 위해 정부가 개입해야 한다고 생각합니까?"라는 질문에 대해선 미국인의 80퍼센트가 부정한 반면, 독일인은 60퍼센트가 찬성했다. 이탈리아인과 오스트리아인은 80퍼센트가 찬성했다. 또 '퓨 리서치센터'의 2003년 조사에 따르면 미국인의 3분의 2는 "성공이 자신의 통제력 밖에 있지 않다"고 믿었다. 독일인의 68퍼센트는 그 반대라고 응답했다. 이건 예외적인 조사 결과가 아니라 매우 흔한 것이다. 미국인들과 유럽인들은 그토록 많이 다르다.

'아메리칸 드림'은 미국인의 절대다수가 결코 이룰 수 없는 '사기'라는 게 이미 충분히 밝혀졌지만, 미국인들은 여전히 '아메리칸 드림'이라는 신앙을 포기하지 않는다. 왜 그럴까? 이현송은 "세계 가치관 조사에 따르면 미국인은 다른 어느 나라 사람보다 자신의 성취 가능성에 대해 훨씬 더 높게 평가하고 미래를 낙관하는 것으로 나타난다"며 다음과 같이 말한다.

"미국인은 어릴 때부터 이러한 이념을 끊임없이 주입받으며 성인이 되어서도 대부분의 사회현상에 이러한 이념을 적용하여 해석하고 행동하는 경향이 있다. 미국 어린이들이 어릴 때 흔히 부르는 동요인, '별에 소원을 빌 때, 네가 누구이건 중요치 않아. 너의 꿈은 이루어질 거야When you wish upon a star, there is no difference who you are. Your dreams will come true'라는 가사는 이 이념의 일부를 포함하고 있다."[3]

미국은 건국 이전부터 주로 성공의 열망에 들뜬 사람들이 몰려든 곳이다. 실용적일 수밖에 없다. 세상을 관조하고 성찰하는 철학은 낡아빠진 유럽이나 하라는 게 미국인들의 태도였다. '아메리칸 드림'은 이미 '아메리칸 백일몽American daydream'이라는 다른 이름을 얻었지만, 역설적으로 바로 그렇기 때문에 '아메리칸 드림'은 더욱 질긴 생명력을 갖게 될지도 모른다. 인간은 꿈 없이 살 순 없으며, 현실이 고달플수록 더욱 꿈에 매달려야만 하기 때문이다. 그런 꿈을 무대로 삼는 동시에 매개로 삼아 벌어진 400여 년의 미국사가 매우 흥미진진한 드라마인 이유도 바로 여기에 있다.

국가적 차원에서 '아메리칸 드림'은 오늘날 미국이 '초초강대국hyperpower'으로 불릴 정도로 대성공을 거두었다. 그것도 인류 역사상 그 유례를 찾기 어려운 초고속 '압축성장condensed economic growth'으로 말이다.

역사가 대니얼 J. 부어스틴Daniel J. Boorstin, 1914~2004이 잘 지적했듯이, "신생국 미국은 유럽이 2,000년 동안 경험했던 것을 한두 세기로 역사를 압축시켜 놓았다".[4]

그 압축성장의 드라마도 재미있지만, 개인과 가족 차원의 드라마도 재미있다. 극심한 빈부격차로 대변되는 내부의 갈등이 '아메리칸 드림'에 의해 은폐되거나 일시적으로 힐링 되는 것 또한 드라마틱한 요소들이 다분하다. "아메리칸 드림은 끝났다"는 기사들이 자주 나오긴 하지만, 동시에 「한인韓人 노숙자서 흑인 미혼모까지…국가가 '개천의 용'으로 키워주는 미국: 아메리칸 드림은 계속된다」는 식의 기사도 끊이지 않는다.[5]

한국을 가리켜 '드라마 공화국' 또는 '드라마크라시dramacracy'라고 하지만, 미국은 브라운관 밖에서도 '드라마크라시'를 실현하는 나라가 아닐까? 그런 드라마크라시에서 공연되는 드라마 28편을 실은 이 책은 2013년 9월부터 2014년 3월까지 6개월여 기간 동안 '네이버캐스트'에 연재했던 '주제가 있는 미국사'의 아날로그판인 셈인데, 같은 방식으로 이미 출간한 『미국은 세계를 어떻게 훔쳤는가?: 주제가 있는 미국사』의 속편이라고 할 수 있겠다.

프런티어 문화, 아메리칸 드림, 자동차 공화국, 민주주의의 수사학, 처세술과 성공학, 인종의 문화정치학, 폭력과 범죄 등 7개의 큰 주제로 나누어 각 4편씩의 글을 배치했던 전편과는 달리, 이번엔 시간의 흐름 순서대로 28편의 글을 배열하는 방식을 취했다.

네이버 측에 깊은 감사의 말씀을 드린다. 네이버의 제안이 없었더라면, 이 책은 나오지 못했을 테니 말이다. 멋진 편집으로 네이버 공간에서 내 글을 훨씬 돋보이게 만들어준 강주연 씨와 김태옥 씨께도 감사의 말씀을 드린다.

네이버에 글을 연재하는 일이 내겐 매우 즐거웠다. 미국 관련 글만 보면 "이 글을 쓴 사람은 좌야 우야? 반미야 친미야?"라고 따져보길 좋아하는 일부 한국인들의 습성을 네티즌들의 댓글에서 가끔 발견하는 것도 재미있었다. 제발 그런 이분법 좀 버리자는 게 이 책의 취지임은 두말할 나위가 없다. 모쪼록 독자들께서 이 '미국 드라마'를 재미있게 즐기시길 바라마지 않는다.

2014년 7월
강준만

왜 포카혼타스는
나오미 캠벨이 되었나?

'포카혼타스 신화'의 탄생

플리머스인가, 제임스타운인가?

구대륙의 종교 탄압과 신분 차별을 없애고 자유와 번영의 신세계를 연 미국사의 출발점은 1620년 청교도들이 영국에서 메이플라워호를 타고 건너와 매사추세츠만灣의 플리머스에 건설한 정착촌이다. 이게 미국에서 통용되는 공식적인 해석이다.

그러나 2007년 4월 『워싱턴포스트』는 제임스타운Jamestown 건설 400주년을 맞아 「미국 만들기Inventing America」라는 제목의 특집에서 "우리는 플리머스로부터 미국의 이상을 추적하고 있지만, 기실 강력하고 유복하며 거칠고 괴상한 미국의 씨앗을 처음 볼 수 있는 곳은 제임스타운"이라고 주장했다.[1]

플리머스보다 13년 앞선 제임스타운Jamestown 건설 400주년을 맞아 나온 주장이지만, 미국인들이 흔쾌히 동의할 것 같진 않다. 플리머스는 '추수감사절'을 연상시키지만, 제임스타운은 '식인食人'으로 대변되는 굶주림을 연상시키기 때문이다. 어쩌면 제임스타운은 영국과 미국 모두에 지우고 싶은 역사인지도 모른다. 과도한 역사 왜곡이 이루어지고 그 과정에서 이른바 '포카혼타스 신화'가 영미 합작으로 탄생한 것도 바로 그런 이유 때문은 아닐까? 잠시 400여 년 전으로 돌아가 보자.

식민지 개척을 위해 조직된 런던 회사는 1606년 12월 배 3척과 남자 144명을 아메리카로 파견했다. 이들은 오랜 항해 끝에 1607년 4월 24일 오늘날의 버지니아와 메릴랜드 근처의 체사피크만Chesapeake Bay에 도착해 제임스 강James River 하구에 영국의 첫 번째 식민지인 제임스타운을 건설하기 시작했다.

1607년 12월 제임스타운 식민지의 지도자인 존 스미스John Smith, 1580~1631 선장은 그 지역 원주민인 포와탄Powhatan족에게 생포 당했다. 원주민들이 스미스의 머리를 돌덩이 위에 얹어놓고 몽둥이로 내려치려는 찰나 포와탄 추장의 딸인 포카혼타스Pocahontas, 1595~1617라는 별명을 가진 마토아카Matoaka가 나타났다. 포카혼타스는 '활달한' 혹은 '모험심이 강한'이라는 뜻이다. 그녀는 팔로 그의 머리를 감싸며 스미스의 목숨을 구해달라고 간청해 그의 목숨을 살렸다.

1609년 10월 스미스가 화약 폭발로 당한 부상을 치료하기 위해 영국으로 떠난 뒤 2년 동안 새로운 지도자인 토머스 데일Thomas Dale은 포와탄족을 공격했고 그 과정에서 포카혼타스를 납치했다. 포와탄이 몸값을 지불하고 그녀를 되찾아가기를 거부하자, 포카혼타스는 백인들과 살게 된다.

● 포카혼타스가 존 스미스를 구하는 모습을 담은 그림(1870). 포카혼타스 신화는 영국과 미국 모두에 지우고 싶은 역사일지도 모르는 제임스타운의 식인 일화 때문에 탄생한 것은 아닐까?

제임스타운의 정착 시도는 처음 17년간 실패의 연속이었다. 끝까지 살아남았다는 것일 뿐, 그곳은 가난과 질병과 죽음의 장소였다. 배를 통해 이주해온 쥐 떼까지 기승을 부려 얼마 되지 않은 식량들을 놓고 인간과 쥐 사이에 한판 전쟁이 벌어지기도 했다.

케네스 데이비스Kenneth C. Davis는 "제임스타운은 신세계에 용감히 맞선 영웅적인 이주민들의 거류지, 즉 '미국의 탄생지'로 오랫동안 기념되었다. 하지만 제임스타운의 적나라한 실상은 교과서에 소개된 제임스타운 이주민들의 멋진 모습을 여지없이 일그러뜨린다"며 다음과 같이 말한다.

"1609~1610년의 '기아 연도'에는 상황이 더욱 궁핍해졌다. 질병과 가뭄으로 인한 기근과 인디언들의 공격이 한꺼번에 밀어닥쳤다. 배가 고파 눈이 뒤집힌 일부 이주민들은 식인종으로 전락했다. 당대의 한 문헌에는 '도저히 허기를 참을 수 없어' 영국인의 무덤이건 인디언의 무덤이건 가릴 것 없이 무덤으로 가서 '자연이 혐오하는 그런 것들을 먹을 수밖에 없었던' 사람들에 대한 이야기가 기록돼 있다. 극단적인 경우에는 남편이 잠든 아내를 죽여 '머리를 뺀 나머지 부분이 말끔히 사라질 때까지 식량으로 삼았다'는 이야기도 전해진다."[2]

식인食人은 단지 전해져 내려오는 옛날이야기가 아니라 과학적으로도 입증된 사실이다. 2013년 5월 워싱턴의 스미스소니언 자연사박물관의 법의학 인류학자인 더그 아우슬리 박사는 버지니아 제임스타운에 있는 미국 최초의 영국 이주민 마을(제임스포트)에서 발견된 14세 소녀의 두개골 상처를 분석한 결과, 식인의 흔적을 발견했다고 발표했다. 이런 식인 행위는 1607년 건설된 제임스포트의 영국 이주자들이 2년 뒤인

1609~1610년 겨울의 혹독한 추위와 기근에서 살아남으려는 과정에서 자행된 것으로 연구진들은 추측했다.

소녀가 숨진 것으로 추측되는 1609년 겨울에 제임스포트 이주민들은 관계가 악화된 아메리카 원주민들에게 포위되어 식량이 바닥난 상태였다. 개와 고양이, 쥐, 뱀까지 잡아먹고, 심지어는 신발의 가죽까지 먹었다는 기록이 남아 있다. 얼마나 많은 사람의 주검이 식용으로 쓰였는지는 불확실하나, 이 소녀가 유일한 희생자가 아닌 것은 확실하다고 연구진은 밝혔다. 6개월의 기근과 봉쇄 끝에 1610년 여름 영국에서 구조대가 왔을 때 이주민 300명 중 60명만이 살아남았다.[3]

문명의 홍보대사가 된 포카혼타스

아무리 포위를 당했다지만, 정말 그렇게까지 먹을 게 없었던 걸까? 레이 태너힐Ray Tannahill은 "그 땅에는 사냥감도 풍부했고, 바다에는 물고기가 많았으며, 숲에는 먹을 수 있는 열매들이 가득했지만, 제임스타운 이주자들은 사실상 까다롭고 무능한 사람들로, 일하기를 싫어하고 연장이나 도구들을 잘 갖추고 있지 않았으며 점잔만 빼고 있었다"고 말한다.[4]

왜 그런 일이 벌어진 걸까? 영국에서 이루어진 이주민 모집 광고가 허황된 과장 일색이었다는 데에도 책임이 있었다. 1609년에 나온 광고는 버지니아의 생활이 '훌륭한 결과'를 보장해준다고 설명했는데, 이는 한 번도 아메리카 대륙을 본 적이 없는 사람들에 의해 쓰였다. 당시 탐험과 이주는 비용 부담과 위험 분산 차원에서 주식회사 형식으로 이루어졌

는데, 여기에 이미 '자본 논리'의 탐욕이 작용하고 있었던 것이다. 과장
은 갈수록 심해져 이후에 나온 광고들은 영국 하층계급의 식민지에 대한
막연한 동경심을 이용해 아메리카 식민지를 지상낙원처럼 묘사했다. 좋
건 나쁘건 미국의 건설 자체가 광고의 역사였다고 말하는 이유가 바로
여기에 있다.[5]

그런 시련 끝에 제임스타운을 살린 건 담배였다. 콜럼버스가 서인도
제도에서 쿠바 원주민들이 타바코tabacos라 불리는 작은 담배를 콧구멍에
집어넣고 피우는 것을 보고 이를 가지고 돌아온 후부터 유럽인들은 담배
에 매료되었다. 1612년 제임스타운의 농장주인 존 롤프John Rolfe, 1585~1622
는 버지니아의 토착 담배에 그보다 순한 자메이카 종자를 교배해 버지니
아가 최초 환금換金 작물을 생산하는 데에 성공했다. 제임스 강변에서 담
배 농사가 급성장했다. 영국에 첫 수출을 한 1617년 이후 런던 사람들은
담배 없이는 못 살 정도가 되었다. 영국에서는 담배가 버지니아의 생산
단가보다 5~10배의 가격으로 판매되었기 때문에 단기간에 버지니아의
경작 가능한 모든 땅에 담배가 심어졌다.

기독교로 개종해 '레베카Rebecca'라는 세례명까지 얻은 포카혼타스
는 담배로 제임스타운을 살린 존 롤프와 1614년 4월에 결혼해, 1615년
1월 아들 토머스 롤프Thomas Rolfe, 1615~1680를 낳았다. 런던 회사는 이들을
투자 촉진의 '홍보대사' 역할로 1616년 영국에 보냈다. 런던에서 포카혼
타스는 '야만을 문명화시킨' 성공적 사례로 센세이션을 일으키며 국왕
알현의 기회까지 얻었다.

바로 이 시기에 존 스미스는 자서전을 출간해 포카혼타스가 자신의
생명을 구했다는 사연을 밝혔는데, 그 신빙성이 의심된다는 주장이 있

• 미국 워싱턴 D.C. 국립초상화박물관에 있는 포카혼타스의 초상화.

다. 스미스가 거의 10년이 지난 1616년에서야 그 이야기를 꺼낸 이유가 뭐냐는 것이다. 스미스의 주장을 믿는 옹호자들은 당시 포카혼타스가 왕실의 환대를 받고 있었기 때문에 스미스가 왕가의 환심을 사기 위해 포카혼타스 이야기를 꺼냈다고 말한다.

스미스의 진실성에 관한 논쟁을 미국사 출발의 정체성을 '매사추세츠 대 버지니아', 즉 북北에서 찾느냐 남南에서 찾느냐 하는 '남북 갈등'의 관점에서 보는 시각도 있다. 스미스에 대한 비판이 남북전쟁 직전 남북 갈등이 고조되었을 때 북의 학자들에 의해 제기된 것부터가 수상쩍다는 것이다.[6]

포카혼타스는 영국에서 미국 식민지 투자를 권유하는 활동을 하다가 22세 때인 1617년 3월 버지니아로 돌아가던 선상에서 천연두로 사망해 템스 강변에 묻혔지만, 많은 영국인에게 강한 인상을 남겼다. 포카혼타스의 '홍보대사' 활동 덕분이었는지는 몰라도, 1619년 처녀 90명이 영국에서 제임스타운에 도착했다. 신부 한 명을 얻는 데 드는 비용은 담배 120파운드로 영국에서 제임스타운까지의 수송 비용과 같았다.[7]

포카혼타스는 1803년 존 데이비스John Davis라는 사람이 『미국에서의 여행Travels in the United States of America』에서 처음으로 포카혼타스 이야기를 소설화한 이후 미국에서도 널리 사랑을 받는 인물이 되었다. 포카혼타스와 롤프의 관계에 낭만적이고 드라마틱한 로맨스가 없다는 이유로 엉뚱하게 존 스미스를 끌어들여 포카혼타스와의 로맨스를 날조한 소설이었지만, 그래서 더욱 독자들은 포카혼타스 이야기에 빠져든 것인지도 모르겠다.

버지니아 제임스타운 정착촌에는 포카혼타스와 존 스미스의 동상이 세워졌으며, 워싱턴 D. C.의 의사당 천장에는 그녀의 세례 장면을 담은 그림이 그려져 있다. 미국 전역에 포카혼타스라는 지명은 18개에 이른다. 1995년 디즈니사가 33번째 장편 애니메이션으로 〈포카혼타스〉를 제작해 개봉한 것도 바로 그런 이유 때문이었으리라.

슈퍼모델 나오미 캠벨이 된 포카혼타스

이 영화가 전 세계적으로 흥행에 성공하면서 실존 인물 포카혼타스에 대한 재조명이 활발해졌지만, 『미국에서의 여행』에 묘사된 날조된 로맨스를 그대로 사용하는 등 이 영화의 역사적 사실 왜곡이 너무 심해 오히려

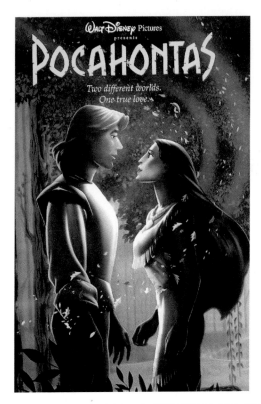

• 디즈니의 장편 애니메이션 〈포카혼타스〉는 세계적으로 큰 흥행을 거두었지만 역사적 왜곡이 심하다는 비판을 들었다.

그런 재조명을 방해할 정도였다. 재즈 가수 나윤선이 프랑스에서 공연한 지 얼마 안 되었을 때 공연 중에 한 꼬마 여자 아이가 갑자기 걸어나오더니 무대 위까지 올라와 나윤선에게 "너 포카혼타스지?"라고 했다는 이야기는 〈포카혼타스〉가 전 세계 어린이들에게 미친 영향이 만만치 않음을 실감케 한다.[8]

서정아는 "포카혼타스는 자신의 어떤 말도 남기지 않고 사라졌으나 그녀의 삶은 호사가들에 의해 이리저리 부풀려졌다. 신대륙으로 이주한 영국인들이 토착 영웅을 찾아 헤맬 때 포카혼타스의 얘기가 그들의 의도에 들어맞았던 것. 이때부터 그녀의 이야기는 아름다운 전설이 돼 웹스터사전에 실렸으며 포카혼타스의 조각품도 만들어져 한 성당에 영구 전시됐다"며 다음과 같이 말한다.

"포카혼타스는 사람들의 입맛에 따라 시시때때로 변했다. 남부 사람들은 그를 귀족 가정의 시초로 숭앙했으며 북부인들은 노예제도 철폐주의자의 상징으로 여겼다.……포카혼타스는 이후 미국의 '뮤즈'로, 순결한 영혼의 처녀 등으로 탈바꿈하다가 마침내 95년에 '흥행의 마술사' 디즈니사를 만나 슈퍼 모델 나오미 캠벨을 본뜬 멋쟁이 여성으로 변모했다. 게다가 시공을 초월해 헌신적으로 스미스를 사랑하는 착한 마음씨에 평화·환경보호주의자이기도 하다. 포카혼타스는 숨진 지 3백여 년 만에 17세기판 원더우먼으로 거듭나게 됐다."[9]

그렇다. 포카혼타스는 나오미 캠벨이 되고 말았다. 디즈니 만화영화를 좋아하는 어린 학생들은 그대로 믿기 마련이다. 그래서 역사가들은 곤혹스러울 수밖에 없다. 데이비스는 이렇게 개탄한다. "역사 선생님들은 디즈니사가 창조한 새로운 신화인 〈포카혼타스〉를 보고 역사를 배운 사춘기 이전의 미국 어린이들과 싸움을 벌여야 하는 상황이다. 이 영화에서 풍만한 가슴을 가진 관능적인 인디언 처녀는, 멜 깁슨이 목소리 연기를 한 서핑 선수처럼 생긴 존 스미스 선장에게 광적인 사랑을 느끼는 것으로 묘사되어 있다. 아이고 맙소사."[10]

연동원은 영국에서 포카혼타스의 가족은 "아메리카 대륙으로의 이주의 성공 가능성을 홍보하기 위한 광고용 가족처럼 행동하였다. 즉 영화 속에서는 포카혼타스가 왜 미국 역사에서 중요한 의미를 지니고 있는가를 전혀 설명하고 있지 않다"며 다음과 같이 말한다.

"이 영화는 역사적 고증을 통해 그려낸 최초의 작품이라는 디즈니의 슬로건과는 달리, 원주민과 침략자 간의 갈등을 양비론적 시각으로 단순하게 미화한 데 지나지 않다. 더불어 디즈니가 인디언과 백인 간의 충돌을 '화해'라는 형식으로 결말짓기에는, 아메리카 대륙의 실제 주인이라 할 수 있는 인디언들이 이제까지 당한 '피의 역사'를 너무나도 뻔뻔스럽게 도외시하는 것이 아닌가 생각된다."[11]

반면 김성곤은 이 영화에서 포와탄 추장의 목소리를 맡은 인디언 운동가가 이 영화를 긍정 평가했다는 점을 들어 다음과 같이 말한다. "그렇다면 우리나라 일부 젊은이들의 성급한 반제국주의적 가치판단은 보다 더 신중하게 행사되어야만 할 것이다.……〈포카혼타스〉는 미국의 성립이 사실은 유럽인들의 제국주의적 땅 뺏기였다는 사실을 인정함으로써, '역사적 진실'만큼은 제대로 파헤치고 있다는 긍정적인 평가를 받고 있다."[12]

포카혼타스는 젊은 나이에 사망했지만 외아들 토머스 롤프Thomas Rolfe, 1615~1680를 통해 많은 후손을 남겼다. 이른바 '레드롤프족Red Rolfes'으로 알려진 후손들 중에는 유명 인사가 많다. 천문학자 퍼시벌 로웰Percival Lowell, 1855~1916, 제28대 대통령 우드로 윌슨의 아내 이디스 윌슨Edith Wilson, 1872~1961, 제50대 버지니아 주지사 해리 버드Harry F. Byrd, 1887~1966, 해리 버드의 동생으로 해군 소장이자 남극 탐험가인 리처드 버드Richard Byrd, 1888~1957, 영화배우 글렌 스트레인지Glenn Strange, 1899~1973, 패션 디자이너 폴린 드 로스차일드Pauline de Rothschild, 1908~1976, 제40대 대통령 로널드 레이건의 아내 낸시 레이건Nancy Reagan, 1921~ 등등. 한때 조지 부시 전 대통령 일가가 '레드롤프족'이라는 설이 떠돌았는데, 이는 사실은 아니지만 포카혼타스의 후손과 먼 인연이 있는 것으로 밝혀졌다.

'추수감사절'인가, '추수강탈절'인가?
'메이플라워'의 이상과 현실

아메리카행을 택한 분리주의 퓨리턴

1558년부터 1603년까지 45년간 영국을 통치한 엘리자베스 1세Elizabeth I
of England, 1533~1603 치하에서는 새로운 영국 국교회國敎會, Church of England, 즉
성공회聖公會, Anglican Church가 번성했다. 그러나 영국 국교회와 가톨릭교회
는 별 차이가 없다고 불만을 가진 이들이 있었으니, 이들이 바로 퓨리턴
Puritan이다. 이들은 교회를 정화할 개혁을 요구했는데, 특히 가톨릭적 요
소를 정화purify해야 한다고 주장해서 'puritan'이라는 말이 나오게 된 것
이다. 청교도淸敎徒라는 번역어도 그런 뜻을 내포하고 있다.

퓨리턴에도 여러 유형이 있었는데, 분리주의자Separatists로 알려진 가
장 급진적인 퓨리턴은 국법으로 규정된 성공회 교회 참석을 거부하고 독
립된 종교 집회를 가졌다. 1603년 엘리자베스 여왕이 죽자 즉위한 제임

스 1세James I, 1566~1625는 왕의 권위는 신神에게서 나온다는 왕권신수설the divine right of kings을 주장하면서 퓨리턴을 탄압했다. 이에 스크루비Scrooby라는 마을의 분리주의자들은 1608년부터 조용히 (불법으로) 한 번에 몇 명씩 종교의 자유를 누릴 수 있는 네덜란드의 레이던Leiden으로 이주하기 시작했다.

그러나 그들의 레이던 생활은 순탄치 않았다. 청교도들이 레이던에서 망명 생활을 한 10여 년 기간은 아르미니위스주의Arminianism의 전성기였다. 폴란드 출신의 네덜란드 개혁주의 신학자 야코뷔스 아르미니위스 Jacobus Arminius, 1560~1609는 인간의 구원이 그리스도를 통한 하나님의 은총에 의한 것임을 인정하면서도, 그 은총에 대한 인간의 응답은 인간의 자유의지에 의존한다고 주장함으로써 칼뱅의 예정론적 신앙을 비판했다. 칼뱅파였던 청교도들은 망명 처지에 끼어들 일은 아니었건만 반反아르미니위스파의 교묘한 사주에 의해 반反아르미니위스파의 편에 서게 됨으로써 입장이 매우 난처해졌다.

여기에 망명 집단 내부에서 인쇄소 사업으로 성공을 거둔 윌리엄 브루스터William Brewster, 1566~1644가 영국 국교회를 비판하는 인쇄물을 찍어냈는데, 이게 나오기가 무섭게 영국으로 흘러들어가 제임스 1세의 분노를 샀다. 체포령이 떨어지고 이에 네덜란드 당국이 협조하자 브루스터는 도피했지만 청교도 집단의 불안감은 커져만 갔다. 이를 계기로 평소 청교도들이 네덜란드 문화에 동화되는 걸 염려하고 있던 이들은 새로운 돌파구 마련에 나섰다. 대서양을 건너는 것으로 의견이 모아졌다. 1616년에 일어난 30년전쟁(1616~1648)의 와중에서 당한 종교적 박해에 대한 공포도 영국의 청교도들이 이주하는 이유가 되었다.[1]

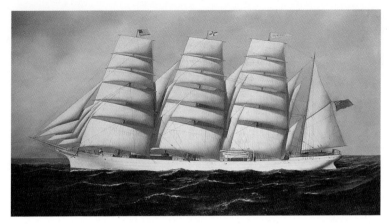

* 교회를 정화하자고 주장하며 독립적 종교 집회를 가졌던 분리주의 퓨리턴은 종교적 박해를 당하자 아메리카행을 택했다.

1607년에서 1609년까지 버지니아 제임스타운Jamestown에 영국의 첫 번째 식민지 정착촌을 건설하고 돌아온 존 스미스John Smith, 1580~1631는 다시 탐사 여행을 떠났다. 그는 1616년 자신이 본 지역에 대해 열광적으로 소개하는 소책자를 출간했는데, 여기서 자신이 탐사한 지역을 뉴잉글랜드New England라고 불렀다.

지도까지 들어 있는 스미스의 소책자는 분리주의자들에게 자극을 주었다. 특히 이들의 관심을 끈 것은 대구cod라는 물고기였다. 스미스는 대구를 잡아 부자가 되어 있었는데, 분리주의 청교도들도 대구를 통해 이루게 될 성공의 기대감에 들떴다. 1618년 가을 약 200명에 달하는 일부 성급한 청교도들이 아메리카행을 시도했다. 이들은 버지니아와의 공식 협상이 끝나기도 전에 무턱대고 아메리카 대륙으로 떠나는 돌출 행위를 저질렀다. 준비도 없는 무모한 행위에 대한 대가는 가혹했다. 이들이 6개월 만에 가까스로 버지니아 해안에 도착했을 때 살아남은 사람은

50여 명뿐이었다.[2]

1620년 스크루비 그룹은 버지니아 회사에서 버지니아에 정착할 수 있는 허가를 얻었고, 왕에게서 "만약 조용히 떠나만 준다면 그들을 괴롭히지 않으리라"는 언질을 받았다. 그해 7월 22일 30여 명은 스피드웰 Speedwell호를 타고 일단 영국으로 향했다. 수가 적어 동행할 사람을 모집했다. 1620년 9월 6일 35명의 '신도saints(분리주의 퓨리턴)'와 67명의 '이방인strangers(그들의 교파에 속하지 않은 사람들)' 등 102명을 태운 메이플라워Mayflower호가 영국 플리머스Plymouth를 출발했다.

메이플라워호는 길이 30미터, 무게 180톤짜리 노르웨이 목조 범선이었다. 원래 화물 수송선이어서 배에는 고기 썩은 냄새와 기름 냄새 등 악취가 진동했다. 청교도들은 66일간의 길고 위험한 항해 끝에 1620년 11월 11일 육지, 즉 현재의 케이프코드Cape Cod 해안을 발견했다. 그곳은 그들의 목적지가 아니었지만 항해하기에는 너무 늦은 계절이라 정착지를 케이프코드 북부 지역으로 결정했다.

계약 조건을 내세우는 선장과 식민지 회사 일부 관계자들이 하선을 재촉하는 바람에 그런 결정을 내렸다는 설도 있다. 이곳은 존 스미스가 뉴잉글랜드를 탐험하는 동안 그린 지도 위에 '플리머스'라고 이름 붙인 지역이었는데, 플리머스는 버지니아 회사의 영역 밖에 있었기 때문에 정착민들은 회사의 법칙에 복종할 필요가 없었다. 바로 이 점을 노리고 선장에게 뇌물을 먹여 일부러 엉뚱한 곳으로 갔다는 설도 있다.[3]

북아메리카 최초의 성문헌법인
'메이플라워 서약'의 탄생

청교도들이 버지니아 회사의 권한 밖에 있는 육지에 상륙할 것을 결정하자 '이방인들'은 청교도 지도자들의 명령을 받지 않겠다고 선언했다. 청교도와 이방인들은 이미 항해 중에 서로 융합하기 어렵다는 걸 깨닫고 있었다. 이에 대해 정만득은 다음과 같이 말한다.

"배 위에서는 수시로 목소리를 높여 찬송을 부르며 큰 소리로 기도하는 이 '성도'들은 '이방인'들을 곱지 않은 눈초리로 바라보았다. '성도'들은 자기들의 신앙을 동승한 국교도들에게 기어이 전수하고야 말겠다는 드센 기세였고, '이방인'들은 전체의 3분의 1밖에 되지 않는 이 '성도'들이 너무 극성스럽게 배타적으로 행동하는 것을 용납하려 하지 않았다. 심지어 그들은 이 소수 '성도'들의 과격한 행위 때문에 하나님의 진노를 사 배가 무사히 목적지까지 도착할 수 있을지조차 걱정스러워했다."[4]

청교도 지도자들은 이 반란의 위협에 신속히 대처하면서 성인 남자 대부분의 동의를 받아 짤막한 자치 정부 선언문을 만들었다. 거친 양피지 위에 쓰인 서약의 내용은 자주적 식민지 정부를 수립하고 다수결 원칙에 따라 운영하겠다는 것이었다. 1620년 11월 11일 남자 성인 41명이 선상에서 이에 서명했다. 이것이 북아메리카 최초의 성문헌법으로 간주되는 '메이플라워 서약Mayflower Compact'이다.

북아메리카 영국 식민지의 자치에 관한 최초의 문서가 된 메이플라워 서약에 따라 청교도 지도자 존 카버John Carver, 1584~1621가 만장일치로

● 청교도 지도자들은 메이플라워호에서 반란의 위협이 감지되자 짧막한 자치 정부 선언문을 만들었는데, 이게 북아메리카 최초의 성문헌법으로 간주되는 '메이플라워 서약'이다.

정착지 지사로 선출되었다. 영국 식민지에서 선출된 첫 민선 지사였다. 그들은 몇 차례에 걸쳐 무장 선발대를 보내 인근 지역을 탐사한 뒤 한 달 여 만인 12월 20일 보스턴에서 동남쪽으로 60킬로미터 떨어진 플리머스 록Plymouth Rock 해안에 내렸다. 이들을 가리켜 필그림pilgrim(순례자)이라고 한다. 좁은 의미로는 '이방인'을 빼지만, 넓은 의미로는 그들까지 포함시 킨다.

오늘날 플리머스라는 항구도시는 청교도들이 맨 처음 디딘 돌에 '1620년'이라는 글자를 새겨 박물관에 전시해 소중히 기념하고 있다. 독 립전쟁 중 이 바위가 애국주의의 상징이 될 수 있다고 판단해 바위를 광 장으로 옮기려던 순간 바위가 두 쪽으로 깨지자 사람들은 이것을 미국이 반드시 영국에서 분리될 것임을 예언하는 것이라고 해석하기도 했다. 깨진 바위의 위쪽 반만이 광장으로 옮겨져 전시되다가, 1830년 세워진 박물관 전시실로 옮겨졌다. 그게 과연 진짜로 처음 디딘 돌인지 확인할 길은 없지만, 관람객들이 기념 삼아 자꾸 그 돌을 잘라가는 바람에 사람의 손이 닿지 않도록 조치한 것이다. 관람객들은 대부분 생각했던 것보다 바위의 크기가 작다는 것에 놀란다.[5]

메이플라워호를 타고 온 이주민들은 첫해 겨울에 영양실조와 질병 등으로 반이 죽었다. 이들은 믿기지 않을 정도로 생존법에 무지했다. 고기잡이에 큰 기대를 걸었으면서도 필요한 도구도 제대로 챙겨오지 않았거니와 고기를 잡는 방법도 몰랐다. 뉴잉글랜드 바다에서는 10여 척의 영국 배가 대구를 무더기로 건져 올리고 있었지만, 이들은 거의 굶어 죽어가고 있었다.[6]

1621년 3월 16일 이들에게 기적과 같은 행운이 일어났다. 이전에 영국 탐험대에 동행했던 덕분에 영어를 할 줄 아는 인디언 사모셋Samoset, 1590~1653이 나타난 것이다. 그는 이틀 후에는 스페인과 영국의 런던에도 살았던 스콴토Squanto, 1585~1622라는 인디언을 데리고 나타났다. 이들은 청교도들이 부근 왐파노아그Wampanoags 인디언들과 우호적인 관계를 맺는 데 결정적 역할을 했다.

이후 인디언들이 물고기를 잡고 옥수수를 기르는 법을 가르쳐 준 덕분에 백인들은 연명할 수 있었다. 10월 첫 번째 추수 후 정착민들은 추수감사절 파티를 열고 원주민들을 초대했다. 참석자는 정착민 53명, 원주민 90명이었다. 겨울에 사망한 카버에 이어 새 지사가 된 윌리엄 브래드퍼드William Bradford, 1590~1657는 이날을 '감사의 날thanksgiving day'로 선포했다.

"추수감사절이 아니라 추수강탈절"이다

이게 바로 오늘날 미국의 최대 명절인 추수감사절의 기원이다. 1789년 11월 29일 조지 워싱턴George Washington, 1732~1799 대통령이 처음으로 추수 감사절을 일회성 국경일로 선포했으며, 남북전쟁1861~1865이 벌어지고 있던 1863년 에이브러햄 링컨Abraham Lincoln, 1809~1865 대통령은 매년 11월 마지막 목요일을 추수감사절로 기념하게끔 정례화했다. 추수감사절은 1939년 11월 셋째 주 목요일로 변경되었다가 1941년 의회에서 법률을 통해 11월 넷째 주 목요일로 확정해 오늘에 이르고 있다.

추수감사절은 대다수 미국인들에게는 더할 나위 없이 아름답고 풍요로운 국경일이겠지만, 일부 사람들은 추수감사절을 미국사에 대한 성찰을 촉구하는 기회로 여긴다. 버몬트대학 사회학과 교수 제임스 로웬 James W. Loewen은 "추수감사절의 진실한 역사는 당혹스런 사실들을 폭로한다. 이 전통은 순례자들이 만든 것이 아니라, 동부 인디언이 몇 세기 동안 가을 추수 축하 의식을 행하면서 시작되었다"며 다음과 같이 말한다.

"조지 워싱턴이 추수감사절을 국가적 날로 챙겼다고는 하지만 지금과 같은 축하의 날로 된 것은 사실 1863년이 되어서였다. 남북전쟁 동안 북군은 이런 의식이 불러일으킬 수 있는 애국주의를 필요로 하였기 때문에, 에이브러햄 링컨이 추수감사절을 국경일로 선포한 것이었다. 순례자들과 추수감사절은 아무 관련이 없다. 1890년대까지 이들은 전통에 포함조차 되지 않았고, 1870년대까지 어느 누구도 '순례자Pilgrims'라는 어휘를 사용하지 않았다. 미국 역사가 추수감사절에 부여한 이데올로기적 의미는 당황함을 증폭시킨다. 추수감사절 전설은 미국인을 민족중심주

● 정착민들은 물고기 잡는 방법과 옥수수 기르는 방법을 가르쳐준 인디언들 덕분에 추수감사절 파티를 열 수 있었다. 그림은 미국의 역사적 사실을 화폭에 옮긴 것으로 유명한 미국의 화가 장 레온 제롬 페리스가 그린 첫 번째 추수감사절 모습이다.

의자로 만든다. 결국 신이 우리 문화 편에 있다면, 왜 우리가 다른 문화를 심각하게 생각해야 하는가?"[7]

1970년 매사추세츠주 상무성이 순례자 상륙 350번째 기념일을 축하하기 위해 왐파노아그족에게 연사를 선택해달라고 요청했다. 프랭크 제임스Frank James라는 인디언이 선택되었지만, 연설 원고를 사전에 검열한 상무성 당국은 그의 연설 기회를 박탈했다. 도대체 무슨 내용이었길래 그랬을까?

제임스는 그 원고에서 "오늘은 당신들을 축하할 시간입니다.……그러나 나로서는 축하할 시간이 아닙니다. 내 동족에게 일어났던 일을 회상해볼 때 가슴이 무겁습니다.……순례자들은 내 조상의 무덤을 파헤쳐 물건을 훔치고 옥수수, 밀, 콩 낟알을 훔치면서, 케이프코드를 4일간 탐험하였습니다.……왐파노아그족의 위대한 추장이신 마사수와는 이 사실을 알았지만, 정착민을 환영했고 우정으로 대해 주었습니다"라면서 다음과 같이 말했다.

"다음과 같은 사실을 알지 못하고 말입니다.……50년이 지나기도 전에 왐파노아그족과 정착민 주변에 살았던 다른 인디언은 그들의 총에 맞아 죽었거나, 그들로부터 전염된 질병으로 죽었습니다.……비록 우리의 삶의 방식은 거의 사라지고 우리의 언어는 사멸되었지만, 우리 왐파노아그족은 여전히 매사추세츠의 땅을 걸어다닙니다.……과거의 일은 변화될 수 없지만 오늘날 우리는 보다 좋은 미국, 사람과 자연이 다시 한번 중요한 인디언의 미국을 향해 일합니다."[8]

일부 원주민들은 1975년부터 매년 추수감사절 때마다 "반反추수감사절Unthanksgiving Day" 행사를 열어 억울하게 죽은 조상들을 추모하고 있다. 2005년 11월 24일 미국의 심장부 뉴욕이 화려한 추수감사절 퍼레이드로 흥청이던 날, 북아메리카 원주민 3,000명은 인디언 권리 운동의 성지聖地인 미국 샌프란시스코의 앨커트래즈 섬을 찾아 추수감사절을 애도하면서 "추수감사절Thanksgiving Day이 아니라 추수강탈절Thankstaking Day이다"고 주장했다. 이들은 "식량을 나눠주며 백인들이 겨울을 날 수 있도록 도와준 것은 명백한 실수였다"면서 "기력을 차린 백인들은 원주민을 배반하고 땅을 빼앗았다"고 말했다.[9]

일부 지식인들도 이런 비판에 가세하고 있다. 캘리포니아 버클리대학 사회학 교수 댄 브룩Dan Brook은 2002년 추수감사절 때 미국인들의 '문화적·정치적 기억상실증'을 비판하면서 "우리가 죄책감까지 느낄 필요는 없지만, 무언가는 느껴야 한다"고 했다. 텍사스대학 저널리즘 교수 로버트 젠센Robert Jensen은 2011년 추수감사절 때 "방종한 가족 잔치판을 벌이는 추수감사절은 자기 성찰적 집단 단식을 하는 국가적 속죄일a National Day of Atonement로 바꿔야 한다"고 주장했다.[10]

물론 실현되기 어려운, 아니 실현될 수 없는 주문이다. 메이플라워호를 타고 온 필그림이 가슴속에 품었던 꿈, 그리고 민주주의적 자치의 기반이 되었던 '메이플라워 서약'의 이상은 미국의 번영을 가져온 원동력의 씨앗은 되었을망정, 피부색을 초월한 평등까지 염두에 둔 건 아니었기 때문이다.

추수감사절 다음 날로 1년 중 가장 많은 쇼핑이 이루어지는 이른바 '블랙 프라이데이Black Friday'의 쇼핑 광란狂亂이 잘 말해주듯이, 이젠 추수감사절의 성격도 완전히 바뀌었다. 엄청난 할인 공세의 혜택을 잘 누리기 위해선 마트 앞에서 밤을 새고 문이 열리기가 무섭게 내달려야만 한다. 그렇게 쇄도하는 인파에 깔려 숨지는 사람이 가끔 나타나긴 하지만, 약 400년 전 영양실조와 질병 등으로 죽은 사람이 많았던 것에 비추어 보건대 '광란'이라고 개탄할 일은 아닐지도 모르겠다. 2014년 11월 28일엔 사망자가 나오지 않기를 바랄 뿐이다.

펜실베이니아의 꿈은 어디로 갔나?
윌리엄 펜의 '거룩한 실험'

전쟁을 거부한 철저한 평화주의자 퀘이커교도

영국 프로테스탄트교의 분파인 우정회 또는 친우회the Society of Friends는 1650년경 노팅엄Nottingham의 구두 제조업자인 조지 폭스George Fox, 1624~1691와 귀족 부인인 마거릿 펠Margaret Fell, 1614~1702에 의해 시작되었다. 이들은 '지극히 개인주의적인 좌파 프로테스탄트 조직'이었다. 그들의 추종자들은 "신의 이름에 부들부들 떨라"는 폭스의 명령으로 인해 퀘이커Quaker(떠는 사람)교도로 알려졌다.

중류계급 출신이 많은 퓨리턴과는 달리 그보다 하층계급에 속했던 퀘이커교도들은 구원 예정설과 원죄 개념을 부인했다. 모든 사람은 자신 내부에 신성을 지니고 있으므로 이를 계발하는 법을 배워야 하고 모두가 구원받을 수 있다고 주장한 것이다. 그들은 그리스도는 '내면의 빛inner light'으로서 개인의 영혼에 존재한다고 믿었기에, 예배 방식은 신과의 직접적인 영적 교신, 즉 내면의 빛을 받고 몸이 부들부들 떨릴 때까지 고요히 앉아 묵상하는 것이었다. 이들은 자신들을 '빛의 자식Children of Light'이라고 불렀다.

일찍이 장 칼뱅John Calvin, 1509~1564은 "여성으로 하여금 복종하는 것에 만족하게 하라. 그리고 여성이 한층 우월한 성보다 열등하게 만들어졌다는 사실을 잘못된 것이라고 생각하지 않게 하라"고 주장했으며, 퓨리턴은 이 원리를 따랐다. 그러나 퀘이커교도는 퓨리턴과는 달리 완전한 남녀평등을 지향했으며, 계급도 구분하지 않았다. 교회 건물이나 행정기구도 없고 집회소만 있을 뿐이었다. 월급을 받는 목사도 없었으며, 예배를 볼 때에는 성령에 의해 감동받은 사람들이 차례로 돌아가면서 이야기하는 방식을 취했다.

폭스는 성경의 계명 "살인하지 말라"를 원뜻 그대로 취했으며, 이에 따라 퀘이커교도들은 철저한 평화주의자들로서 전쟁을 거부했다. 찰스 2세Charles II, 1630~1685 치하에서 퀘이커교도 3,000명이 투옥되는 등 영국에서는 박해를 받았기에 이들은 아메리카로 이주해 자신들만의 식민지를 원했으나 특허장을 얻을 만한 영향력이 없었다.[1]

식민지의 반응도 싸늘하다 못해 살벌했다. 보스턴에 퀘이커교도가 처음 들어온 1656년, 매사추세츠가 이들을 '사탄의 사자'로 규정하자, 관용적인 로드아일랜드를 제외한 모든 식민지가 떠들썩하게 반反퀘이커교도법을 통과시켰다. 1658년에는 퀘이커교도들에 대한 조치가 더욱 강화되어 두 번 처벌받고 추방된 자가 또다시 뉴잉글랜드 동맹 식민지에서 발각되면 사형에 처하도록 했다. 그 후 2~3년 동안 청교도의 본거지 매

● 철저한 평화주의자였던 퀘이커교도들은 교회 건물이나 행정기구도 없이 집회소만 운영했다. 그림은 퀘이커 교도의 집회 장면.

사추세츠에서는 실제로 추방되었다가 돌아온 퀘이커교도 4명을 교수형에 처하기도 했다.[2]

1667년 퀘이커교도들에게 엄청난 행운이 찾아왔다. 바로 이해에 윌리엄 펜William Penn, 1644~1718 등 일부 유력 귀족들이 퀘이커교로 개종을 한 것이다. 펜의 아버지인 윌리엄 펜 경Sir William Penn, 1621~1670은 영국 왕실 해군의 제독이었고, 아일랜드에 엄청난 땅을 가진 대지주였다. 아들 펜은 아버지의 반대를 무릅쓰고 퀘이커교로 개종해 전도 활동을 하다가 여러 차례 감옥에 가기도 했다.

펜이 그나마 무사할 수 있었던 것은 아버지가 '왕정복고'의 1등 공신이었기 때문이다. 아버지는 1670년에 사망했지만, 찰스 2세는 자신의 목숨을 걸고 왕정복고를 추진했던 공신에 대한 의리를 지키고자 했던 걸까? 그는 1681년 아들 펜에게 뉴욕과 메릴랜드 사이의 넓은 땅을 하사했다. 펜도 깜짝 놀랄 정도로 넓은 땅이었다. 12만 제곱킬로미터였으니, 오늘날 북한의 면적에 해당하는 넓이가 아닌가. 왕의 주장에 따라 그 지역은 아버지 펜의 이름을 따라서 펜실베이니아Pennsylvania라 불렀다. '펜의 숲이 있는 곳'이라는 뜻이었다.

1682년 아메리카 대륙으로 건너온 펜은 펜실베이니아를 '거룩한 실험Holy Experiment'으로 간주했다. 그는 그 지역에 살고 있던 인디언들과 평화협정을 맺었으며, 델라웨어 강과 슈일킬Schuylkill 강 사이에 그리스어로 '형제애Brotherly Love'라는 뜻을 가진 도시 필라델피아Philadelphia를 설계했다. 이 도시는 직사각형의 거리로 설계되었고, 이는 훗날 미국 여러 도시의 모형이 되었다.

'형제애'의 원리에 따라 빈부 격차도 다른 지역에 비해 덜 했다. 17세기 후반 필라델피아에서 인구의 10퍼센트를 차지한 부유층은 전체의 부에서 36퍼센트밖에 소유하지 않은 반면, 퓨리턴의 중심지인 보스턴에서는 10퍼센트의 부유층이 전체의 반 이상, 버지니아에서는 전체의 3분의 2가 넘는 부를 차지했다.

펜실베이니아의 탄생과 '거룩한 실험'

펜은 정치적으로도 진보적이었다. 그가 만든 정부 조직은 투표에 의한 총독 선출(초대 총독은 펜)을 비롯해 놀라울 정도로 진보적인 식민지 헌법을 채택했다. 또한 퀘이커교도들은 현세적인 계급제도에 경의를 나타내는 호칭, 예컨대 '서Sir', '마담Madam', '각하Your Honor' 따위로 다른 사람을 부르기를 거부하면서 대인 관계에서도 평등주의를 지향했다.

1700년에는 필라델피아가 아메리카 대륙의 문화 중심지가 되어 오직 보스턴에만 뒤질 정도였다. 필라델피아는 식민지 중에서 두 번째로 인쇄소를 소유했으며, 식민지 중에서 세 번째로 신문을 발행했고, 식민지 최고의 병원과 자선단체를 운영했다. 상업적 위험에 대비하는 보험제도를 발달시킨 사람들도 퀘이커교도였는데, 이들은 훗날(1752년) 저명한 보험회사인 필라델피아 화재 보험 출자 회사를 세우게 된다.[3]

펜은 큰 업적을 남겼지만 그 자신의 삶은 힘난했고 불행했다. 정치적 분쟁에 휘말려 반역죄를 뒤집어썼는가 하면, 한때 식민지 소유권을 잃었다가 1694년에 되찾기도 했다. 그는 생애 말기에 사기로 인한 채무 때문에 영국 감옥에 갇혔고, 중풍을 맞아 반신불수가 되었으며, 1718년 궁핍한 가운데 죽었다.

널리 알려져 있지는 않지만, 그는 여러모로 선구자였다. 그는 1693년에 출간한 『유럽의 현재와 미래의 평화에 대한 모색Essay towards the Present and Future Peace of Europe』에서 '유럽 의회'를 제안했다. 그는 미국에도 큰 정신적 유산을 남겼다. 케네스 데이비스Kenneth C. Davis는 다음과 같이 말한다.

"그가 남긴 현실적 이상주의는 그를 아메리카 초기 영웅의 반열에 올려놓았다. 또한 그가 수립한 비폭력, 사회정의의 퀘이커 전통은 노예제도 폐지, 금주법, 보통선거권, 평화주의와 같은 운동의 선두에 퀘이커교도들을 서게 하면서 미국사에 지워지지 않는 흔적을 남겼다."[4]

실제로 퀘이커교도의 인도주의는 인디언에 대한 양심적인 대우와 흑인 노예에 대한 선구적인 반대로 나타났다. 이미 1657년에 일부 퀘이커교도들은 기독교의 정신과 노예제도의 상응성에 의문을 제기했다. 이처럼 퀘이커교는 미국에서 최초로 나타난 일종의 코즈모폴리터니즘이었다. 청교도가 하나님의 전능과 정의를 강조했던 반면 퀘이커교도는 하

나님의 자비와 사랑을 강조했다.

　가장 두드러진 특징은 자발주의였다. 청교도는 인간의 무가치와 무능을 강조한 반면, 퀘이커교도는 구원과 저주에 대한 궁극적 책임은 각 개인에게 달려 있는 것이라고 주장했다. 이 같은 자발주의는 종교를 주로 도덕적 문제로 만드는 효과를 낳기도 했다. 청교도들은 퀘이커교도들을 증오하고 두려워했기 때문에 아예 그들을 대상으로 한 선교를 포기했다. 반면 퀘이커 선교사들은 규칙적으로 청교도 정착지를 순회했고 어느 정도 성공을 거두었다.[5]

　여러 종족과 종교적 교파들이 단일 정부 밑에서 평등의 이념을 기초로 공존공영한 것은 펜실베이니아가 최초였다. 윌리엄 펜의 '거룩한 실험'은 18세기 유럽의 이상주의자들에게 큰 영향을 주었다. 이신론자理神

論者로서 신神을 질서유지에 필요한 존재 정도로 간주한 볼테르Voltaire, 1694~1778가 군주제, 봉건주의, 종교적·인종적 단일성 없이도 사람들은 행복하게 살아갈 수 있다고 주장한 것은 이 '거룩한 실험'에서 영향을 받은 것이었다.[6]

그러나 펜의 사후 세월이 흐를수록 개척민과 인디언들의 갈등이 심화되면서 '거룩한 실험'의 전망은 어두워져만 갔다. 이미 1703년에 인디언 통제 수단으로 등장한 '머릿가죽 상금(머릿가죽 하나당 12파운드)'은 1720년 개당 100파운드로 폭등했다. 원래 네덜란드인이 창안한 이 방법은 인디언의 머릿가죽을 벗겨오는 사람에게 돈을 지급하는 방식이었다. 머릿가죽 벗기기의 원조는 인디언이라곤 하지만, 백인들의 인디언 머릿가죽 벗기기는 식민지 전역에 걸쳐 수지맞는 장사로 발전했다.[7]

이런 상황에서 인디언들과의 평화를 주장하는 퀘이커교도들의 입지는 점점 약화되었다. 역사가 대니얼 부어스틴Daniel J. Boorstin, 1914~2004은 "그들은 위험한 인디언들에 대하여서도 타산적인 태도를 취하기를 거부하였다. 그들의 법이 인디언은 착한 종족이며 그들을 형제같이 대우하여야 한다고 명했기 때문이다. 결과는 다 아는 이야기다. 1756년에 그들은 권력에서 밀려났고, 그들이 세운 식민지에서 이방인이 되고 말았다"며 다음과 같이 말한다.

"펜실베이니아 식민지 정부는 비非퀘이커들과 약삭빠른 벤저민 프랭클린 쪽으로 이양되었다. 그들은 사회 지도자에서 예언자의 한 분파로 밀려났다. 그 이후 퀘이커들은 자체 내의 개혁을 시도하고, 잡다한 박애 기구를 세우고, 유토피아적인 개혁을 시도하는 데에 그들의 정열을 쏟았다. 그들은 노예제도와 노예무역 폐지를 선동하였고, 교도소와 정신병자 수용소를 교화하기 위해 일하였고, 병원을 세웠으며, 그들의 기본 강령에 따라 전쟁을 반대하였다."[8]

닉슨은 퀘이커교도였나?

퀘이커교도에 대한 결정적 타격은 독립전쟁(1776~1783)이었다. 애국파와 성공적으로 연합한 감리교, 회중교, 침례교 교회들은 번성했고, 가톨릭도 애국파를 지지해 처지가 이전에 비해 견고해졌다. 1789년 바티칸 교황청은 미국에 가톨릭 서열 제도를 도입하고 첫 번째 추기경을 파견한다. 반면 평화주의자로서 전쟁 지지를 거부한 퀘이커교도는 급격히 쇠퇴하기 시작했다.[9]

이후 퀘이커교도들의 활동은 노예해방 운동과 여권운동에 집중되었다. 1840년에서 1861년까지 수천 명의 흑인 노예를 남부 노예주에서 북동부의 자유주와 캐나다로 탈출시킨 비밀조직 '지하철도Underground Railroad'의 중심 세력은 퀘이커교도들이었다. 1848년 7월 14일 뉴욕주의 세니커폴스Seneca Falls에서 역사상 처음으로 열린 여권 대회의 중심 세력 또한 퀘이커교도들이었다.

1851년 펜실베이니아에서 발견된 석유는 〈가자, 펜실베이니아〉라는 노래를 유행시키면서 펜실베이니아의 꿈을 물질적인 것으로 바꿔놓고 말았다. 오늘날 펜실베이니아의 종교적 다양성은 여전히 살아남았지만, 퀘이커교도는 거의 씨가 마를 지경이 되고 말았다. 사실상 '거룩한 실험'은 종언을 고했지만, 약 300년 후 이 실험 가운데 '평화'를 전 지구적 차원에서 실현하려는 야망을 가진 퀘이커교도가 나타났으니, 그가 바로 제37대 대통령 리처드 닉슨Richard Nixon, 1913~1994이다.

닉슨이 퀘이커교도였나? 논란은 있지만 평화에 대한 퀘이커교도의 신념을 갖고 있었던 건 분명한 것 같다. 하층 아일랜드계 출신으로 독실한 퀘이커교도 가정에서 태어난 닉슨은 하버드대학에 합격했는데도 가정 형편상 진학할 수가 없어, 자신이 살던 캘리포니아 지역의 작은 퀘이커교도 학교인 휘티어대학Whittier College에 들어갔다. 그는 훗날 하버드대학을 비롯한 아이비리그 출신 '동부 기득권 세력'과 한판 전쟁을 벌이게 된다.

1940년대부터 골수 보수주의자로 악명을 떨친 닉슨은 1968년 대선에서 승리해 대통령이 된 후 1972년 2월 중국 방문에 이어 그해 5월 소

• 1973년 미국을 방문한 소비에트 연방 공산당 서기장 레오니트 브레즈네프와 대화를 나누고 있는 닉슨(오른쪽). 골수 보수주의자였던 닉슨은 데탕트를 적극적으로 추진했는데, 이는 평화에 대한 퀘이커교도의 신념 때문이었다.

련을 방문해 이른바 데탕트Détente를 적극적으로 추진함으로써 세상을 깜짝 놀라게 만들었다. 닉슨은 징병제를 폐지하고 1973년까지 군사력을 230만 명으로 축소시키는 동시에(1968년 350만 명), 소련의 시장을 성공적으로 뚫고 들어갔다. 1972년 미국 곡물 생산의 25퍼센트에 해당하는 대량의 곡물이 소련으로 유입되었으며, 펩시콜라와 체이스맨해튼은행 같은 미국 대기업이 소련에서 영업을 개시했다.[10]

닉슨의 이런 평화 행보는 1972년 대선에서 재선을 염두에 둔 정략적인 행보였겠지만, 그것만으로는 다 설명할 수 없는 그 어떤 심리적 기반을 갖고 있었다. 닉슨 전문가인 톰 위커Tom Wicker, 1926~2011는 '세계적인 평화 구조'를 구축하려 한 닉슨의 태도를 독실한 퀘이커교도였던 어머니에 대한 일종의 보상 형태로 설명했다. 닉슨의 어머니는 어린 닉슨이 매일 기도하고 주일마다 퀘이커교도들의 모임에 네 번씩 참가하도록 했고, 닉슨이 커서 퀘이커 선교사가 되기를 열망했는데, 어머니의 이런 소망과 달리 음모와 기만으로 가득 찬 정치가의 길을 선택해 적나라한 권력을 추구함으로써 어머니의 꿈을 배반한 것에 대한 일종의 보상 형태였다는 것이다. 위커는 다음과 같이 주장한다.

"닉슨에게 작용한 가장 강력한 힘은 어머니 한나를 배려하고자 하는 희망이었다. 사실 닉슨의 생활은 그의 정치 생활 일반과 마찬가지로 근엄은 오간데 없고 맞잡고 싸움질하고 배반을 일삼는, 그야말로 퀘이커교도와는 다른 것이었음에도 불구하고 그러했다. 그래서 닉슨은 '어머니 저는 평화를 이룩했습니다. 이제 저는 어머니를 부끄럼 없이 뵐 수 있을 것 같습니다'라고 말했다."[11]

윌리엄 펜의 '거룩한 실험'은 닉슨에 의해 그 정점을 맞은 것인가?

워터게이트 사건이 닉슨에 대한 역사적 평가를 가혹하게 만들기는 했지만, 그의 데탕트 업적만큼은 인정을 받고 있다. 반면 독실한 퀘이커교도였던 제31대 대통령 허버트 후버Herbert Hoover, 1874~1964가 퀘이커 교리에 따라 '숭고한 동기와 원대한 목적을 지닌 위대한 사회·경제적 실험'으로 적극 지지한 금주법은 처참한 실패로 끝났다. 거룩하건 거룩하지 않건 인간의 욕망을 존중하는 '실험'이라야 성공할 수 있다는 걸 말해주는 것은 아닌지 모르겠다.

왜 청교도는 종교적 박해의 피해자에서 가해자가 되었나?

뉴잉글랜드의 '마녀사냥'

유럽을 공포로 몰아넣은 마녀사냥

유럽에서 마녀사냥은 15세기 초엽에서 18세기 말엽까지 약 400여 년 동안 지속되었는데, 마녀사냥이 절정에 이르렀던 시기는 1585~1635년 사이의 약 50년 동안이었다. 마녀사냥으로 처형된 희생자의 수에 대해선 최소 50만 명에서 최대 900만 명으로 역사가들마다 견해가 다양하다.

마녀사냥의 총지휘자는 바티칸 교황이었다. 교황 인노켄티우스 8세는 1484년 전염병과 폭풍이 마녀의 짓이라는 교서를 내린데 이어, 1488년 칙령에서 모든 나라에 마녀사냥 심문관을 임명하고 기소·처벌할 권한을 주었다. 행여 사탄에 대한 적개심이 식을까 두려워 후임 교황들은 새로운 마녀사냥 위원회를 구성했다. 교황 알렉산데르 6세는 1494년에, 레오 10세는 1521년에, 아드리안 6세는 1522년에 마녀사냥 위원회를 만들어, 이들에게 마녀를 색출하고 처형할 강력한 권한을 부여했다.

가톨릭은 개신교도도 이단이나 마녀로 몰아 처형했는데, 흥미롭고도 놀라운 건 개신교 역시 내부의 이단에 대해 가톨릭 못지않은 마녀사냥을 자행했다는 점이다. 그것도 종교개혁이 대대적으로 이루어진 지역에서 더 잔인한 마녀사냥이 저질러졌다. 종교개혁이 진행되지 않았거나 약했던 국가들에서는 마녀사냥이 상대적으로 약했거나 거의 일어나지 않았다.

영국에선 1541년 마녀를 처벌하는 구체적인 법령이 처음으로 공포되었다. 물론 그 이전에도 마녀 처형은 이루어졌다. 이후 1551년, 1562년, 1604년에 마녀 처형에 관한 더욱 엄격한 법이 제정되었다. 영국에서 마지막 마녀 처형은 1716년에 일어났지만 마녀들에 대한 재판은 1736년까지 지속되었다. 영국의 청교도 혁명기에 맹활약을 한 마녀사냥꾼의 주요 마녀 감별법은 용의자를 물에 던지는 것이었다. 마녀 용의자의 팔다리를 묶고 담요에 말아 연못이나 강에 던져 가라앉을 경우 가족에게 무죄라고 위로하면 그만이었고 물에 뜨면 마녀라는 증거이므로 화형에 처해졌다.[1]

그렇게 집단적으로 미쳐 돌아가는 상황에서 이단을 고발하는 첩자들이 없을 리 없었다. 유럽 전역은 단독으로 활동하는 사악한 첩자들로 들끓었으며, 이들은 교회를 비난했다거나 어떤 교의에 의문을 표했다는 사람들을 고발하는 일로 먹고살았다.

헨드릭 빌렘 반 룬Hendrik Wilem van Loon, 1882~1944은 "주변에 이단이 없으면 만들어내는 것이 앞잡이 공작원의 일이었다. 아무리 죄 없는 사람이라도 고문이 죄를 자백하게 만들 터이므로, 그들은 조금도 걱정할 필요 없이 끝없이 그 일을 계속할 수 있었다. 영적인 결함이 의심되는 사람

● 마녀사냥꾼은 마녀 감별법으로 용의자를 물에 던져 떠오르면 마녀라고 판단해 화형대에 세웠다.

을 익명으로 고발할 수 있는 제도로 말미암아 많은 나라에 그야말로 공포 시대가 열렸다. 드디어는 가장 가깝고 친한 친구조차 믿지 못하게 되었다. 한 집안 사람들마저 서로를 경계하지 않을 수 없었다"며 다음과 같이 말한다.

"이단 심문 법정에서 많은 일을 담당한 탁발승들은 이 방식이 불러온 공포 분위기를 절묘하게 이용하여 거의 두 세기 동안 호사스러운 생활을 누렸다.……그들은 경건한 사람입네 하며 선량한 시민들 집에 함부로 쳐들어갔고, 가장 포근한 침대에서 잤으며, 최고로 맛난 음식을 먹었고, 귀한 손님 대접을 받아 마땅하다고 주장하는가 하면, 그들이 이미 자기들 몫이라 여기게 된 갖가지 호사 중 어느 하나라도 못 누리게 될 경우 그간의 은인을 이단 법정에 고발하겠다는 위협만으로 편안한 생활을 이어갈 수 있었다."[2]

그런데 왜 그런 엽기적인 마녀사냥이 종교적 박해를 피해 온 사람들이 살고 있는 아메리카에서까지 나타난 것일까? 왜 청교도들은 피해자에서 가해자로 변하는 '두 얼굴'을 보이게 된 것일까? 이미 1607년부터 puritanical(청교도적인)은 엄격하고 완고하고 매우 도덕적이라는 의미를 갖고 있었다. 누가 이 용어를 만들었는지는 분명치 않지만, 당시 영국 국교회 지도자들이 '혼자만 깨끗한 체하는 사람들'이라는 부정적인 의미로 붙여준 사회적 낙인烙印이었을 가능성도 있다.[3]

여기에 더해 퓨리터니즘puritanism은 거의 절대적인 남자의 권한과 더불어 여성의 연약함과 열등함을 강조한 이데올로기였다. 초기 퓨리턴 사회는 매우 긴밀하게 짜인 유기체로서 엄격한 가부장적 구조를 갖고 있었다. 그러나 인구가 늘고 상업화가 진전되면서 사회 변화가 이루어지고 그에 따른 긴장과 갈등이 고조되었다. 청교도들은 아주 조금이라도 수상쩍은 일이 생기면 의혹을 품고 신속하게 처벌하려는 열의를 불태웠다. 그들은 사탄의 힘을 믿었고, 사탄이 이 세상에서 영향력을 행사할 수 있다고 믿었다.[4]

1651년 매사추세츠 스프링필드에 살던 휴 파슨스Hugh Parsons의 아내는 남편이 "온 집안에 완두콩을 집어던지고는 내게 주우라고 시키고" 가끔 잠을 자다가 "끔찍한 소음"을 낸다며 불평했다. 그러자 마을 원로들은 조금도 주저하지 않고 요술을 부린다는 이유로 그 남편을 가까운 교수대에서 처형하기로 결정했다. 코네티컷 뉴헤이븐의 어느 마을에 눈이 하나뿐인 돼지가 태어나자 치안판사들은 원인 규명을 시도하다가 우연히 애꾸눈 조지 스펜서George Spencer를 만나자 그를 추궁했다. 스펜서는 강요에 못 이겨 수간獸姦을 했다고 털어놓았다가 나중에 자백을 취소했다. 코네티컷 법에서는 수간을 입증하려면 증인 2명이 필요했다. 그를 교수형에 처하고 싶어 안달이 난 치안판사들은 돼지와 그가 철회한 고백을 두 사람의 목격자로 인정해 그를 교수형에 처했다.[5]

세일럼 마을의 비극

이런 해괴한 사건들은 뉴잉글랜드 전역에서 일어났으나 가장 유명한 게 바로 매사추세츠 세일럼 마을Salem Village(현재의 댄버스Danvers)에서 일어난 마녀사냥이다. 세일럼 마을은 1672년 교역 도시로 번영을 누리던 도시 세일럼Salem Town에 있는 교회에 가지 않고 그들만의 교회에 다니고 싶어 하는 일군의 농부 가족들이 건설한 공동체였다. 이 마을은 목사 문제로 수년간 옥신각신하고 있었다. 1689년 전직 상인이며 하버드대학 중퇴자인 새뮤얼 패리스Samuel Parris, 1653~1720가 목사로 초청되었지만 분란을 잠재우지 못하고 혼란 상태에 빠져 들었다.

1692년 1월 패리스의 아홉 살 먹은 딸 베티Betty Parris와 열한 살 먹은 조카 아비게일Abigail Williams, 열두 살 먹은 마을 유지의 딸 앤Ann Putnam이 이상한 행동을 하기 시작했다. 의사는 그 소녀들이 마법에 걸려 '악마의 손' 안에 놓여 있다고 진단했다. 이상한 행동을 보인 소녀들은 부두교Voodoo 가르침에 열중하고 있는 몇 명의 서인도제도 출신 하녀들을 마녀라고 고발했다. 소녀들에게 점쟁이 놀이를 가르쳤던 패리스 가족의 노예인 인디언 티투바Tituba가 의심을 받았다.

2월 29일 티투바와 더불어 마을 여인 사라 굿Sarah Good과 사라 오즈
번Sarah Osborne이 마녀 혐의로 체포되어 투옥되었다. 사라 굿은 집도 없는
거지였고, 사라 오즈번은 교회에 거의 나가지 않았다. 이들이 투옥된 후
수많은 사람이 기소되는 놀라운 일이 벌어졌다. 세 소녀의 이름이 알려
지면서 매사추세츠 식민지 전역은 공포에 휩싸였다. 총독 윌리엄 핍스
William Phips, 1650~1694는 특별 법정을 소집해 150명 이상의 주민(대다수가 여
성)을 마녀 혐의로 기소했다.

마녀 고발을 시작했던 소녀들은 후에 자기들의 주장을 취소하고 자
기들의 이야기는 꾸며낸 것이라고 말했지만 재판은 계속되었다. 결백을
주장하면 교수형을 당하고, 자백하면 교수형을 모면할 수 있었다. 사탄

• 세일럼 마을의 마녀사냥을 다룬 영화 〈크루서블〉. 대니얼 데이루이스와 위노나 라이더가 주연한 이 영화의
원작은 아서 밀러의 희곡 『크루서블』(1952)이다.

의 꾐에 빠진 사람은 자백하면 사탄에게 이용당하지 않는다는 가정에 따른 것이었다. 겁에 질린 피고들은 빗자루를 타고 다녔다든가 악마와 섹스를 했다는 등 되는 대로 자백을 했다.

1여 년에 걸친 마녀 재판을 통해 세일럼의 주민 중 28명이 유죄 선고를 받았다. 5명은 죄를 자백해 목숨을 건졌고, 2명은 도망쳤고, 임신부 1명은 사면되었지만, 나머지는 모두 처형되었다. 총독 핍스는 뒤늦게 마녀 재판의 중지를 명했지만, 마녀 죄를 의심받고 있던 자신의 아내 때문에 이런 결정을 내렸다는 의혹을 받았다.

세일럼 사건 당시 청교도 목사 인크리스 매더Increase Mather, 1639~1723는 악마가 마녀로 나타나 뉴잉글랜드의 낙원을 타락시키고 있다고 주장했다. 그의 아들 코튼 매더Cotton Mather, 1663~1728는 마녀로 낙인찍힌 여자들을 집으로 끌고 와서 그가 발견했다고 하는 끔찍한 사실들을 폭로하는 데에 앞장섰다. 매더 부자를 중심으로 한 성직자들은 이들에 대한 증오심에 불을 지르면서 신속한 재판과 가혹한 처벌을 요구했다.[6]

마녀사냥은 세일럼에만 국한된 게 아니라 다른 뉴잉글랜드 지역으로 확산되었다. 고발된 마녀들은 대부분 중년 여자들로 자식이 없는 과부였다. 사회적 신분이 낮고, 가정에 문제가 있고, 다른 죄가 있다고 자주 고발당하고, 이웃들에게 소외된 사람들이었다. 이들이 퓨리턴 규범에 도전하는 것처럼 보인 게 문제였다.[7] 케네스 데이비스Kenneth C. Davis는 "마법을 부린 죄는 곧 부락의 분규를 잠재우는 수단으로 이용되었다"며 다음과 같이 말한다.

"이 사건으로 뉴잉글랜드 청교도 정신의 편협성과 독실함을 가장한 경직성이 분명히 드러났다. 또한 미국 헌법의 초안자들이 끝까지 막으려고 한 교회 국가의 위험성을 분명하게 확인시켜 주었다. 지역 사회 전체가 광기 하나 제대로 막지 못한 일은 미국사에서 뉴잉글랜드나 식민지의 어느 한 시대에만 국한되지 않는 비겁한 도덕성을 드러낸 가슴 아픈 사건이었다."[8]

겉과 속이 달랐던 청교도의 두 얼굴

훗날 이 사건에 대한 과학자들의 해석이 흥미롭다. 행동심리학자 린다 카포릴Linnda R. Caporael은 소녀들의 행동을 LSDLysergic Acid Diethylamide(환각제) 사용자들의 행동과 연관시켰다. 당시 LSD는 없었지만 호밀에 생기는 것으로 LSD의 천연연료가 되는 버섯 종류인 맥각곰팡이는 있었다는 것이다. 독극물 연구자들에 따르면 맥각곰팡이에 오염된 식품은 경련, 망상, 환각, 세일럼 재판 기록에도 나와 있는 다양한 증상들을 유발시킨다. 당시 호밀은 세일럼의 주산물이었고 '마녀들'은 곰팡이가 번식하기 좋은 습한 목초지에 살고 있었다. 이 사건에 대해 4권의 책을 쓴 작가 프랜시스 힐Frances Hill은 의학적 설명을 제시했는데, 소녀들의 행동을 '히스테리아Hysteria'로 보았다. "이상한 몸의 자세, 알 수 없는 고통, 귀울림, 언어 장애, 실명, 뜻 모를 재잘거림, 거식증, 타인에 대한 파괴적인 행위와 자기 파괴적인 행위 등은 세 소녀 모두에게 똑같이 나타나고 있다."[9]

훗날 아서 밀러Arthur Miller, 1915~2005의 희곡 『크루서블The Crucible』(1952)은 세일럼 사건을 드라마틱하게 구성한 작품으로, 1996년 위노나 라이더Winona Ryder, 대니얼 데이루이스Daniel Day-Lewis 주연의 영화로도 만들어

• 너새니얼 호손이 쓴 『주홍글씨』의 주인공 헤스터 프린이 겪은 고통과 달리 청교도는 섹스, 심지어 간통에도 매우 관대했다. 사진은 무성영화 〈주홍글씨〉의 한 장면.

졌다. 『크루서블』은 당시 미국 사회를 휩쓸던 매카시 선풍(공산당 사냥 바람)을 '현대판 마녀사냥'으로 고발한 작품이다.

세일럼 사건 때 처형당한 사람들의 후손들은 1987년 '미국 옛 마녀들의 딸들Associated Daughters of Early American Witches'이라는 단체를 조직했고, 1992년 세일럼 사건 300주년 행사엔 작가 아서 밀러, 노벨평화상 수상자 엘리 위젤Elie Wiesel이 연사로 초청되었다. 후손들은 매사추세츠 주의회에 세일럼 사건 희생자들의 무죄를 천명하는 결의안을 요청했고, 2001년 10월 31일 매사추세츠 주지사 제인 스위프트Jane Swift는 그 결의안에 서명했다.

청교도의 두 얼굴은 마녀사냥에만 국한되지 않았다. 세간에 널리 알려진 것과는 정반대로 청교도는 섹스, 심지어 간통에도 매우 관대했다. 그래서 뉴잉글랜드 청교도들 사이에서 간통은 매우 빈번하게 일어났다. 너새니얼 호손Nathaniel Hawthorne, 1804~1864의 『주홍글씨The Scarlet Letter』(1850)를 기억하는 사람이라면 "그게 웬 말이냐"고 반문할 수 있겠다. 그러나 『주홍글씨』의 주인공 헤스터 프린Hester Prynnes이 겪었던 것처럼 A 문자 Adultery(간통)를 달고 다녀야 하는 시련은 많지 않았으며, 간통을 시인한 사람은 교회의 임원으로 계속 활동할 수도 있었다.

1700년대엔 약혼 중인 남녀가 판자나 베개로 선을 그어놓고 옷을 입은 채로 한 침대에서 같이 자는 번들링bundling 또는 태링tarrying이 성행했는데, 이는 종종 성관계로 이어졌고 원치 않는 아이를 낳는 원인이 되었다. 하지만 이 관습은 널리 퍼져 있었다. 1770년대에는 뉴잉글랜드 여성의 절반이 임신한 상태에서 결혼했으며, 특히 시골 지역에서는 신부의 94퍼센트가 임신을 한 몸으로 결혼했다. 매사추세츠의 점잖은 마을인 콩코드에서 독립전쟁 전 20년 사이에 태어난 아기의 3분의 1은 사생아였다. 당시의 청교도가 현대의 미국인들보다 섹스에 대해 훨씬 더 개방적이었다는 말이 나오는 이유다.

이는 메이플라워호의 필그림들이 도착한 지 반세기 만에 보스턴은 '창녀로 가득' 했다는 사실로도 입증된다. 다른 도시들도 마찬가지였다. 1699년부터 1779년까지 버지니아의 주도였던 윌리엄스버그에는 작은 크기에도 불구하고 매춘굴이 3개나 있었다. 청교도는 성행위를 식사만큼 자연스러운 것으로 여겼고 대수롭지 않게 화제에 올렸다. 혼전 성관계가 권장되었으며, 결혼을 하려는 남녀는 곧 성관계를 할 수 있는 허가를 받았다. 18세기가 끝날 무렵에서야 성행위에 대한 태도가 억압적인 방향으로 바뀌기 시작했지만, 그것도 공식적인 태도가 그랬다는 것일 뿐이다.[10]

겉과 속이 다른 이중 문화는 인간이 사는 어느 사회에서건 나타나는 것이지만, 아메리카 식민지와 훗날의 미국 사회를 이해하는 데에 매우 중요한 의미를 갖는다. 전 세계 국가들 중 가장 종교적이면서도 가장 실용적인, 얼른 보기엔 화합할 것 같지 않은 두 개의 특성을 평화공존시키는 것이야말로 미국의 묘한 특성이자 뜻밖의 저력인지도 모르겠다.

'프로테스탄트 윤리와
자본주의 정신'의 원조인가?

벤저민 프랭클린의 성공학

프랭클린의 삶을 꿰뚫은 키워드, '유용성'

미국 100달러 지폐에 등장하는 모델은 벤저민 프랭클린Benjamin Franklin, 1706~1790이다. 그래서 100달러 지폐를 속어로 '벤저민' 또는 '프랭클린'으로 부르기도 한다. 프랭클린은 다른 지폐의 그 어떤 모델들보다 잘 어울린다. 미국의 초창기 역사에서 현실 세계의 삶을 중요시하는 세속주의와 부의 축적을 예찬하는 물질주의의 대표적 전파자는 프랭클린이었기 때문이다. 세속주의와 물질주의는 실용주의기도 했다. 미국에 실용주의라는 용어가 나타난 건 1878년이지만, 그 기본 이치의 원조는 단연 프랭클린이라고 해도 과언이 아니다.

보스턴의 비누·양초 제조업자인 조사이어 프랭클린Josiah Franklin, 1657~1745의 17남매 중 열 번째 아들이자 막내아들로 태어난 프랭클린은 가난 때문에 학교를 겨우 2년밖에 다니지 못한 채 형 제임스 프랭클린 James Franklin, 1697~1735의 인쇄소, 형이 1721년에 창간한 신문 『뉴잉글랜드 쿠란트New-England Courant』에서 일하면서 독학을 했다.

프랭클린은 형의 대우도 나쁜 데다 주정부의 탄압까지 겹치자 필라델피아로 도피한 후 그곳에서 1729년 인기 없는 신문을 하나 사들여 『펜실베이니아가제트Pennsylvania Gazette』로 개제改題해 발간했다. 그는 미국 신문사에서 "자유언론의 영리적 속성commercial realities을 최초로 내세운 사람"으로 평가받는다.[1]

프랭클린은 1732년부터 『가난한 리처드의 연감Poor Richard's Almanac』이라는 잡지를 매년 출판하면서 자신의 계몽주의적 교육 이상을 알리는 토대를 마련했다. 1743년 동료들을 규합해 미국철학협회를 설립하기도 했던 프랭클린은 『가난한 리처드의 연감』을 통해 겸손·노력·절약 등의 가치를 역설했다. 그는 "한가하면 나쁜 일을 도모한다", "오늘 할 수 있는 일을 내일로 미루지 마라", "제때 한 바느질 한 번이 아홉 땀을 절약해준다", "하늘은 스스로 돕는 자를 돕는다", "수고 없이는 이득도 없다", "빈 가방은 똑바로 서지 못한다", "경험은 훌륭한 학교지만 바보는 아무 곳에서도 배우지 못한다" 등의 명언들을 양산해냈다. 1748년까지 그는 연감에 실을 글들을 직접 썼으며, 그 이후 10년 동안은 운영만 했다.

1757년 책으로 묶어낸 이 금언들의 상당 부분은 당시의 비슷한 출판물에서 아무 망설임 없이 베껴온 것들이었다. 그는 다른 사람의 금언을 고쳐 쓰기도 했다. "하나님은 건강을 되돌려주고 의사는 그 비용을 받는다"는 속담을 더 간결하게 "하나님은 치료하고 의사는 돈을 받는다"로 고치는 식이었다.[2] 하긴 그렇게 하는 것도 대단한 능력이긴 하다. 실

* 세속주의와 부의 축적을 예찬하는 물질주의의 대표적 전파자였던 프랭클린이 100달러 지폐의 등장인물인 것은 우연이 아니다.

제 원조가 누구든 "좋은 전쟁이나 나쁜 평화라는 것은 있을 수 없다"는 그의 명언은 그 얼마나 아름다운가!

프랭클린은 1748년에 출간한 『젊은 상인에게 주는 어느 늙은이의 충고』에서 '시간은 돈'이라고 주장했다. 서머타임summer time을 착안한 것도 바로 그였다. 시간이 돈이라면 어찌 땅이 돈이 아닐 수 있겠는가. 그는 1748년부터 토지 투기에 뛰어들어 부동산 부자가 되었으며, 서부에 대한 식민지인들의 권리 증진을 위해 무려 15년간 영국 런던에서 로비를 하기도 했다.[3]

프랭클린의 저작과 삶을 꿰뚫는 한 가지 키워드는 '유용성'이었다. 그는 유용성의 원리에 따라 1737년 지진에 관한 논문을 발표했고, 1742년 프랭클린 스토브를 발명했고, 1749년 피뢰침을 만들었고, 1752년 연을 이용한 번개 실험에 성공했다. 또 그는 미국 최초의 공공 도서관을 설립했고, 최초의 시민소방대를 창설했고, 병원을 창설했고, 도로포장을 역설했고, 시민경찰제도를 주장했다. 그는 신을 믿는 것도 유용성의 관점에서 보았다.

프랭클린은 1751년에 발표한 「인구 증가에 대한 고찰Observations concerning the Increase of Mankind」이라는 논설에선 미국의 인구는 25년마다 두 배로 늘어날 것이며 일부 외딴 정착촌에는 그 주기가 더욱 짧아져 15년 마다 두 배로 늘어날 것이라고 예측했다. 이는 그가 직접 만나 깊은 대화를 나누기도 했던 애덤 스미스Adam Smith, 1723~1790의 『국부론An Inquiry into the Nature and Causes of the Wealth of Nations』(1776)과 토머스 맬서스Thomas Malthus, 1766~1834의 『인구의 원리에 관한 에세이Essay on the Principle of Population』(1798)에 큰 영향을 미쳤다.[4]

열혈 애국주의자였던 프랭클린

프랭클린은 1757년 『부자가 되는 길The Way to Wealth』에서 절약을 강조하는 등 본격적인 성공학을 역설했다. 이미 1732년 달력 출판으로 큰 이익을 얻은 바 있던 그는 1757년에는 달력의 권두에 교훈이 될 만한 속담을 묶어 기재함으로써 미국 전역뿐 아니라 유럽 여러 나라에서도 큰 인기를 끌었다. 자신이 발행하는 신문에도 교훈을 주는 명언을 게재하기도 했다.

프랭클린은 1771년에 출간한 『자서전The Autobiography』에선 중용, 침묵, 질서, 결단, 검소, 근면, 성실, 정직, 절제, 청결, 평정, 정숙, 겸손 등 13개 덕목을 강조했다. 프랭클린은 종교적 가치를 전파하기 위해서가 아니라 성공하려는 욕망을 달성하는 데 실제적으로 유용하기 때문에 이 덕목들을 실천하라고 권고했다. 이에 대해 태혜숙은 다음과 같이 말한다.

"프랭클린은 '현세에서의 결실을 보장하는 근면'이라는 식으로 청교도 개념을 현대화한 셈이었다. 프랭클린은 정직과 근면을 통한 물질적 출세를 기준으로 인간의 가치를 측정하려는 활동적인 '상인의 태도'를 보여준다. 시대에 뒤떨어진 귀족층에서부터 역동적이며 실리에 밝은 중산층으로 정치 경제적 힘이 옮겨가던 때에 성장한 프랭클린은 새로운 질서를 기꺼이 대변하였다."[5]

아메리카 식민지인들은 1750년대 말까지도 자신들이 영국 제국의 일원이라는 사실을 흔쾌히 인정했다. 그걸 인정한다고 해서 손해볼 일이 없었다. 그러나 북아메리카의 주도권을 놓고 영국과 프랑스가 맞붙은 '프렌치 인디언 전쟁'(1756~1763)에서 영국이 승리함으로써 식민지인들의 생각은 바뀌기 시작했다. 영국의 식민지 통제가 강화되었기 때문이다. 1760년 1월 '에이브러햄 평원'에서 영국 군대가 프랑스 군대를 격파한 것을 예찬하며 "나는 영국인"이라고 자랑스럽게 천명했던 프랭클린도 점차 독립의 길을 모색하게 된다.

독립전쟁(1776~1783) 기간 중 프랭클린은 70대의 고령에도 불구하고 맹활약을 했다. 1778년에서 1785년까지 주프랑스 대사를 지내면서 프랑스를 미국의 편에 서게 하는 데에 큰 기여를 했으며, 파리에서 열린 종전 교섭에도 존 애덤스John Adams, 1735~1826, 존 제이John Jay, 1745~1829와 함께 미국 대표로 활약했다. 1785년에서 1788년까지 펜실베이니아 주지사를 지내면서 1787년 5월 25일부터 3개월 반 동안 필라델피아에서 개최된 헌법 제정을 위한 제헌의회Constitutional Convention에도 참석했다. 이 제헌의회엔 로드아일랜드를 제외한 모든 주의 대표 55명이 참석했는데, 이들은 나중에 '건국의 시조들Founding Fathers'로 불린다. 프랭클린은 당시 81세로 '건국의 시조들' 가운데 최고령이었다.

● 젊은 시절 출판물을 판매하고 있는 프랭클린.

프랭클린은 그 누구에게도 밀리지 않을 열혈 애국자였다. 그에게 '첫 번째 미국인The First American'이라는 영예로운 타이틀이 주어진 것도 그런 이유 때문이었을 것이다. 장기간에 걸친 그의 막강한 영향력 덕분에 '미국 대통령이 되지 않은 유일한 미국 대통령'이라는 농담도 생겨났다. 어디 그뿐인가. "미국의 대의가 곧 모든 인류의 대의다"라는 그의 발언은 금과옥조金科玉條처럼 여겨지면서 미국과 미국인들은 특별하다는 이른바 '미국 예외주의American exceptionalism'의 슬로건으로서 미국인들의 삶과 자긍심을 지탱시키는 중요한 이데올로기가 되었다.

프랭클린은 애국 외에도 다방면에 걸쳐 재능이 뛰어난 탁월한 사람이었지만, 그 역시 어쩔 수 없는 인간이었다. 그는 평소 "술과 음식과 여자와 게으름을 절제하라"며 금욕의 가치를 입버릇처럼 말했지만, 젊은 이들을 만날 때마다 "바람을 피우려면 중년 여인이 제일이다"고 충고했다. "중년 여인이면 고마워할 줄도 알고 입도 무겁다"는 것이 이유였다.[6]

가브리엘 콜코Gabriel Kolko는 프랭클린의 그런 두 얼굴에 대해 다음과 같이 말한다.

"그가 젊은 시절에 영국을 여행했을 때, 그는 독실한 청교도들처럼 돈을 아껴 썼던 것이 아니라 극장, 스포츠, 그리고 주색으로 밤을 보내곤 했었다. 결국 그는 서자를 한 명 낳아서 미국으로 데리고 돌아왔다. 그리고 그 서자 아들 역시 서자를 낳았다. 필라델피아에서 일을 시작한 프랭클린은 무엇인가를 해내기로 결심하고 규칙적인 생활을 했는데 일을 하기 위한 시간은 하루에 단지 8시간만 정해 놓았었다. 그러나 그는 일을 현명하게 추진할 줄 알았고, 그가 운영한 신문에서는 부수를 늘리기 위해서 전통에 대한 가상적 논의에서부터 '가난한 리처드의 연감'이라는 글에 이르기까지 다양하게 시도하였다.……주불 대사를 지낼 때에는 노령에도 불구하고 부인을 집에 두고 갖가지 방탕한 생활을 하였다. 그는 여자 이외에도 맛있는 음식과 좋은 술을 탐닉하였다."[7]

프랭클린은 미국인 중에서 가장 미국적인 인물

이 또한 '유용성'의 관점에서 보아야 하는 걸까? 그 시대의 사람들이 다 그랬기에 특별히 프랭클린만 나무랄 수는 없겠지만, 프랭클린은 인종주의자이기도 했다. 그는 인디언을 '전쟁을 즐기고 살육을 자랑하는 잔인한 야만족'으로 단정했다. 그는 1755년 인디언 사냥 직전에 개를 가두어 두도록 권하기도 했다. "개들은 갇혀 있기 때문에 껑충껑충 뛰며 날뛸 것이고, 그렇게 약을 올린 다음 풀어 놓으면 적을 꼼짝 못하게 만들어서 한

층 위력을 발휘할 것이다"라는 이유에서였다.[8]

프랭클린은 흑인은 '게으르고 잘 훔치며 낭비가 심한 인종'으로 진단했다. 그는 1751년 "아마도 나는 미국인의 피부색만 좋아하는 것 같다"며 "이러한 편파적 감정은 인류에게는 자연스런 것"이라고 주장했다.[9] 피부색이 같은 독일 이민자들은 '우매함' 때문에 프랭클린에게 비판의 대상이 되었다. 이들 중 영어를 할 줄 아는 사람이 거의 없었고 또 이들의 미국 사회 편입이 미국인들 사이에 큰 혼란을 자아낼 수도 있다는 이유 때문이었다.[10]

프랭클린이 1790년에 죽었을 때 대부분의 사람들이 안타까워했을 것 같은데, 빌 브라이슨Bill Bryson은 그런 사람은 거의 없었다고 주장한다. "독자들은 프랭클린이 박식하고 모범적인 사람이라고 생각할 것이다. 때문에 그가 당시에는 그다지 존경을 받는 인물이 아니었다는 사실을 알면 충격을 받을지도 모른다." 그의 작품집이 그가 죽은 지 28년이 지나서야 나왔으며, 그의 자서전에 대한 반응도 냉랭해 1868년까지도 완성본이 출판되지 않은 게 바로 그런 이유 때문이라는 것이다. 헌법제정위원회에서도 미국 대통령은 봉급을 받지 말아야 한다거나 각 회기를 목사의 기도로 시작해야 한다는 제안을 해 다른 위원들의 눈총을 받고 면박을 당하기 일쑤였다는 게 그의 주장이다.[11]

그러나 다른 주장도 있다. 찰스 패너티Charles Panati는 프랭클린의 장례식엔 2만 명이 참석해 필라델피아 사상 최대를 기록했으며, 제퍼슨은 "행정부 공무원들은 1개월간 검은 옷을 입고 프랭클린의 죽음을 애도하자"는 제안을 할 정도였다고 말한다. 제퍼슨의 제안은 조지 워싱턴George Washington, 1732~1799 대통령이 "일단 장례가 시작되면 언제까지라고 명확히 선을 그을 수 없을 것이기 때문"이라는 이유를 내세워 거부함으로써 실현되진 않았지만, 프랑스 국회에서는 프랭클린의 죽음을 애도해 3일 동안 검은 옷을 입었다고 한다.[12]

누구 말을 믿어야 할까? 겉과 속 가운데 어느 것을 강조하느냐 하는 차이로 볼 수 있겠지만, 어차피 사소한 문제이니 독자들께서 각자 알아서 판단하는 게 좋을 것 같다. 설사 프랭클린이 한동안 인정을 받지 못했다고 하더라도, 그것이 오래 간 것은 아니다. 개인 차원에서건 국가 차원에서건 미국 특유의 성공학을 이야기할 때에 빠지지 않고 등장하는 인물이 바로 프랭클린이다. 이미 1840년대에 프랭클린 자서전의 일부가 대중용으로 출간된 것을 계기로 이후 성공학 책이 양산되기 시작했다.

• 뉴욕 맨해튼에 있는 파이낸셜 디스트릭Financial District 거리의 프랭클린 동상. 프랭클린은 '역대의 미국인 중에서도 가장 미국적인 인물'로 평가받는다.

독일 사회학자 막스 베버Max Weber, 1864~1920는 1905년에 출간한 『프로테스탄트 윤리와 자본주의 정신The Protestant Ethic and the Spirit of Capitalism』에서 노동과 재산 축적의 신성화, 절약, 절제, 금욕 등과 같은 프로테스탄트 윤리가 자본주의의 발전을 돕는다고 했다. 이와 관련, 베버는 프랭클린의 성공학에 대해 다음과 같이 말한다.

"프랭클린의 모든 도덕적 훈계는 공리주의적으로 지향되어 있다. 정직은 신용을 낳기 때문에 유용하며 시간엄수, 근면, 검소 등도 모두 마찬가지이며, 그 때문에 그것들은 미덕이다. 이상에서 특히 다음과 같은 결론이 나올 수 있다. 예를 들어 정직한 척 하는 것만으로도 정직한 것과 같은 효과를 얻을 수 있다면 그것으로 충분하며, 프랭클린이 보기에는 이러한 미덕을 지나치게 많이 갖는다는 것은 비생산적인 낭비로 비난될 것이란 점이다."[13]

베버가 주목한 '프로테스탄트 윤리와 자본주의 정신'의 원조가 있다면, 그 대표적 인물은 프랭클린이 아닐까? 월터 아이작슨Walter Isaacson은 프랭클린의 수많은 발명과 다양한 업적을 열거하면서 "그러나 프랭클린이 발명한 것 중에서 가장 흥미롭고 끊임없이 재창조된 것은 바로 그 자신이다"고 했다. 사실 이거야말로 자본주의적 혁신이 아닌가. 박중서가 잘 지적했듯이, 프랭클린은 "역대의 미국인 중에서도 가장 미국적인 인물"이었다.[14] 미국적 속물근성·경박함과 더불어 미국적 창의성·진취성을 온몸으로 구현해 보인 그는 개인의 성공과 더불어 국가의 성공을 역설한 성공학 전도사였다고 말할 수 있겠다.

혁명은 '공포'와 '신화'를 먹고사는가?

미국 독립혁명의 정치학

혁명은 악마를 필요로 한다

흑인 래퍼이자 시인인 질 스콧 헤론Gil Scott-Heron, 1949~2011은 "혁명은 TV에 나오지 않는다The Revolution Will Not Be Televised"고 했지만, 성공한 혁명은 TV에 나오는 건 물론 어린 아이들이 배우는 교과서에까지 등장하면서 '불멸의 신화'로 미화된다. 혁명의 와중에 발생했던 무시무시한 '공포정치'는 신화 만들기를 위한 불쏘시개로 활용되면서 흔적도 없이 사라진다. 이는 인류 역사상 일어난 모든 혁명의 공통점이었으며, 미국 독립혁명도 이런 혁명의 방정식에 충실했다.

8년간 지상전과 해전을 합쳐 1,300번 이상의 전투가 벌어진 미국의 독립전쟁(1776~1783)은 미국인 11만 5,000명의 목숨을 앗아갔으며, 독립선언서 서명자 56명 중 5명은 반역자로 영국인들에게 고문을 받아 죽고 9명은 영국과의 전쟁에서 입은 부상으로 죽었다. 사정이 그와 같았던 바, 독립전쟁 후 미국에서 곤경에 빠진 건 백인 인구의 5분의 1로 추산되는 친親영국파였다. 이런 충성파 또는 왕당파가 3분의 1이었다는 주장도 있다. 3분의 1은 독립파, 3분의 1은 중간파(무관심)였다는 것이다.

패배가 임박해 영국군이 사우스캐롤라이나의 찰스턴Charleston에서 철수하던 날에는 왕당파도 배 100척에 콩나물시루처럼 끼어 탈출했다. 뉴욕에선 3만 5,000명 이상이 국외로 탈출했다. 수많은 왕당파가 캐나다로 피신해, 캐나다의 영국인 수는 독립전쟁 시기에 급증했다. 이 때문에 미국의 독립전쟁으로 인해 캐나다가 탄생했다는 말까지 나오기도 한다. 이와 관련, 미국혁명이 프랑스혁명보다 많은 망명자를 만들어냈다는 주장도 있다. 프랑스혁명에서는 인구 1,000명당 5명이 망명했지만 미국에서는 1,000명당 24명이 망명했다는 것이다.

역사가 크레인 브린턴Crane Brinton, 1898~1968은 "미국 혁명에는 공포정치의 흔적이 분명 있었다"고 했는데, 이는 특히 탈출하지 못한 왕당파에 대한 가혹한 보복을 두고 한 말이다. 왕당파는 집을 빼앗기고 직업을 잃었다. 수천 명의 왕당파가 전 재산을 몰수당했다. 수많은 왕당파의 온몸에 타르를 바르고 새털을 뒤집어쓰게 한 뒤 사람들의 구경거리로 만드는 다양한 린치lynch · 私刑가 자행되었다. 린치를 그만두라는 항의에 대해 온건한 조지 워싱턴George Washington, 1732~1799조차도 이 기이한 풍습을 폐지하는 것은 인민의 자유를 간섭하는 것이 된다고 말할 정도였다.[1]

사실 린치라는 말이 생겨난 것도 바로 이때였다. 버지니아주 판사 찰스 린치Charles Lynch, 1736~1796는 재판의 절차를 거치지 않고 왕당파에게 채찍질을 가하는 데에 앞장섰다. 찰스 린치와 어떤 관계인지는 알 수 없지만, 왕당파에 대한 린치로 이름을 떨친 또 다른 린치가 있었으니, 그는 바로 윌리엄 린치 대위Captain William Lynch, 1742~1820다. 오늘날 영어사전에까지 이름을 올린 이 사람을 발굴해 기록한 이는 작가 에드거 앨런 포Edgar Allan Poe, 1809~1849다.[2]

왕당파는 역사에서도 소외되었다. 리처드 셍크먼Richard Shenkman은 이렇게 말한다. "어린이들은 이제 학교에서 미국혁명을 배우면서 대륙군이 전형적인 자위권을 위해 싸운 것으로 배우고 있다. 왕당파는 아예 언급조차 되지 않는다. 이것은 독립전쟁에 관한 난센스 중 가장 터무니없는 것이다. 독립전쟁은 사실 미국인이 미국인과 싸운 것이었고, 벤저민 프랭클린의 경우처럼 아버지와 아들이 싸운 경우도 있었다."[3]

역사에서 소외된 정도를 넘어 '배신자'나 '매국노'의 대명사가 된 대

• 베네딕트 아널드를 악마와 손잡은 인물로 묘사한 1865년의 한 정치 카툰.

표적 인물은 단연 베네딕트 아널드Benedict Arnold, 1741~1801다. 그는 뛰어난 용맹성을 발휘하고 군사적 대승을 거두어 조지 워싱턴의 우정과 존경을 누렸지만, 여러 이유로 1780년 10월 9일 대륙군 장성에서 영국군 장성으로 변신했다. 혁명은 악마를 필요로 하는 법인데, 미국 혁명에서 그런 악마화demonization의 대표적 제물로 선택된 인물이 바로 아널드다.

독립 후 아널드를 비난하는 책이 많이 나오면서 그의 악행은 과장되었을 뿐만 아니라 날조되기까지 했다. 예컨대, 『잔인한 소년The Cruel Boy』이라는 제목의 어린이용 이야기는 19세기에 어린이들에게 널리 읽혔는데, 이런 이야기다. 남의 달걀을 훔치고, 곤충을 잡아 괜히 날개를 뜯어내는 등 못된 짓만 골라서 하는 소년이 있었다. 그 소년은 어른이 되어서 매국노가 되었다. 실명은 마지막에 나온다. 그의 이름은 베네딕트 아널드![4]

오늘날 미국 좌우左右 세력은 날이 갈수록 양극화되고 있지만, 이들이 의견의 일치를 보는 것 중의 하나가 바로 '베네딕트 아널드 때리기'다. 지금도 미국 정치인들은 여야를 막론하고 자신의 애국심을 과시하고 싶을 땐 어김없이 '베네딕트 아널드'라는 이름을 들먹거린다. 언론인 잭 캐실Jack Cashill은 2003년 자기 딸의 친구들이 베네딕트 아널드가 누군지 모른다는 것을 알고 미국 학생들의 '배신'에 분노해서 이렇게 말했다. "우리는 우리 가운데 이런 베네딕트 아널드 같은 자들을 찾아내서 적어도 그들을 재교육해야 한다."[5]

독립전쟁의 신화와 영웅 만들기

캐실의 분노가 시사하듯, 미국 독립혁명은 과연 선악善惡의 대결 구도였던가? 오늘날 학자들 사이엔 크게 보아 두 개의 시각이 있다. 하나는 사상적·정치적 사건으로 보는 시각이다. 개인의 자유와 기본권이라는 이상을 수호하기 위한 저항으로 보는 것이다. 또 하나는 경제적·사회적원인에 의해 야기된 것으로 파악하는 시각이다. 당시 식민지 자본의 이해관계가 영국과 갈등에 놓이게 되면서 이들 간의 충돌로 독립혁명이 일어났다고 보는 것이다.[6]

당시 영국 상품의 대부분은 신용거래로 팔리고 있었기 때문에 대금을 지급하지 않으면 투옥되었다. 이런 빚을 진 사람이 적지 않았다. 독립전쟁을 영국에 대한 채무에서 벗어날 수 있는 기회로 보는 식민지 주민도 많았다는 뜻이다.[7] 이는 두 번째의 시각에 설득력을 더해주지만, 물론 미국사는 철저히 첫 번째 시각에 의해 쓰였다.

정치경제적 독립은 문화적 독립의 열망도 수반했다. 1783년 사전편찬자인 노아 웹스터Noah Webster, 1758~1843는 "아메리카가 정치에 있어서 독립된 것처럼 문학에 있어서도 독립되어야 한다"고 했으며, 1789년 "우리의 자존심은 우리가 정부뿐만 아니라 언어에서도 독자적인 기반을세우기를 원한다"고 주장했다. 작가 루퍼트 휴는 "우리는 왜 우리의 언어가 영국에서 빌려온 것일 뿐이라는 터무니없는 생각을 계속 갖고 있어야 하는가?"라고 맞장구를 쳤다.[8]

로열 타일러Royall Tyler, 1757~1826는 1787년 뉴욕에서 처음 출간한 「대조the Contrast」라는 희극喜劇에서 퇴폐적인 영국의 허식虛飾에 대항해 순수

● 폴 리비어의 '심야의 질주'를 그린 삽화. 리비어는 미국 독립전쟁이 탄생시킨 대표적 영웅이다.

하고 평범한 아메리카니즘Americanism을 부각시켰다. 1784년 뉴욕에 있는
영국 국교도의 킹스대학King's College이 콜롬비아대학으로 이름을 바꾼 것
을 비롯해 각종 기관들의 개명 작업도 이루어지기 시작했다.[9]

　　독립전쟁의 신화와 영웅 만들기도 왕성하게 이루어졌다. 프랜시스
홉킨슨Francis Hopkinson, 1737~1791의 『미네르바의 성전The Temple of Minerva』
(1781), 메이슨 로크 윔스Mason Locke Weems, 1759~1825의 『조지 워싱턴의 생애
The Life of Washington』(1800), 워싱턴 어빙Washington Irving, 1783~1859의 『조지 워
싱턴의 생애The Life of George Washington』(전5권, 1855~1859) 등은 워싱턴을
영웅으로 묘사했다. 특히 윔스는 워싱턴이 어린 시절 도끼로 벚나무를
자른 사건 등을 포함한 사실 날조도 서슴지 않았다.

　　워싱턴 외에도 수많은 영웅이 탄생했는데, 독립전쟁 최초의 영웅은

폴 리비어Paul Revere, 1735~1818다. 1775년 4월 18일 밤 영국군이 보스턴에서 렉싱턴과 콩코드 거리로 파견되었을 때 탄생한 영웅이다. 보스턴 '학살' 사건 판화의 주인공이기도 한 리비어가 그날 밤 보스턴에서 렉싱턴까지 말을 달려 영국군의 진격을 알렸다는 것이다. 이는 미국 초등학교·중학교 교과서에 '심야의 질주Midnight Ride'라는 이름으로 실린 영웅담이라 이걸 모르는 미국인은 없다.

그러나 이는 훗날 시인 헨리 워즈워스 롱펠로Henry Wadsworth Longfellow, 1807~1885가 리비어에 관한 민담을 전해 듣고 유명한 시를 써서 리비어를 망각에서 구해냈기 때문이라는 설이 유력하다. 『애틀랜틱』 1861년 1월호에 게재된 「혁명의 전령 폴 리비어Paul Revere's Ride」라는 롱펠로의 시가 나오기 전에는 아무도 리비어를 몰랐다는 것이다. 그의 시가 나온 뒤 리비어의 이름은 극적으로 알려진데다 19세기 말까지 명성이 계속 높아져 미국 애국여성회는 보스턴에 있는 그의 집에 '애국자의 집'이라는 명판을 달았다. 이는 사실과 많이 다른 역사 왜곡으로, 남북전쟁 직전의 분위기에서 영웅이 필요하다는 판단하에 만들어진 신화라는 게 일부 역사가들의 주장이다.[10]

혁명은 처음엔 '공포',
다음엔 '신화'를 먹고산다

패트릭 헨리Patrick Henry, 1736~1799가 했다는 '자유냐 죽음이냐' 연설도 말이 많다. 그가 그 말을 했다고 알려진 시기보다 42년이나 지난 뒤인

1817년에 무슨 연유에서인지는 모르지만 처음으로 출판물에 인쇄되었던바, 믿기 어렵다는 것이다. 1805년 윌리엄 워트William Wirt, 1772~1834라는 변호사가 패트릭 헨리의 생애에 관해 책을 쓰기로 결심했지만 그의 명성을 드높여준 연설을 채록한 사본은 없었다. 그래서 상당 부분 상상력을 발휘해서 쓴 게 1817년 출간한 『패트릭 헨리의 생애와 인물에 관한 개요』라는 이야기다.

노예 소유주였던 헨리는 그 연설을 하고 나서 8개월 후 버지니아의 노예들이 "우리들 편에 선다면 자유를 주겠다"는 영국의 제안을 받아들이지 못하도록 순찰병들에게 감시 명령을 내렸다고 한다. 그는 자신의 노예 소유에 대해 이런 변명을 내놓았다. "나의 노예 소유가 합리적인 것이라고는 할 수 없다. 그러나 나는 그들을 떠나서는 사회에서 생활할 수가 없다. 민주와 평등을 실현하는 데에는 매우 오랜 과정이 필요하다. 헌법을 제정한다거나 연설을 한 번 했다고 해서 곧장 실현되는 것이 아니다."[11]

독립전쟁의 여자 영웅인 몰리 피처Molly Pitcher, 1744~1832는 미국 중학교 교과서에 실린 메리 루드비히 헤이스 매콜리Mary Ludwig Hays McCauly의 별명인데, 손잡이가 달린 물 항아리pitcher를 가지고 다니며 병사들에게 물을 주었다고 해서 그렇게 붙여졌다. 이 이야기는 어린이 위인전에도 빠지지 않고 등장하며, 걸프전에 참전한 여성 해병대원을 '오늘날의 몰리 피처'라 부르는 등 저널리즘의 이용도 활발하다. '몰리 피처' 관련 사이트만 1만 6,000여 개에 이를 정도로 인기가 대단하지만, 이 또한 완전히 만들어낸 이야기라는 지적이다.[12]

민병의 정체도 논란의 대상이다. 미국인은 나라를 구하기 위해 나선 민병이 중산층이라고 믿고 싶어 한다. 그러나 학자들은 경제적 수준을 따져볼 때 민병들은 중산층이 아님을 발견했다. 1778년 이후의 민병은 가난해 땅도 없고 일자리도 없고 희망도 없는 3무無의 사람들로 사회적 신분상승을 위해 전쟁에 뛰어들었다는 것이다. 게다가 많은 민병이 실제로는 지원병이 아니라 보수를 받고 싸우는 용병이었다고 한다. 경제적 여유가 있는 자작농은 민병대 소집을 피하고 다른 사람들을 사서 내보냈다는 것이다.[13]

● 멜 깁슨이 주연한 영화 〈패트리어트〉. 영국인들을 잔인한 악당으로 그린 이 영화는 영국인들을 분노하게 만들었다.

독립전쟁 '신화 만들기'는 2000년대에도 계속되고 있다. 2000년 할리우드 영화 〈패트리어트The Patriot〉는 독립전쟁 당시 '늪 속의 여우Swamp Fox'란 별명을 지닌 실존 인물 프랜시스 매리언Francis Marion, 1732~1795의 활약상을 그린 영화로 멜 깁슨Mel Gibson이 그 역을 맡았는데, '유치원생 수준의 역사물'[14]이라는 말을 들을 정도의 과도한 사실 왜곡으로 영국인들을 분노하게 만들었다.

영국의 『더 타임스』는 "〈패트리어트〉는 영국에 대한 공격이다. 영화 속에서 잔인한 영국 장교로 묘사된 태빙턴(실존 인물 배니스터 탈레톤)은 영화에서처럼 짐승 같았다는 기록은 어디에도 없다"고 비난의 포문을 열었다. 또 영국 역사학자들은 "이 영화에서 영국인은 악당이고 멜 깁슨은 영웅으로 그리고 있다. 그러나 매리언은 사실 인종차별주의자이자 연쇄 강간범으로 인디언을 마구잡이로 죽인 인물"이라고 반박했다.[15]

그러나 미국인들과 대화를 나눌 땐 이런 이야기들은 언급하지 않는 것이 좋다. 미국의 독립전쟁은 무조건 위대했다고 예찬하는 게 부드러운 대화에 도움이 된다. 미국인들이 영국의 지배에 반기를 들었을 때 그들의 대표적인 슬로건은 "우리를 간섭하지 마라Don't tread on me"였는데, 이 원리를 예찬하면서 다른 나라들에 대해서도 역지사지易地思之를 해보는 것도 좋지 않겠느냐고 부드럽게 말하는 게 바람직하다. 원래 혁명은 처음엔 '공포', 다음엔 '신화'를 먹고사는 법이다.

자유의 나무는 피를 먹고 자라는가?

'전쟁 영웅' 셰이즈의 반란

빈부 격차와 퇴역군인의 반란

독립전쟁(1776~1783)에서 식민지인들은 영국에 대항해 하나로 똘똘 뭉쳐 잘 싸웠지만, 그렇다고 해서 내부 갈등이 없는 건 아니었다. 독립전쟁 이전부터 아메리카 식민지는 빈부 격차 문제로 몸살을 앓고 있었다. 매사추세츠는 1780년에 주 헌법을 통과시켰지만 빈곤층과 중산층의 이익을 거의 대변하지 못했다. 1770년 보스턴에는 상위 1퍼센트에 속하는 사람들이 부의 44퍼센트를 차지하고 있었는데, 이는 다른 지역에서도 마찬가지였다.[1]

내부 갈등은 독립전쟁의 와중, 그것도 군대에서까지 일어났다. 독립전쟁이 일어난 지 5년이 지난 1781년, 뉴저지주 모리스타운에 주둔 중이던 펜실베이니아 부대 내에서 아일랜드와 스코틀랜드, 독일 등 국외 출신자들이 중심이 된 1,000명이 넘는 병사들이 반란을 일으켰다. 장교와 사병·하사관 간의 극심한 차별에 항의하기 위한 반란이었다.

사병들은 수개월간 급여도 못 받고 형편없는 음식에 신발도 없이 행군했다. 장교는 폭행과 채찍질로 이들을 학대했다. 사병들은 모병 기간이 만료되었으니 제대시켜 달라고 요구했다. 조지 워싱턴George Washington, 1732~1799은 1,700명의 항명자들과 타협하기로 결정했다. 일부는 고향으로 돌려보내고 급료를 지급했다.

그러나 곧 뉴저지 부대에서 수백 명이 가담한 또 다른 반란이 일어나자, 워싱턴은 이번엔 가혹한 처방을 내렸다. 두 명을 현장에서 총살하는 등 강경 대응한 것이다. 한 병사는 자신은 자유를 위해 죽을 각오가 되어 있지만, "저 비겁한 필라델피아 의회나 비단과 견수자로 처바른 저 고귀한 펜실베이니아 숙녀분들, 더러운 뉴저지 나리들과 돼지 같은 지주놈들의 재산을 지키기 위해 죽지는 않겠다"고 말했다.[2]

계급 갈등은 전후에도 계속되었다. 전후의 경제공황 속에서 농민에게 과중한 세금이 부과되었다. 이들 대부분은 약속된 보너스도 받지 못한 대륙군의 퇴역병들이었다. '전쟁 영웅'이었던 독립군 육군 대령 대니얼 셰이즈Daniel Shays, 1741~1825도 그런 상황에 처해 심지어 프랑스의 라파예트 후작에게 받은 칼을 팔아 세금을 내려고까지 했다. 결국 참다못한 셰이즈는 1786년 여름 노동자와 농민에게 불리한 법을 제정한 정치인에게 항의하기 위해 농부와 노동자 700명을 이끌고 매사추세츠주 스프링필드로 행진하며 도시를 한 바퀴 돌았다.

시위를 벌인 지 얼마 되지 않아 셰이즈는 무장한 1,000명을 이끌고 권력과 부의 본거지인 보스턴을 향해 행군을 시작했다. 조지 워싱턴 휘

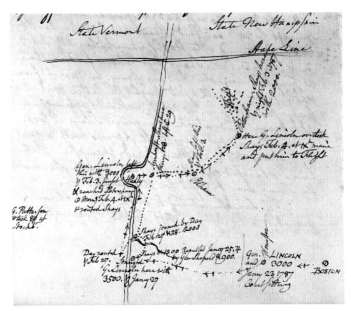

• 셰이즈의 반란에 참여한 사람들의 전술적 움직임을 그린 지도. 셰이즈의 반란은 미국 헌법 탄생의 계기가 되었다.

하 지휘관 중의 한 사람인 벤저민 링컨Benjamin Lincoln, 1733~1810 장군은 보스턴 상인들의 재정 지원을 받는 군대를 데리고 이들을 막아섰다. 총격전이 벌어져 양측에 약간의 사상자가 발생한 가운데 셰이즈의 군대는 흩어지고 말았다. 주동자 13명이 사형 당했다. 버몬트로 도주한 셰이즈는 1788년 그곳에서 사면되었으나 1825년 굶주림 속에서 죽었다. 이게 바로 '셰이즈의 반란Shays's Rebellion' 사건이다. '셰이즈의 반란'이 일어났을 때에 주프랑스 대사로 파리에 머물고 있던 토머스 제퍼슨Thomas Jefferson, 1743~1826은 이 폭동에 대해 이렇게 썼다.

"가끔 조그마한 반란이 일어나는 것은 좋은 일이고 정치세계에 있어서는 이것이 필요하기도 하다. 마치 자연계에 가끔씩 폭풍이 부는 것이 필요하듯이. 자유의 나무는 애국자와 압제자의 피를 먹고 자란다. 이 것이 자연의 법칙이다."[3]

그러나 제퍼슨이 수긍한 '피'는 그가 예상했음직한 수준을 넘어 너무 많이, 너무 자주 흘리는 결과를 초래한다. 그렇게 여유를 부려도 좋을 일은 아니었다는 것이다. 하지만 "자유의 나무는 애국자와 압제자의 피를 먹고 자란다"는 말은 맥락을 제거한 채 독립적인 명언이 되어 훗날 많은 나라들에서 반독재 투쟁에 나선 이들의 의식화 슬로건으로서 위상을 갖게 된다.

'셰이즈의 반란'은 1787년 1월에 진압되었지만, 그 파장은 매우 컸다. 가장 중요한 것은 이 반란으로 인해 새로운 국가 헌법을 만드는 운동이 더욱 시급하게 되었다는 점이다.[4] 실제로 이 사건에 겁먹은 지도자급 인사들은 이런 내용의 서신을 주고받았다. "이봐, 셰이즈가 일으킨 반란을 좀 보게나. 무언가 조치를 취하지 않으면 여기저기에서 반란이 일어날 걸세. 우리에게 통제 수단이 있어야겠어." 이와 관련, 하워드 진Howard Zinn, 1922~2010은 다음과 같이 말한다.

"그리하여 우리에게 거대 정부를 합법화한 헌법이 탄생한 것입니다. 노예 소유주들을 혁명으로부터 지켜주고, 제조업자들을 세금으로부터 보호하며, 서부로 진출하는 땅 투기꾼들을 (순진하게도 그 땅을 자기 것으로 생각한) 인디언의 공격으로부터 지켜주는 그런 정부 말이지요. 그렇게 하여 우리 앞에 나타난 거대 정부의 전통은 미합중국 탄생 이래 줄곧 이어져 왔습니다. 부자와 기업체의 이익을 대변하는 그런 거대 정부 말입니다."[5]

미국 헌법 탄생의 계기가 된 셰이즈의 반란

1787년 5월 25일부터 3개월 반 동안 필라델피아에서 헌법을 제정하기 위한 제헌의회Constitutional Convention가 개최되었다. 로드아일랜드를 제외한 모든 주의 대표 55명이 참석했는데, 이들은 나중에 '건국의 아버지들 Founding Fathers'로 불린다. 만장일치로 조지 워싱턴을 의장으로 선출했지만, 처음부터 제헌의회의 의사 일정을 지배한 사람은 새로운 연방 정부에 대한 세밀한 계획을 구상하고 있었던 36세의 제임스 매디슨James Madison, 1751~1836이었다. 그는 인구수로는 가장 큰 주였던 버지니아 대표였다.

연방주의와 중앙집권화의 가장 뛰어난 이론가는 알렉산더 해밀턴 Alexander Hamilton, 1755~1804이었다. 그는 서인도제도에서 스코틀랜드 상인의 사생아로 태어나 뉴욕의 법률가로 성공했으며 한때 조지 워싱턴의 부관으로 복무하기도 했다. 그는 외국에서 태어났기 때문에 대통령이 될 수 없었지만, 바로 그런 이유로 출신지에 대한 애착이 없어 연방정부에 충성을 다하고자 했다. 또 어린 시절 고생을 많이 해 사람들은 주로 경제적으로 자기 이익을 챙기기 위해 움직인다는 생각을 갖고 있었다. 그는 여러모로 대단히 뛰어난 인물이었지만, 때로 분별력을 압도하는 정열적인 야심에 휘둘려 잦은 논란을 빚게 된다.[6]

여기서 중요한 건 해밀턴이 사전 포섭으로 매디슨과 중요한 동맹관계를 맺었다는 사실이다. 그래서 제헌의회에서는 몇 주간 격론이 벌어지지만 모든 건 해밀턴-매디슨 동맹관계에 의해 지배되었다. 해밀턴과는 달리 각 주의 자율성을 소중히 여겼던 매디슨이 해밀턴과 동맹관계를 맺

● 제헌의회의 모습. 로드아일랜드를 제외한 모든 주의 대표 55명이 참석했으며, 이들은 나중에 '건국의 아버지들'로 불린다.

는 타협을 한 데엔 셰이즈의 반란이 결정적 영향을 미쳤다. 앞으로 또 일어날 수 있는 그런 반란을 막으려면 전국 차원에서 정책을 수립하고 집행하는 중앙정부가 필요하다고 본 것이다.[7]

1787년 7월 2일 제헌의회는 벤저민 프랭클린Benjamin Franklin, 1706~1790을 의장으로 해 각 주에서 한 사람씩의 대의원으로 구성하는 대의원회를 만들었다. 이 위원회는 이른바 '대타협Great Compromise'의 기초가 된 제안을 만들어냈다. 대의제도의 난제를 해결하기 위한 이 제안에서 각 주는 인구수에 근거해 대표되며 대표와 직접세의 근거를 계상할 때 흑인 노예를 백인 자유인의 5분의 3으로 계산해 구성하는 하원이 제시되었다. 또한 이 제안에서 각 주가 두 의원으로 동등하게 대표되는 상원이 제시되었다. 1787년 7월 16일 제헌의회는 이러한 타협안을 투표로 승인했다.

1787년 9월 17일 대표 39명이 헌법에 서명했다. 3명은 반대, 13명은 투표에 불참했다. 불참자 중 7명은 최종안에 찬성한 것으로 간주되었다. 이제 남은 건 각 주의 비준이었다. 제헌의회는 13개의 주 가운데 9개의 주가 비준하면 새 정부가 성립할 수 있으며, 미국 헌법을 비준하기 위해서는 주의회가 아니라 주 비준회의를 소집해야 한다고 권고했다.

각 주에서 대부분의 비준회의는 1788년 초에 개회되었다. 전 식민지에 걸쳐 헌법에 대한 열띤 토론이 벌어졌다. 헌법의 지지자들은 '연방주의자Federalist'라는 유리한 칭호를 선점했다. 그건 중앙집권화의 반대자들이 한때 자신들을 묘사한 용어였기에, 이 용어는 미국 헌법의 지지자들이 실제보다 덜 '중앙집권적' 정부에 헌신하고 있음을 표방하는 의미로 사용되었다. 지지자들은 아메리카에서 가장 유명한 프랭클린과 워싱턴의 지지를 받고 있었고, 가장 능력 있는 정치 철학자들인 알렉산더 해밀턴, 제임스 매디슨, 존 제이John Jay, 1745~1829의 지지를 받아 유리한 입장이었다.[8]

대세는 연방주의자들의 것이었다. 델라웨어, 뉴저지, 조지아가 차례대로 만장일치로 헌법을 비준했다. 1788년 6월 뉴햄프셔가 9번째의 주로 미국 헌법을 비준함으로써 이론적으로는 미국 헌법의 효력이 발생했다. 버지니아 비준회의에서 패트릭 헨리Patrick Henry, 1736~1799가 이끄는 반연방주의자에 맞서 연방주의자를 이끈 사람은 제임스 매디슨이었다. 1788년 6월 버지니아 비준회의는 패트릭 헨리의 뛰어난 헌법 반대 연설에도 불구하고 매디슨의 활약에 힘입어 89대 79로 헌법을 비준했다. 나날이 번져가던 헌법에 대한 반대 움직임은 버지니아의 비준과 7월에 있었던 뉴욕의 비준을 계기로 수그러들었다.[9]

미국 헌법은 기득권자들의
재산 증식을 위한 경제적 문서

'건국의 아버지들' 55명은 어떤 사람들이었던가? 이들은 대중의 폭넓은 지지로 선출된 대표가 아니었다. 부유한 북부 상인, 노예와 부를 소유한 남부 대농장 소유자들, 사채업자들, 동시에 절반 이상이 변호사였다. 즉, 강력한 연방정부의 수립에 이해관계를 갖고 있는 사람들이었다.

역사가 찰스 비어드Charles A. Beard, 1874~1948는 이 55명의 경제적 배경과 정치적 사상에 대해 연구한 『미국 헌법의 경제적 해석An Economic Interpretation of the Constitution of the United States』(1913)에서 미국 헌법은 그런 기득권자들의 재산 증식을 위한 경제적 문서에 불과하다는 주장을 내놓음으로써 헌법을 신성시해온 미국인들을 경악시켰다.[10]

미국 헌법이 서로 경쟁하는 경제적 이해관계 당사자들 간의 갈등의 산물에 불과하다는 비어드의 주장은 『뉴욕타임스』의 비난조의 사설을 포함해 분노와 의문을 불러일으켰으며, 특히 1950년대에 집중적인 비판의 대상이 되었다. 그러나 이런 비판은 '냉전시대의 산물'로 '반공논리에 따른 야비한 공격'이라는 주장도 있다.[11] 논란의 소지는 있을망정 그게 그렇게까지 펄펄 뛰어야 할 주장이었는지는 의문이다. 1787년 헌법 제정을 위한 토론에서 나온 제임스 매디슨의 다음과 같은 발언은 경제적 이유를 무시할 수 없다는 걸 말해준다.

"영국에서는 지금도 선거권이 모든 계층의 국민에게 주어진다면 지주들의 재산권이 불안해질 것이다. 토지개혁법이 제정될 테니까. 이런 불상사를 예방하기 위해 우리 정부는 개혁에서 이 나라의 이익을 영구히

● 처음부터 제헌의회의 의사 일정을 지배한 제임스 매디슨은 미국 헌법이 기득권자들의 재산 증식을 위한 경제적 문서가 되는 데 앞장섰다.

지키고, 소수의 부자들을 다수의 횡포에서 보호하기 위한 견제와 균형이 필요하다." [12]

매디슨의 동료였던 존 제이는 좀더 간결한 표현으로 "나라를 소유한 사람들이 나라를 다스려야만 합니다"라고 했다. 그런 통치는 법에 의해 이루어져야 했기에 미국은 '변호사의 나라'가 되었다. 이는 이미 제1차 대륙회의(1774) 때부터 드러났다. 이 회의에 참여한 식민지 대표 56명 중 25명이 변호사였다. 또 독립선언서에 서명한 56명 중 25명이 변호사였다. 이번 제헌의회 대표 55명 중 변호사는 31명이었다. [13]

왜 이렇게 변호사의 비중이 높았던 걸까? 영국 정치사상가 에드먼드 버크Edmund Burke, 1729~1797는 '아메리카 식민지와의 화해On Conciliation with the American Colonies'라는 연설에서 "아마도 세계의 어느 나라에서든 책을 읽는 모든 사람에게 법률이 교양과목 같이 되어 있는 나라는 없다. 대부

분의 사람이 책을 읽고 법학에서 다소라도 어설프게나마 지식을 얻으려고 애쓰고 있다"고 말했다.[14]

지금도 미국은 '변호사의 천국'이다. 물론 변호사 과잉이 지나쳐 밥벌이도 못하는 변호사들에겐 꼭 그렇지만도 않겠지만, 대통령을 포함해 선출직 공직자들의 출신 직업별 1순위가 변호사인 건 분명하다. '법'과 '법치'가 그만큼 중요하다는 뜻일까? 그렇게 볼 수도 있겠지만, 오히려 헌법을 포함해 모든 공적 사안에 대해 경제적 분석이 절대적으로 필요하다는 걸 말해주는 건 아닐까? 즉, 명분과 이익의 싸움에서 법은 종종 이익을 명분으로 포장하는 도구이기도 하다는 뜻이다. 오죽하면 일각에서나마 '법률가 망국론'이 나오겠는가.[15]

그러나 미국인들을 만나서 이런 이야기는 하지 않는 게 좋다. 미국은 '세계 최고의 법치국가'로 세계인의 존경을 받을 만하다고 칭찬해주는 게 좋다. 미국인들은 경제적으로 세계 최강의 국가이면서도 의외로 사회적 현상에 대한 경제적 분석을 혐오하는 이상한 버릇을 갖고 있으니까 말이다. '계급'이라는 용어를 쓰지 않는 건 물론이고 그 용어에 펄쩍 뛰는 게 미국인들이다. 계급 갈등이 없는 '아메리칸 드림'은 여전히 미국인들에게 큰 힘을 발휘하고 있는 신화다. 이제 '셰이즈의 반란'과 같은 반란은 가능하지 않다. 오늘날 자유의 나무는 피를 먹고 자라는 게 아니라 법을 먹고 자라기 때문이다.

인간은 '커다란 짐승'인가,
'생각하는 육체'인가?
해밀턴파와 제퍼슨파의 갈등

고조되는 연방파와 공화파의 갈등

1789년 초기 몇 달 동안 미국 헌법 아래 첫 번째 선거가 실시되었다. 대통령 선거인단Electoral College의 만장일치로 조지 워싱턴George Washington, 1732~1799이 초대 대통령, 존 애덤스John Adams, 1735~1826가 부통령으로 선출되었다. 재무 장관엔 알렉산더 해밀턴Alexander Hamilton, 1755~1804, 국무 장관엔 토머스 제퍼슨Thomas Jefferson, 1743~1826이 임명되었다. 1789년 4월 30일 조지 워싱턴은 뉴욕 월스트리트와 브로드스트리트가 만나는 지점에 있는 뉴욕 시티 홀의 2층 발코니에서 대통령 취임 선서를 했다.

하원의 의석수를 결정하기 위해 만든 인구조사법에 따라 1790년 8월에 시행된 제1회 인구조사 결과 미국의 총인구는 392만 9,625명이었다. 흑인 인구는 노예가 69만 7,624명, 자유 흑인 5만 9,557명이었다. 대도시 인구는 필라델피아 4만 2,000명, 뉴욕 3만 3,000명을 기록했으며, 인구가 가장 많은 주는 버지니아로 82만 명이었다.

'이민자immigrant'란 말이 미국의 영어 속에 들어와 기존의 개척자 또는 정착민settler과는 다른 개념으로 사용된 건 1780년대부터였는데, 1790년에 제정된 미국 최초의 귀화법은 "자유의 몸이 된 백인만이 미국 시민이 될 자격이 있다"고 규정했다. 이에 따라 인구조사에서 인종은 네 종류로 분류되었다. 백인 남성, 백인 여성, 노예(흑인), 기타(인디언)였다. 이는 백인 국가를 건설하겠다는 의지의 표현이었다.[1]

가장 중요한 인종·영토 문제를 비롯해 미국을 경영하는 데 어떤 철학으로 임할 것이냐 하는 해묵은 갈등은 건국 이후에도 계속되었다. 중앙집권화 주창자들은 '연방파Federalists'로 해밀턴이 이끌었다. 한때 해밀턴과 동맹관계를 맺었던 제임스 매디슨James Madison, 1751~1836을 포함한 일부 사람들은 해밀턴과 그의 지지자들을 위험하게 보기 시작했다. 연방파가 위협적이고 억압적인 권력 구조를 조장하고 있다고 본 것이다. 그래서 이에 대응해 제퍼슨과 매디슨과의 지도 아래 새로운 정치조직이 등장했으며, 스스로 자칭 '공화파Republicans'라고 했다(이 공화파는 1850년대에 출현한 현대의 공화당과는 관련이 없다).

제퍼슨은 상업 행위를 경멸하지는 않지만, 자신의 토지에서 자급자족하는 농본주의적 공화국의 비전을 제시했다. 미국이 지나치게 도시화되거나 산업화되는 것을 우려한 것이다. 인간에 대한 정의부터 달랐다. 해밀턴은 "인간은 커다란 짐승"이라고 생각한 반면, 제퍼슨은 "인간은 생각하는 육체"라고 생각했다. 그래서 해밀턴은 강력한 정부를 주장한 것이고, 제퍼슨은 반대로 생각한 것이다.

● 만장일치로 미국의 초대 대통령이 된 조지 워싱턴의 대통령 취임 선서 장면.

연방파와 공화파의 시각 차이는 워낙 커서 헌법 제정 이후 12년간
은 특이한 독설 정치의 전성시대가 되었다. 철학적 차이와 더불어 이해
관계가 맞물려 있는 탓이었다. 연방파는 경제적으로 부유한 집단으로 강
력한 연방정부가 필요하다고 생각했다. 그들은 미국의 사명이 중앙집권
적 권위, 정교한 산업경제, 세계문제에 적극 대처하는 능력을 가진 진정
한 국민국가가 되는 것이라고 믿었다. 반면 온건한 중앙집권적 정부를
구상했던 집단은 미국이 고도로 상업화되거나 도시화되어서는 안 된다
고 믿었다.[2]

연방파와 공화파는 프랑스혁명을 보는 시각에서도 극명한 차이를
보였다. 제퍼슨은 처음부터 프랑스혁명을 긴 세월에 걸친 불의를 바로
잡으려는 합법적 시도로 보고 찬양했다. 그는 혁명이 발발한 1789년 8월
프랑스에서 쓴 편지에서 "나는 인간의 양식과 인간의 자치 능력에 대한
강한 확신이 있기 때문에, 이성이 자신의 힘을 자유롭게 행사할 수 있는
문제들에 대해서 두려움이 전혀 없다"며 "프랑스에서 모든 일이 훌륭하

게 결말을 맺지 않는다면 나는 거짓 예언자로 돌팔매를 맞아도 좋다. 또 혁명은 프랑스에서 끝나지 않을 것이다. 이 혁명은 유럽 자유의 역사에서 다만 그 첫 장일 뿐이다"고 했다. 그는 1793년까지도 "프랑스혁명의 실패를 목격하느니 나는 차라리 지구의 절반이 황량한 황야로 변하는 것을 보고 싶다"고 말했다. 그러나 그가 그렇게 과격한 표현을 쓰는 것은 오히려 그가 프랑스혁명에 대한 불안감이 강했다는 걸 시사한다.

프랑스혁명과 연방파의 공화파 공격

1793년 이후로 혁명이 더욱 급진적이고 폭력적 성향을 띠게 되자 많은 미국인은 프랑스혁명이 정당한 한계를 벗어났다고 간주했다. 특히 급진적인 자코뱅파가 1793년 1월 미국혁명에서 미국이 승리하도록 도와주었던 루이 16세를 처형하고 무자비한 공포정치를 실시하자 미국의 보수파들은 프랑스혁명파를 문명의 파괴자로 보고 두려워하기 시작했다. 이어 온건 지롱드파에 대한 급진 자코뱅파의 승리, 그리고 그 절정인 로베스피에르Maximillan Robespierre, 1758~1794의 공포정치에 화가 난 미국의 비판자들은 프랑스혁명을 대놓고 비난하기 시작했다.

연방파가 이런 비난을 주도했다. 연방파는 공화파에게 프랑스혁명에 대한 입장을 밝히라고 요구했다. 연방파에게는 자코뱅파와 마찬가지인 공화파의 영향력을 견제하려고 하는 의도가 강했다. 해밀턴은 로베스피에르 등이 저지른 '무시무시하고도 구역질나는 광경들' 즉 암살, 내부 반란, 일체의 사회적·도덕적 연대감의 실종 현상을 비난하면서 프랑스에서 "자유의 참된 대의는 깊은 상처를 입었다"고 주장했다.

제퍼슨은 프랑스혁명 덕에 연방파가 진정한 자유의 벗인 공화파를 공격할 기회를 잡았다는 사실을 개탄했지만, 그 역시 연방파의 주장에 점점 더 근접하고 있었다. 훗날 그는 프랑스혁명과 그 혁명의 후유증은 '공포', '광기', '범죄', '인간적 참상', '치명적 오류'에 뒤덮인 개탄할 만한 인류사의 한 시대였다고 회고했다. 그가 보기에 프랑스의 자유를 궁극적으로 짓밟은 것은 '원칙은 없고 유혈만 낭자한 로베스피에르의 폭정과 이에 못지않게 무원칙하고 광기어린 보나파르트 나폴레옹의 독재'였다.[3]

프랑스혁명을 어떻게 보느냐 하는 건 단지 생각만으로 끝나는 게 아니라 현실적인 외교문제로 다가왔다. 루이 16세가 처형된 지 11일 후인 1793년 2월 1일 프랑스가 영국에 전쟁을 선포하자 미국은 난처해졌다. 프랑스와의 동맹조약에 따라 미국은 프랑스령 서인도제도를 영원히 보호함으로써 프랑스를 도와주어야 했기 때문이다. 제퍼슨과 해밀턴 사이

• 프랑스혁명을 보는 시각의 차이로 연방파와 공화파의 갈등은 봉합할 수 없는 수준으로 발전했다.

의 갈등이 다시 불거졌다. 친프랑스계인 제퍼슨파는 프랑스를 위해 전쟁에 참여해야 한다고 주장한 반면, 친영국계인 해밀턴파는 프랑스혁명의 폭력성이 인간의 존엄성을 해쳤다고 비판하고 무질서에 대항해서 투쟁하고 있는 영국을 지원하자고 주장했다.

워싱턴은 이런 당파적 갈등을 개탄하면서 내키진 않지만 해밀턴의 연방파에 가담해 1793년 4월 22일 중립을 선언했다. 중립 선언 발표 후 에드몽 주네Edmond Charles Genet, 1763~1834가 주미 특사로 사우스캐롤라이나 찰스턴에 상륙했다. 주네는 미국 정부에서 아무런 원조도 얻을 수 없음을 확인하자 미국 대통령을 제쳐놓고 미국민들에게 직접 호소하겠다고 선언했다. 그는 워싱턴이 참수당하는 모습이 그려진 판화를 출간했으며, 아메리카 도처에 급진적인 자코뱅 클럽을 조직하고 미군의 퇴역 장교를 고용하는 등 전쟁 준비에 돌입했다.

미국 정부는 프랑스 정부에 그의 소환을 요청했다. 1794년 프랑스 정부가 이 요청을 받아들임에 따라 후임자 조제프 포쉐Joseph Fauchet, 1763~1834가 주네를 체포해 프랑스에서 심문하도록 송환하는 임무를 띠고 미국에 도착했다. 워싱턴은 주네의 생명만은 구해야 한다고 생각해 그의 인도는 거부했다. 주네는 미국에 귀화해 뉴욕 지사의 딸과 결혼했으나 상처했고, 우정 장관 오스굿의 딸과 재혼해서 허드슨 강변에서 농장을 경영하며 살다가 1834년 사망했다.[4]

1796년 가을 두 번의 대통령 임기를 마쳐가는 워싱턴은 고별사를 발표했다. 직접 연설은 하지 않고 1796년 9월 17일 필라델피아에서 발행되는 신문에 내용이 발표되었다. 더는 대통령 선거에 출마하지 않겠다는 내용이었다. 그는 미국의 지역주의와 당파 싸움에 지쳐왔음을 한탄하고 미국은 하루 빨리 북부와 남부, 동부와 서부 간의 지역적인 편견과 차별을 해소해야 한다고 역설했다. 또 그는 세계 어느 나라와도 '영원한 동맹'을 맺어선 안 된다고 주장했다. 미국은 세계 모든 나라와 우호와 정의를 나누어야 하지만 특정 국가에 대한 '습관적인 미움이나 습관적인 우호 감정'을 피해야 한다는 이유에서였다. 이는 향후 미국 외교의 주요 원칙이 되었다.[5]

워싱턴의 고별사는 지난 8년간 공화파와 연방파 사이에 누적된 당파적인 적대관계가 공개적으로 드러나는 것을 막아주었던 최후의 방파제가 사라지게 되었다는 걸 의미했다. 워싱턴은 그간 강력한 연방정부를 추구했지만, 정치 논쟁엔 초연한 입장을 취했기 때문이다. 아니나 다를까 그런 조짐은 곧 나타나기 시작했다. 1796년 대선에서 부통령 존 애덤스가 연방파의 대통령 후보로 지명되자, 해밀턴과 남부 연방파는 애덤스의 후보 지명에 불만을 터뜨리며 토마스 핑크니Thomas Pinckney, 1750~1828를 지지하고 나섰다. 애덤스는 가까스로나마 공화파의 토머스 제퍼슨에게 승리를 거두었고, 제퍼슨은 선거에서 차석을 차지했으므로 부통령이 되었다.

외국인규제법과 선동금지법의 제정

헌법에 권리장전이 추가된 지 7년밖에 지나지 않은 1798년 의회는 언론의 자유를 제한하는 법안을 통과시켰다. 이른바 외국인규제법과 선동금지법Alien and Sedition Acts이다. 외국인규제법은 이민을 차단하고 이미 들어와 있는 외국인들로 하여금 미국을 떠나도록 했다. 특히 프랑스 이민자들은 그들의 고국에서 일어난 혁명에 동정적이며 미국 사회에 혁명적 사고를 퍼뜨리려 한다는 의심을 받았으며, 이들에 대한 공포는 히스테리로까지 발전했다.[6]

선동금지법은 연방정부에 대한 "그릇되고, 수치스럽고, 악의적인" 말을 범죄로 취급한다는 것을 주요 내용으로 삼았다. 프랑스와의 갈등으로 1798년 연방의회에서 더 많은 의식을 확보해 다수당의 지위를 공고히 한 연방파가 공화파의 반대를 원천봉쇄하겠다는 목적이 컸다. 당시 공화파 신문들의 공격이 무자비할 정도로 극심했기 때문에, 오늘날에도 이를 어떻게 보느냐에 따라 이 법에 대한 평가도 달라진다.

애덤스 행정부는 선동금지법을 이용해 10명을 체포하고 기소했는데, 대부분 친공화파 신문편집인들이었다. 이에 공화파는 1798년과 1799년 두 개의 결의안에서 연방 제정법의 무효화에 대한 주의 권한에 관한 이론을 제시했다. 하나는 제퍼슨이 익명으로 작성한 것으로 켄터키 주의회에서 채택되었으며, 하나는 매디슨이 초안 작성한 것으로 버지니아 주의회가 승인했다. 제퍼슨은 '켄터키 결의안'에서 "자유정부는 질투 속에서 설립되는 것이지 신뢰 속에서 설립되는 것이 아니다"고 했다.[7]

'버지니아와 켄터키 결의안'으로 알려진 이 결의안은 존 로크의 이론과 헌법 수정 조항 제10조를 원용한 것으로, 연방정부는 주들의 '계약 compact'에 의해 수립되었으며 위임된 일정한 권한만을 갖는다고 주장했다. 공화파는 연방 제정법의 무효화라는 개념에 대해 폭넓은 지지를 확보하진 못했으나, 연방파와 논쟁을 거듭해 국가 위기의 수준으로까지 상황을 비화시키는 데에 성공했다. 미국 전체가 열정적으로 정치화되었으며, 연방의회와 주의회는 전쟁터를 방불케 했다.

• 1798년 의회를 통과한 외국인규제법(위)과 선동금지법(아래).

1800년의 대통령 선거는 선동금지법을 둘러싼 격렬한 논쟁 속에서
치러졌다. 대통령 후보는 4년 전과 동일했다. 제퍼슨이 현직 대통령 애
덤스에게 재도전하고 나선 것이다. 연방주의자인 애덤스는 워싱턴, 해밀
턴과 더불어 중앙정부의 권력 강화에 중점을 둔 연방당Federalist Party을 대
표했다. 반면 제퍼슨은 매디슨과 더불어 중앙정부의 권력을 제한하고 주
정부와 지방정부의 권력을 강화하는데 중점을 둔 민주공화당Democratic

Republican Party를 대표했다. 이 선거는 '1800년의 혁명' 또는 '제2차 미국혁명'으로 불리는데, 최초로 정당 간 정권교체가 일어났으며 두 정치적 관점이 전례 없이 첨예한 경쟁을 펼쳤기 때문이다. 이 선거에서 승리한 제퍼슨이 취임사에서 "우리는 다 연방파이며 우리는 다 공화파다"라고 말한 건 당시의 갈등이 얼마나 심각했는지를 잘 말해준다 하겠다.[8]

이처럼 미국 건국의 초기 역사를 지배했던 해밀턴파와 제퍼슨파의 갈등은 이후에도 계속되어 미국 정치를 지배하는 기본 갈등 전선이 되었다. 오늘날까지도 그런 갈등의 당사자들을 연방 중심이냐 주의 독립된 권한을 중시하느냐에 따라 해밀턴파Hamiltonian 또는 제퍼슨파Jeffersonian로 부른다. 이 갈등은 세월이 흐르면서 진보와 보수의 이분법으론 포착할 수 없는 복잡다단한 양상을 보이고 있지만, 이런 질문은 가능할 것 같다. 제퍼슨과 해밀턴의 경쟁에서 누가 이겼을까?

이름은 제퍼슨이 훨씬 더 빛났는지 모르지만, 최종 결과를 보자면 해밀턴의 손을 들어주어야 할 것 같다. 제퍼슨은 "부지런한 사람들이 일하는 데 붙어사는 너무 많은 기생충들"이라고 할 정도로 관료주의를 비판하는 등 거대한 중앙집권 체제를 혐오했지만, 제퍼슨 시대에도 강력한 중앙정부를 전제로 한 해밀턴식 미국 정치체제는 지속되었다. 1803년 루이지애나 영토 매입도 해밀턴식 행위가 아닌가. 게다가 루이지애나 매입은 제퍼슨이 헌법에 위배된다고 반대한 해밀턴의 국립은행 창설 제의로 발행된 미국 채권으로 이루어졌지 않은가. 사실상 해밀턴의 승리였다.

오늘날 제퍼슨은 미국적 '평등'의 설계자로 널리 인정받고 있다. 워싱턴에 있는 제퍼슨 기념관의 돌 위에 새겨져 있는 제퍼슨의 다음과 같은 글은 우리 인간이 영원히 지켜야 할 금언이라는 걸 어찌 부인할 수 있으랴. "나는 인간의 정신에 대한 어떠한 형태의 압제에 대해서도 영원히 적대할 것임을 하나님의 제단 앞에서 맹세했습니다."

더할 나위 없이 아름다운 말이지만, 미국이 압제의 피해자가 될 가능성보다는 압제의 가해자가 될 가능성이 높아진 상황에서, 미국은 다른 국가와 민족들의 '압제에 대한 영원한 적대'를 어떻게 대해야 할 것인가? 인간이 '커다란 짐승'이냐 '생각하는 육체'냐 하는 판단을 국경을 중심으로 한 이중 기준에 맡겨야만 하는가? 이는 이후 미국의 지도자들에 의해서도 한 번도 제기되지 않은 숙제로 남아 있다.

왜 미국의 국가國歌는 호전적인가?

1812년 미-영 전쟁

영국에 대한 선전포고,
제2의 독립전쟁이 시작되다

1808년 대선을 통해 제임스 매디슨James Madison, 1751~1836이 제4대 대통령이 되었다. 그는 헌법과 권리장전을 작성하고 검토하는 등 헌법 이해의 최고 수준을 자랑하는 '헌법의 아버지Father of the Constitution' 였지만, 그가 대통령 취임 후 당면한 첫 번째 과제는 영국과의 갈등이었다.

미국의 해상운송 문제를 둘러싸고 영국과 미국 사이의 긴장 상태가 초래된 가운데, 인디언과의 분쟁에서 캐나다에 있는 영국 관리들은 인디언들의 반란을 고무하고 필요한 물자를 공급해주었다. 이것도 미국을 화나게 만들었지만, 미국이 영국과의 전쟁을 결심하게 된 결정적 원인은 스페인령 플로리다에 대한 근심과 더불어 욕심이었다.

당시 스페인령 플로리다는 현재의 플로리다주를 포함해 앨라배마주, 미시시피주, 루이지애나주의 남부 지역을 포함하는 광대한 지역이었다. 플로리다 지역은 남부 미국 백인에게 끊임없는 위협이었다. 노예들이 플로리다 국경을 넘어 도망갔으며, 플로리다에 있는 인디언들은 국경 북쪽에 있는 백인 정착촌을 자주 기습했기 때문이다. 플로리다는 위협인 동시에 꼭 갖고 싶은 보물단지처럼 여겨졌다. 플로리다에 여러 강이 흐르고 있어 남서부 주민들에게 멕시코만의 매우 유용한 항구를 이용할 수 있도록 해주었기 때문이다.

1810년 미국 정착민들은 루이지애나 배튼루지Baton Rouge의 스페인 항구를 장악하고 연방정부에 이 지역을 미국에 합병시킬 것을 요구했다. 매디슨은 기꺼이 동의했으며 플로리다의 나머지 지역까지도 확보하려는 계획을 세우기 시작했다. 당시 스페인은 영국의 동맹국이었기 때문에 영국과의 전쟁은 영국의 영토뿐 아니라 스페인의 영토를 탈취할 수 있는 구실을 제공해줄 것이라는 속셈이었다.

1810년 중간선거에서 유권자들은 영국과의 전쟁을 요구하는 많은 의원을 초당적으로 선출했다. 이들의 지도자는 켄터키주 출신의 헨리 클레이Henry Clay, 1777~1852와 사우스캐롤라이나주 출신의 존 칼훈John C. Calhoun, 1782~1850이었다. 이들은 호전파로서 영국과의 전쟁을 촉구하고 나섰다. 클레이는 1811년 하원 의장으로 선출되자 자신의 주전론主戰論을 지지하는 사람들로 각종 하원위원회를 구성하고 자신처럼 호전적인 칼훈을 외교위원회에 임명했다.

이들은 캐나다 정복까지 선동함으로써 미국의 북부 국경 지역과 남부 국경 지역에선 전쟁의 열기가 뜨겁게 달아올랐다. 매디슨은 평화를 선호했지만 의회와 민심에 대한 통제력을 잃고 1812년 6월 의회에 영국에 대한 선전포고를 요청했다. 이에 의회는 하원에서 79표 대 49표, 상원에서 19표 대 14표로 선전포고를 통과시켰으며, 매디슨은 6월 18일 영국에 대한 선전포고를 승인했다. 이 전쟁은 반대파들에 의해 '매디슨의 전쟁'으로 불렸지만, 역사적으론 '제2의 독립전쟁'의 의미를 갖게 된다.

미국으로서는 '매디슨의 전쟁'이 이성보다는 감성이 앞선 전쟁이었다. 전쟁의 현실은 그리 녹록지 않았다. 1812년 여름 미국은 디트로이트를 거쳐 캐나다를 침략했으나 곧 디트로이트로 철수해야 했고 8월에는 그곳에서도 항복하고 말았다. 다른 침략전도 실패로 돌아갔다. 포트디어본Fort Dearborn에선 인디언의 공격에 굴복했다. 포트디어본은 오늘날의 시카고가 된 지역이다. 전세가 불리하건 유리하건 전쟁 중 민심은 집권자의 편이기 마련이다. 1812년 대선에서 매디슨은 재선에 성공했다. 선거에서 이기기 위해 매디슨이 의도적으로 전쟁을 연장했다는 말까지 나왔다.

● 영국과의 전쟁은 역사적으로 '제2의 독립전쟁'의 의미를 갖게 된다. 그림은 뉴올리언스 전쟁(1815)에서 앤드루 잭슨이 지휘하는 모습.

미국은 1813년 5대호에서 주요 군사적 승리를 거두었다. 미국은 온타리오호를 장악하고 오늘날 토론토가 된 캐나다의 수도 요크를 기습해 불태워버리고 호수를 건너 미국으로 되돌아왔다. 이후 미국은 일련의 승리를 거두었지만, 유럽의 전세는 미국에 불리하게 돌아가고 있었다.

유럽에서 나폴레옹과의 전쟁에 몰두하고 있던 영국은 미국의 선전포고를 무시하려고 했지만, 1812년 가을 나폴레옹이 러시아와 자멸적인 전투를 벌여 프랑스군이 산산조각이 나자 여유가 생겼다. 1813년 말에 이르러 나폴레옹의 프랑스 제국이 최후의 패전을 맞이하고 1814년 4월 나폴레옹이 항복하자, 영국은 주요 군사력을 미국과의 전쟁에 투입했다.

성조기여 영원하라!

1814년 8월 24일 영국군은 미국 수도 워싱턴 D.C.에 진입해 백악관을 비롯한 여러 정부 청사들을 불태웠다. 캐나다 수도 요크를 불태운 것에 대한 복수였다. 영국군은 볼티모어를 향해 체사피크만으로 나아갔다. 영국 함대의 접근을 막기 위해 미국 수비대는 볼티모어의 항구 입구인 패탭스코Patapsco 강에 선박 여러 척을 침몰시켜 놓았다. 따라서 영국군은 요새를 원거리에서 포격할 수밖에 없었다.

9월 13일 밤 어떤 미국인 포로의 석방을 요청하기 위해 영국 함선에 타고 있던 워싱턴 법률가 프랜시스 스콧 키Francis Scott Key, 1779~1843는 이 포격을 목격했다. 다음 날 아침 그는 '새벽 여명까지' 요새에서 성조기가 여전히 휘날리고 있는 것을 보고 감동한 나머지 그 자리에서 자랑스럽게 마침 몸에 지니고 있던 편지봉투 뒷면에 「헨리 요새의 방어The Defense of Fort McHenry」라는 시를 지어 적었다.

이 시는 9월 20일자 『볼티모어 신문』에 발표되어 큰 반향을 불러일으켰으며, 곧바로 영국 아마추어 음악가 클럽의 애창곡조에 실려 〈성조기여 영원하라The Star Spangled Banner〉는 새로운 제목으로 미국인들 사이에서 널리 불렸다.[1]

이 시가 가장 먼저 발표된 볼티모어의 당시 민심이 어떠했을지는 짐작하기 어렵지 않다. 민주주의를 긍정하면서도 '다수의 횡포'를 염려했던 알렉시 드 토크빌Alexis de Tocqueville, 1805~1859은 『미국의 민주주의』에 다수의 횡포로 일어날 수 있는 폐단의 놀라운 사례가 1812년의 전쟁 기간에 볼티모어에서 발생했다고 썼다.

"당시에 볼티모어에서는 그 전쟁이 대단한 지지를 받고 있었다. 그렇지 않은 입장을 취한 어느 신문은 그 반대 입장 때문에 주민들의 분노를 샀다. 군중들은 인쇄시설을 부수고 편집인들의 가옥을 습격했다. 민병대가 소집되었으나 그들은 소집령에 응하지 않았다. 미쳐서 날뛰는 군중들로부터 생명의 위협을 받은 가련한 신문인들을 구하는 유일한 길은 그들을 형사범으로 수감하는 것이었다. 그러나 이런 예방 조처마저 효과를 거둘 수 없었다. 군중들은 그날 밤 다시 운집했다. 관리들은 다시 민병대 소집령을 내렸지만 헛일이었다. 감옥이 강제로 열려 편집인들 가운데 한 사람이 현장에서 피살되고 나머지 사람들은 죽도록 구타당했다. 재판에 회부된 범인들은 배심원들에 의해서 형 사면을 받았다."[2]

그러나 전쟁은 호전적인 열정만으로 승리할 수 있는 건 아니었다. 미국은 1814년 9월 11일 플랫츠버그Plattsburgh에서 수적으로 우세한 영국

DEFENCE OF FORT M'HENRY.

The annexed song was composed under the following circumstances—A gentleman had left Baltimore, in a flag of truce for the purpose of getting released from the British fleet, a friend of his who had been captured at Marlborough.—He went as far as the mouth of the Patuxent, and was not permitted to return lest the intended attack on Baltimore should be disclosed. He was therefore brought up the Bay to the mouth of the Patapsco, where the flag vessel was kept under the guns of a frigate, and he was compelled to witness the bombardment of Fort M'Henry, which the Admiral had boasted that he would carry in a few hours, and that the city must fall. He watched the flag at the Fort through the whole day with an anxiety that can be better felt than described, until the night prevented him from seeing it. In the night he watched the Bomb Shells, and at early dawn his eye was again greeted by the proudly waving flag of his country.

Tune—Anacreon in Heaven.

O! say can you see by the dawn's early light,
  What so proudly we hailed at the twilight's last gleaming,
Whose broad stripes and bright stars through the perilous fight,
  O'er the ramparts we watch'd, were so gallantly streaming?
And the Rockets' red glare, the Bombs bursting in air,
Gave proof through the night that our Flag was still there;
  O! say does that star spangled Banner yet wave,
  O'er the Land of the free, and the home of the brave?

On the shore dimly seen through the mists of the deep,
  Where the foe's haughty host in dread silence reposes,
What is that which the breeze, o'er the towering steep,
  As it fitfully blows, half conceals, half discloses?
Now it catches the gleam of the morning's first beam,
In full glory reflected now shines in the stream,
  'Tis the star spangled banner, O! long may it wave
  O'er the land of the free and the home of the brave.

And where is that band who so vauntingly swore
  That the havoc of war and the battle's confusion,
A home and a country, shall leave us no more?
  Their blood has washed out their foul footsteps pollution.
No refuge could save the hireling and slave,
From the terror of flight or the gloom of the grave,
  And the star-spangled banner in triumph doth wave,
  O'er the Land of the Free, and the Home of the Brave.

O! thus be it ever when freemen shall stand,
  Between their lov'd home, and the war's desolation,
Blest with vict'ry and peace, may the Heav'n rescued land,
  Praise the Power that hath made and preserv'd us a nation!
Then conquer we must, when our cause it is just,
And this be our motto—" In God is our Trust;"
  And the star-spangled Banner in triumph shall wave,
  O'er the Land of the Free, and the Home of the Brave.

● 프랜시스 스콧 키가 쓴 것으로 알려진 시 「헨리 요새의 방어」.

106

육해군을 무찌르고 미국의 북쪽 국경선을 확보하기도 했지만, 전반적으로 몇몇 예외를 제외하곤 미국의 군사작전은 굴욕적인 패배로 점철되었다. 전쟁에 대한 여론도 나빠진데다 연방파의 전쟁 반대 목소리도 높아졌다. 특히 뉴잉글랜드의 반대가 격렬했다.

영국도 오랜 전쟁으로 지쳐 있었고 빚더미 위에 올라서게 되어 별 의미도 없는 전쟁에 매달리고 싶은 마음이 없었다. 1814년 8월부터 벨기에의 겐트Ghent에서 미─영 평화협상이 개최된 이유다. 미국은 존 퀸시 애덤스, 헨리 클레이, 앨버트 갤러틴이 이끄는 대표단을 파견했다. 양 측은 그해 크리스마스이브에 조인했다. 이렇다 할 내용도 없이 그저 전쟁 종식이 주요 목적이었다.

그러나 아직 평화조약 서명 소식을 듣지 못한 미국에선 여전히 전쟁이 벌어지고 있었다. 미국에 최대 규모의 승리를 안겨준 지상전이 1815년 1월 8일 뉴올리언스에서 일어났다. 이 전투에서 앤드루 잭슨Andrew Jackson, 1767~1845 장군은 대승을 거두었다. 영국군은 사망자 700명, 부상자 1,400명, 포로 500명의 손실을 입은 반면, 잭슨 부대의 손실은 사망자 8명과 부상자 13명이 전부였다. 미국인들은 이 승리를 "미국이 전 세계의 여러 국가들 가운데에서 대국으로 떠오르고 있다는 것을 보여주는 명백한 징조"로 생각했다.[3]

반면 유럽은 어떠했던가? 1815년 2월 나폴레옹이 유배 10여 개월 만에 엘바 섬을 지키던 영국 해군의 눈을 피해 프랑스로 몰래 잠입하는데에 성공했고, 잠시 왕권을 회복했던 루이 18세(루이 16세의 동생)는 영국으로 도망쳤다. 다시 권력을 장악한 나폴레옹은 1815년 6월 18일 일요일 아침 프랑스 북부(지금은 벨기에 중부) 워털루Waterloo 평원에서 영국

군과 최후의 일전을 벌였다.

이때 영국군을 이끈 인물은 웰링턴 공이라고도 하는 아서 웰즐리 Arthur Wellesley, 1769~1852였다. 워털루 전역에 웰링턴은 병사 6만 7,661명과 대포 156문을 배치했고, 나폴레옹은 병사 7만 1,947명과 대포 246문을 배치했다. 전투에 동원된 말만도 3만 마리나 되었다. 나폴레옹은 "간단히 점심을 먹는 것 정도로 쉬울 것"이라고 생각했고, 바로 이런 방심 때문에 전투는 반나절 만에 영국의 승리로 끝나고 말았다.

이 전투로 유명해진 웰링턴은 "워털루 전투의 승리는 이튼의 운동장에서 시작됐다"라는 말을 남겼다고 하는데, 이는 날조된 것이며, 공부를 못하는 아들에 대해 어머니가 "말 안 듣는 우리 아들 아서는 총알받이밖에 못 된다"라고 한 적은 있다고 한다.[4] 어머니에게 총알받이감으로 평가받았던 웰링턴이 그런 공적을 세울 수 있었던 이유는 무엇일까?

미국, '제국'으로 거듭나다

거시적으로 보자면, 그건 바로 '민족주의'였다. 나폴레옹이 유럽을 10년 동안이나 정복할 수 있었던 힘의 근원이 프랑스혁명을 통해 탄생한 '국민'과 그들의 민족주의였듯이, 그러한 정복에 반대해 들고 일어선 힘도 바로 다른 나라들의 민족주의였다.

나폴레옹법전(1804)으로 절정을 이룬 법률의 통일, 유럽 대륙의 대부분에서 서서히 채택한 도량형 제도, 표준통화제 등 유럽 통일을 향한 많은 제도가 나폴레옹 집권 시기에 도입되었지만, 민족주의 의식만큼은

• 제1차 세계대전 당시 모병을 목적으로 제작된 '엉클 샘' 포스터. '엉클 샘'은 미국을 의인화한 인물로 평가받고 있다.

통일되기 어려웠다. 거의 없다시피 했던 독일 민족주의를 일깨운 피히테 Johann Gottlieb Fichte, 1762~1814의 그 유명한 '독일 국민에게 고함'(1807)이라는 연속 강연이 상징하듯이, 나폴레옹의 정복은 잠자고 있던 유럽의 민족주의를 흔들어 깨운 역사적 사건이기도 했다.[5]

미국이 어찌 이 흐름에서 자유로울 수 있었으랴. 이제 곧 민족주의와 국가주의의 시대가 펼쳐지게 된다. 1812년 전쟁으로 인해 탄생한 여러 용어 중엔 '엉클 샘Uncle Sam'과 'eat crow'가 있는데, 이 또한 그런 흐름을 반영한다.

엉클 샘은 샘 윌슨이라는 이름을 가진 실존 인물이다. 1812년 전쟁 때 윌슨은 뉴욕의 트로이에 주둔했던 군부대에 고기를 납품했는데, 병사들에게 보낸 고기에는 미국을 표시하는 'U.S.'라는 도장이 찍혀 있었다. 정부 검사관이 'U.S.'가 무엇을 의미하느냐고 묻자, 상상력이 풍부한 윌슨 상점의 직원은 그것이 윌슨의 별명인 '엉클 샘'을 의미한다고 대답했다. 이때부터 연방정부에 납품하는 모든 군수물자엔 '엉클 샘'이라는 이름이 붙게 되었다. '엉클 샘'은 1852년 그림으로 형상화되는데, 염소수염을 가진 백발노인의 모습으로 1812년 전쟁의 영웅인 앤드루 잭슨을 닮았다. 이후 '엉클 샘'은 미국을 의인화한 인물의 위상을 갖게 된다.[6]

'eat crow'란 '앞서 한 말을 취소하거나 잘못을 인정하다', '하기 싫은 일을 하다', '굴욕을 당하다'는 뜻인데, 1812년 전쟁에서 영국과 미국 간 휴전이 성립되었을 때 발생한 일에서 유래되었다. 어떤 미국 군인이 영국령 초소를 지나 나이아가라 강을 건너서 한 마리의 까마귀를 총으로 쏘았다. 총소리를 들은 영국군은 국경을 침범한 미국인을 혼내주기로 결심하고 까마귀를 입으로 뜯어먹으라고 명령했다. 미국인은 굴욕을 참고

까마귀를 한 입 뜯어먹고 나서야 총을 돌려받았다. 돌려받은 총으로 이번에는 미국인이 영국인에게 총을 겨누고 남은 까마귀를 마저 먹게 했다는 이야기다.[7]

'엉클 샘Uncle Sam'과 'eat crow'는 1812년 전쟁의 결과를 놀라울 정도로 잘 상징해준다. 엉클 샘의 얼굴을 제공한 앤드루 잭슨은 전쟁 영웅이 되어 얼마 후 대통령 자리에 오르게 된다. 1812년 전쟁은 사실상 제2차 독립전쟁으로, 이제 미국은 영국에 대해 그 어떤 경우에도 'eat crow'를 해야 할 필요가 없어졌다.

또한 이 전쟁을 통해 서부 팽창을 방해해온 전통적인 억제력, 즉 인디언 침입에 대한 공포가 사라졌다. 이제 서부로 진군나팔이 울려 퍼지는 가운데 애팔래치아 산맥 서쪽 지역 거주자는 1810년 백인 7명 중 1명꼴에서 1820년 4명 중 1명꼴로 늘게 되며, 미국 전체 인구는 1790년의 400만 명에서 30년 만인 1820년 1,000만 명을 돌파한다. 이제 미국은 곧 플로리다도 먹고 텍사스도 먹어치우는 엄청난 식욕을 과시하게 된다.

1812년 전쟁의 와중에 탄생한 〈성조기여 영원하라〉의 노랫말은 '포화의 붉은 섬광'이라거나 '공중에 작열하는 폭탄' 등 전투 장면을 묘사하는 호전성이 두드러진다. 1889년 해군에서 이 노래를 국기 게양시에 공식 사용한 것까진 이해할 수 있지만, 어느 모로 보건 국가國歌로 채택하기엔 적합지 않은 노래였다. 가사 내용도 문제지만, 부르기도 어려운데다 가사를 외우기도 어렵다. 4절이나 되는 긴 노래라 외우기 어려운 점도 있지만, 내용이 복잡해 1절만이라도 외우는 게 영 쉽지 않다.

이 노래는 1916년 우드로 윌슨 행정부에서 공식 행사 때마다 사용하는 사실상의 국가로, 1931년 허버트 후버 행정부에서 의회의 결의를 거처 국가로 채택되었다. 제1차 세계대전과 대공황의 충격을 이겨내자는 전투성이 필요해서 그랬던 건지는 알 수 없지만, 이후 미국은 이 노랫말을 따라가면서 "성조기여 영원하라"를 외치는 제국으로 발돋움하게 된다. 국가적 차원의 '자기이행적 예언self-fulfilling prophesy'이라고나 할까?

공식 행사에서 가수들이 국가를 부르다 실수를 하는 일도 자주 벌어져, 오늘날엔 미리 녹음을 해놓고 립싱크를 하는 게 관례가 되고 있다. 그래서 국가에 대한 미국인들의 지지도는 매우 낮지만, 중요한 건 '제2의 독립전쟁'을 음미하면서 호전성을 키워 미 제국의 영광을 지속시키자는 결의를 다지는 일인지도 모르겠다.

'보통 사람들의 시대'인가, '지배 엘리트의 교체'인가?

'잭슨 민주주의'의 명암

인신공격으로 난장판이 된 1928년 대선

1824년 미국 대선은 존 퀸시 애덤스John Quincy Adams, 1767~1848와 앤드루 잭슨Andrew Jackson, 1767~1845의 대결 구도로 치러졌다. 애덤스는 제2대 대통령인 존 애덤스John Adams, 1735~1826의 아들로 정치 귀족 계급 출신인 반면, 잭슨은 가난한 아일랜드 이민의 후손이며 정규 교육을 받지 못한 변방의 군인 출신으로 1812년 뉴올리언스 전투에서 영국군을 패주시키면서 전국적인 관심을 받은 인물이었다.

선거인단 투표에서 앤드루 잭슨은 99표, 존 퀸시 애덤스는 84표, 윌리엄 크로포드는 41표, 헨리 클레이는 37표를 얻었다. 잭슨이 1위를 했지만 과반수 미달이었기 때문에 최종적인 결정은 하원에 위임되었다. 하원은 3명의 최다 득표자 가운데 한 명을 선출하게 되어 있었다. 클레이의 지지로 애덤스가 제6대 대통령에 당선되었다. 새로운 대통령 애덤스가 클레이를 국무장관으로 임명하자, 잭슨 추종자들은 '부정 거래'라고 분노했으며, 잭슨은 클레이를 '서부의 유다'로 비난했다.

1825년 3월 4일 워싱턴 D.C. 국회의사당 앞의 대통령 취임식장에서 제6대 대통령 존 퀸시 애덤스의 취임 선서가 끝나자 군중들은 환호했고, 새 대통령은 줄곧 뒤에서 지켜보던 백발노인의 손을 번쩍 치켜들어 답했다. 90세의 이 노인은 제2대 대통령 존 애덤스였다. 미국 역사상 최초의 부자 대통령이 탄생한 순간이었다.

그러나 보통 사람들은 그 장면을 아름답게 보진 않았다. 귀족들끼리만 해 처먹는다는 반감의 기운이 퍼져 나가면서 잭슨을 귀족 지배 체제의 희생양으로 보기 시작했다. 4년 후 드디어 복수의 기회가 찾아왔다. 재산 소유자라는 비교적 소규모의 집단에만 허용되었던 정치가 이제 여성, 흑인, 인디언을 제외한 모든 백인 남성에게 개방되었기 때문에 복수를 하기엔 더할 나위 없이 좋은 기회였다. 거의 대부분의 주에서 백인 남성 재산 소유자나 납세자, 또는 두 가지 조건을 충족하는 사람에게 한해 선거권을 부여했는데, 그 기준이 점점 느슨해지기 시작한 것이다. 전체 성인 백인 남성 가운데 대통령 선거 투표에 참여할 수 있었던 비율은 1824년 27퍼센트에서 1828년 58퍼센트로 늘었다.

4년 전에 맞붙었던 존 퀸시 애덤스와 앤드루 잭슨이 다시 격돌한 이 선거에선 공화파 내 분열로 새로운 양대 정당 제도가 출현했는데, 애덤스 측은 국민공화당National Republicans, 잭슨 측은 민주공화당Democratic Republicans 이라는 이름을 채택했다. 또한 이 선거에서 최초로 유권자들은 특정 후보 지지를 공표한 선거인단을 선출했기 때문에 1828년 대선은 대통령

• 앤드루 잭슨의 지지자들은 잭슨의 승리를 '부자와 기득권 계층'을 상대로 한 '농부와 기능공들'의 승리라고 규정했다. 미국의 제7대 대통령 앤드루 잭슨.

선거의 분수령이 되었다. 1828년 대선은 격렬한 인신공격이 벌어진 난장판이었다는 점에서도 이전의 선거들과 확연한 차별성을 보였다.[1]

애덤스를 지지하는 신문은 잭슨의 어머니는 영국 병사들이 미국으로 데려온 매춘부였고, 물라토와 결혼했다고 주장했다. 애덤스의 지지자들은 잭슨의 어머니를 '매춘부'로, 아버지를 '혼혈 물라토'로, 아내를 '간부姦婦'로 불렀다. 잭슨은 1791년 이혼녀 레이첼 로바즈와 결혼했는데, 로바즈는 잭슨과 결혼하면서 전 남편과의 혼인 관계를 법적으로 정리하지 않아 정식으로 이혼을 한 뒤에 다시 결혼했다. 애덤스의 지지자들은 "간통녀와 정부情夫도 대통령이 될 수 있는가?"라고 비난했다(이때에 큰 상처를 받은 로바즈는 선거가 끝나고 백악관에 들어간 며칠 만에 병들어 죽고 말았다. 잭슨은 애덤스가 자신의 아내를 죽게 했다며 비난했다).

물론 애덤스도 인신공격에 시달렸다. 잭슨 지지자들은 애덤스를 '러시아 차르를 위한 포주'라고 불렀다. 매디슨 행정부 시절인 1809~1811년까지 러시아 공사로 재직할 때 애덤스가 미국의 젊은 매춘부를 러시아의 황제 알렉산드르 1세에게 알선해 주었다는 비난이었다. 잭슨이 압도하고 있었음에도 잭슨 측은 애덤스의 부인 루이자 애덤스가 남편과의 성관계에 집착하는 여자로, 혼전에 이미 아이 2명을 부도덕하게 낳았다고 주장했다.

잭슨은 일반 선거에서 56퍼센트를 얻었고 선거인단 투표에서 178대 83으로 과반수 이상을 얻어 제7대 대통령에 당선되었다. 그러나 애덤스는 사실상 뉴잉글랜드의 모든 지역을 석권함으로써 지역 구도가 확연하게 드러났다. 잭슨의 지지자들은 잭슨의 승리는 '부자와 기득권 계층'을 상대로 한 '농부와 기능공들'의 승리라고 환호하면서 미국이 '보통 사람들의 시대the era of the common man'에 들어섰다고 주장했다.[2]

'잭슨 민주주의' 시대의 개막

1829년 3월 4일 미국 전역에서 온 농부와 노동자 등 보통 사람들이 잭슨의 취임식을 구경하기 위해 연방의회 의사당 앞에 집결했다. 취임식이 끝난 후 이들은 신임 대통령과 악수하려고 백악관의 공개 환영회에 몰려들어와 회의장을 가득 메웠다. 흙투성이 장화를 신은 군중들은 이 방 저 방으로 몰려다니면서 카펫을 더럽히고 실내 장식품을 훼손했다. 술에 취한 남자들과 기절한 숙녀들로 난장판이 되었다. 밀려드는 사람들로 인해 압사 지경에 처한 잭슨은 뒷문으로 빠져나가 사설 숙소로 피해야만 했다. 잭슨의 정치 동료 에이머스 켄들Amos Kendall, 1789~1869은 "이 날은 국민들이 자랑스럽게 생각하였던 날이었다"고 주장한 반면, 연방대법원 판사 조지프 스토리Joseph Story, 1779~1845는 "'폭도'의 왕의 시대가 승리한 것 같다"고 비난했다.[3]

잭슨의 대통령 취임식 날 백악관에서 벌어진 난장판은 미국 정치의 전환 장면이었다. 보수파는 백악관의 난장판에 대해 "혹시 이것이 프랑스혁명의 개막이 아닌가"라고 우려했지만, 이것이 바로 소위 '잭슨 민주주의Jacksonian Democracy'의 출발이었다. 사람들은 잭슨이 영어 철자를 틀리게 쓰는 것마저 좋게 보면서 그를 '민주주의자' 혹은 '우리와 같은 사람'이라고 치켜세우는 근거로 삼았다.[4]

잭슨은 자신이 신뢰하는 조언자들로 구성된 이른바 '식탁 내각Kitchen Cabinet'으로 알려진 비공식 정치 고문단을 이용해 공식적인 내각을 단순히 정책을 집행하는 부서의 장으로 격하시켰다. 이는 현대 대통령들이 따르는 모델이 되었다. 국무 장관에 임명된 마틴 밴 뷰런Martin Van Buren, 1782~1862만이 공식적인 내각과 비공식적인 고문단의 일원으로 활약해 나중에 잭슨의 후계자가 되어 제8대 대통령 자리에 오르게 된다.[5]

잭슨의 사설 고문단의 유력 멤버는 언론인들이어서 이는 이른바 '권언유착'의 대표적 선례가 되었다. 사실 잭슨은 신문을 정부 운용의 실질적인 수단으로 격상시킨 최초의 대통령으로서, 그가 공식적으로 기용하고 있었던 언론인만 57명이나 되었다. 선거 때에 애덤스의 혼전 성관계를 폭로하는 기사를 신문에 게재한 이도 잭슨의 신임을 받은 더프 그

● 앤드루 잭슨의 취임식을 보기 위해 백악관으로 몰려가는 군중.

린Duff Green, 1791~1875이었다. 이런 권언유착의 대표적 인물이 바로 에이머스 켄들인데, 나중에 전 대통령 애덤스는 잭슨과 밴 뷰런은 "켄들의 꼭두각시"였다고 주장했다.

잭슨과 밴 뷰런이 "켄들의 꼭두각시"였다는 주장은 달리 보면 보통 사람의 목소리가 높아지고 국가 경영이 복잡해지면서 정치의 전문화·분업화가 이루어지기 시작했다는 걸 의미한다. 이전에는 없었던 그런 식의 비판이 이후 미국 정치에서 수시로 제기되는 게 그걸 잘 말해준다. 최고 지도자의 가장 중요한 역할은 대중을 상대하는 기술이 되고, 실무적인 국가 운영은 참모들에 의해 관장되는 게 새로 출현한 대중 민주주의의 문법이었다.

1832년 잭슨 추종자들은 그를 다시 대통령 후보로 지명하기 위해 최초로 전당대회national convention를 개최했다. 나중엔 전당대회가 부패와 정치적 배타성의 근원이라는 비판을 받기도 하지만 당시 이를 창안한 이들은 전당대회를 '위대한 민주주의의 승리'로 간주했다. 그들은 이런 전당대회를 통해 정당 권력이 중진 회의와 같은 엘리트 정치 기관이 아니라 국민에게서 직접 유래할 것이라고 기대했다.

잭슨의 선거 강령은 간단했다. ① 미국 은행으로 대표되는 상류층과 대기업들을 믿지 말 것, ② 인디언 제거로 생겨난 땅을 백인들에게 개방해 백인 영역을 확대하는 등 경제적 기회를 늘릴 것, ③ 선거권을 확대할 것, ④ 상류층 위주의 정부가 가로막고 있던 정치의 과정을 중·하류층까지 전면적으로 개방할 것 등이었다. 이 대선에서 잭슨은 55퍼센트의 일반 득표율과 77표의 선거인단 표를 획득해 재선에 성공했으며, 마틴 밴 뷰런은 부통령이 되었다.

잭슨은 정부란 모든 백인 남성 시민에게 "평등한 보호와 평등한 혜택"을 제공해야 하며, 어떤 지역과 계급도 다른 지역과 계급에 우월하게 대우해서는 안 된다고 주장했다. 이는 잭슨과 잭슨의 추종자들이 동부 특권계급의 기반이라고 간주했던 것에 대해 일격을 가하고 서부와 남부의 신흥계급에 기회를 확대하려는 구상의 일환이었다. 잭슨의 정치 후원자였던 뉴욕주의 윌리엄 마시William L. Marcy, 1786~1857가 "승리자에게 전리품spoils을!"이라고 주장했기에, 정치적 보상으로 공직을 부여하는 제도가 엽관 제도獵官制度, spoils system라고 알려지게 되었다.[6]

사실 백악관의 다과회장을 쑥대밭으로 만들어놓은 투박한 군중들도 대부분은 일자리를 얻기 위해 워싱턴으로 온 것이었지만, 뜻대로 되진 않았다. 관직의 대부분은 여전히 워싱턴 내막에 밝은 기존 관리들에게 돌아갔기 때문이다. 정당 안에서 정치적 기회는 확대되었지만, 전당대회

의 대표들은 보통 사람들이라기보다는 지구당의 엘리트들이었다.[7]

미국사에서 1830년대의 잭슨 시대Age of Jackson는 1910년대의 혁신주의 시대, 1930년대의 뉴딜 시대와 더불어 개혁 전통의 분수령으로 간주되고 있는바, '잭슨 민주주의'의 성격 규정은 미국 역사학계의 오랜 쟁점이었다.[8] 몇 가지 주요 주장을 살펴보기로 하자.

잭슨과 그의 추종자들

20세기 초 프레더릭 잭슨 터너Frederick Jackson Turner, 1861~1932는 "잭슨주의는 프론티어인들이 그들의 자유와 기회를 제한하고 있다고 생각한 동부의 귀족적인 보수집단에 대하여 전개한 항거"라는 혁신주의적 해석을 내렸다.

1945년 아서 슐레진저 2세Arthur M. Schlesinger, Jr., 1917~2007는 『잭슨 시대 The Age of Jackson』에서 "동부·서부·남부의 비자본주의적 집단, 농민, 노동자의 이익을 위하여 주로 동부의 자본주의적 집단의 권력을 제어하려는 노력"으로 해석했다.

1948년 리처드 호프스태터Richard Hofstadter, 1916~1970는 잭슨이 당시 등장하고 있던 자본가들의 대변자, 즉 동부의 귀족적인 집단들의 독점적 권력에 의해 가로막힌 기회에 문을 열고자 했던 야심찬 기업가들의 대변자였다고 주장했다.

1957년 브레이 해먼드Bray Hammond, 1886~1968도 잭슨주의적 대의大義란 자본가를 반대하는 기업가의 대의, 즉 기득권을 가진 엘리트에 대한 상승 엘리트의 대의였다고 주장했다.

1957년 마빈 메이어Marvin Meyer는 잭슨과 그의 추종자들이 그들 주변에 도래하고 있던 새로운 산업사회를 불안한 눈으로 바라보면서 이전의 농본적·공화주의적 덕성의 복원을 추구했다고 주장했다.

1969년 에드워드 페슨Edward Pessen은 점차 계층화되어 가고 있던 당시의 현실이 민주주의 수사修辭를 통해 은폐되었다고 주장했다.[9]

그 밖에도 다양한 의견들이 있는데, 하워드 진Howard Zinn, 1922~2010은 전반적으로 역사가들이 잭슨 시대를 미화하고 있다고 주장한다. "미국의 고등학교나 초등학교의 미국사 교과서에는 잭슨이 노예 소유자, 토지 투기업자, 항명 병사를 처형한 인간, 인디언을 몰살시킨 인간으로 등장하기보다는 개척자, 군인, 민주주의자, 인민들에 대해 밝은 사람으로 등

● 잭슨은 1830년 아메리카 원주민인 인디언을 '인디언 보호구역'으로 강제 이주시켰다. 사진은 1900년 인디언 보호구역에서 생활하는 아메리카 원주민의 모습.

장한다."[10]

케네스 데이비스Kenneth C. Davis는 "이 새로운 민주주의는 현대의 정치 용어로 말하면 일종의 풀뿌리 민주주의 운동이었다. 잭슨은 정치 이론가도 아니었고 질서 재편 주창자는 더더욱 아니었다. 하지만 잭슨은 그것의 상징이었다"며 다음과 같이 말한다.

"고아에, 개척지 출신에, 경마 기수에, 인디언을 무찌른 전사에, 전쟁 영웅에, 토지 투기꾼에, 그야말로 안 해본 것이 없는 앤드루 잭슨은 새로운 미국 정신의 구현자가 되어 민주주의자를 자처했던 패기만만하고 애국적인 당대 젊은이들의 우상이 되었다. 전성기 때의 잭슨 민주주의는 더 많은 사람들에게(흑인, 여성, 인디언들은 여전히 정치에서 소외된 채 남아 있었지만) 정치 과정에 참여할 기회를 부여해주는 것을 의미했다. 또한 그것은 호전성, 토지에의 열광, 노예제의 묵과, 인디언 살해욕을 의미하기도 했다."[11]

앨런 브링클리Alan Brinkley는 "잭슨과 그의 추종자들은 민주주의 이념에 대한 열성에도 불구하고 완전한 민주주의자가 아니었다. 그들은 노예제의 존재에 대하여 어떤 문제도 제기하지 않았으며 실제로 많은 지원을 아끼지 않았다"며 다음과 같이 말한다.

"그들은 미국 역사상 인디언들에게 가한 가장 잔혹한 전쟁을 지휘하였으며 경제적·사회적·성적 불평등을 서슴없이 받아들였다. 잭슨 그 자신이 프런티어의 귀족적인 인물이었으며, 그를 추종하였던 사람들 대부분이 경제적으로 부유하고 명망이 있는 사람들이었다. 그러나 모든 잭슨 추종자들이 태어나면서부터 귀족적인 인물이었던 것은 아니었다. 그들은 자신들의 능력과 노력을 통하여 명망의 자리에 올랐으며, 공적

생활에서의 그들의 목적은 다른 사람들도 그들과 같이 똑같은 일을 할 수 있는 지위를 가질 수 있도록 보장하는 것이었다."[12]

권력은 그 속성상 타락하게 되어 있고, 권력을 잡은 진보 세력도 그런 원리에 의해 타락의 길로 빠져들기 십상이다. 무슨 이념을 표방하든 이 세상은 출세한 자와 그렇지 못한 자들 간의 구도로 이루어지기 마련이지만, 정치는 그 구도를 은폐하거나 위장하는 기제가 된다. '보통 사람'은 지배 엘리트들 간의 권력투쟁에서 들러리로 외쳐지는 구호이긴 하지만, 그런 본말의 전도하에서도 보통 사람의 신세가 나아지기를 기대할 수밖에 없는 것이 '대중 마케팅'에 근거한 대중 민주주의의 운명일까?

왜 지금도 자꾸 토크빌을 찾는가?
알렉시 드 토크빌의 『미국의 민주주의』

『미국의 민주주의』는
'미국사와 미국 정치 이론의 필독서'

2005년 2월 미국 대통령 조지 W. 부시가 유럽 순방 중 많은 미국인을 깜짝 놀라게 만드는 일을 벌였다. 평소 지식인들에게서 '신문도 읽지 않는 무식한 대통령'이란 비난을 받아왔던 그가 19세기 프랑스 사상가 알렉시 드 토크빌Alexis de Tocqueville, 1805~1859을 언급한 것이다! 이 외신은 '부시 조롱하기'의 일환으로 나온 것일망정, 토크빌을 언급하는 것이 미국 정치인들의 필수라는 것을 말해주는 에피소드로 볼 수 있겠다. 토크빌은 누구인가? 180여 년 전으로 돌아가 보자.

1831년 5월 프랑스의 젊은 귀족 알렉시 드 토크빌이 귀스타브 드 보몽Gustave de Beaumont, 1802~1866이라는 친구와 함께 미국 뉴욕에 도착했다.

프랑스 정부의 위촉을 받아 미국의 감옥 시스템을 연구하기 위해 온 것이었지만, 그의 진짜 목적은 미국 사회 전반에 대한 연구였다. 그는 1832년 2월까지 9개월에 걸쳐 미국 전역을 돌면서 앤드루 잭슨 대통령을 포함해 개척자, 인디언에 이르기까지 다양한 미국인들을 만나 인터뷰를 했다.

토크빌이 프랑스로 돌아가 1835년 1월 출간한 『미국의 민주주의』는 "몽테스키외 이래의 명저"라는 칭송을 받았다. 영국의 존 스튜어트 밀John Stuart Mill, 1806~1873도 장문의 서평에서 극찬을 했으며, 이 책은 곧 영어와 독일어로 번역되어 널리 읽혔다.[1] 그는 1840년 『미국의 민주주의』 제2권을 출간했는데, 이 책들은 오늘날까지도 민주주의에 관한 고전으로 널리 읽히고 있다. 케네스 데이비스Kenneth C. Davis는 이 책은 오늘날에도 '미국사와 미국 정치 이론의 필독서'라며 다음과 같이 말한다.

"토크빌은 미국의 특성을 예리하게 꿰뚫어보는 안목과 비범한 통찰력으로 지금까지도 여전히 미국 정치와 민주주의 전반에 대한 중요한 논평가로 대접을 받고 있다.……토크빌의 논평과 관찰력은 놀라울 정도로 정확해서 1831년이 아니라 지금 적용해도 전혀 손색이 없을 정도이다.……오류보다는 정곡을 찌르는 내용이 더 많았다."[2]

토크빌의 눈에 비친 미국은 어떠했던가? 그는 유럽과는 달리 사회적 평등이 잘 실현되어 있고 사법권의 독립, 언론 자유, 지방자치 등 민주주의가 이상적으로 만개하고 있는 것을 긍정 평가했다. 그는 특히 서부西部에서 '민주주의'를 보았다. 생전 처음 보는 사람들이 떼를 지어 서부로 몰려가는 과정에서 신분身分과 경제력의 차이는 있을 수 없었다. 모두가 평등했다. 민주주의에 대한 건강한 정신과 태도가 서부개척사에서 형성되고 있었다는 것이다.[3]

• 서부에서 미국의 '민주주의'를 보았던 알렉시 드 토크빌.

토크빌은 "미국인들이 이루지 못한 것은 아직 시도하지 않은 것일 뿐"이라며 미국인들의 신앙심에서 그 어떤 희망을 보았다. 그는 미국의 경우를 들어서 그 당시 유럽 자유주의자들 사이에 팽배했던 종교 무용론에 일격을 가했다. 이에 대해 김봉중은 다음과 같이 말한다.

"인간의 본능에 따라 생활수준이 향상되면 더 많은 물질적 안락을 요구하게 되는데, 인간의 끝없는 욕망은 채워지지 않고 인간은 혁명과 같은 과격한 돌파구를 찾게 된다. 이러한 역사의 필연적인 고리를 단절시킬 수 있는 것이 바로 종교이다. 격동의 프랑스 역사를 지켜보면서 토크빌은 가능한 한 처절한 혁명을 거치지 않고 민주주의로 비상하는 것을 가장 이상적인 역사의 과정으로 보았다. 프랑스는 하지 못했지만 미국이

하고 있었던 것이다."[4]

토크빌은 언론 자유와 관련, 미국에서 나오는 간행물들의 숫자는 "거의 믿을 수 없을 정도로 엄청나다"고 했다. 그는 "아메리카에서는 제 신문을 갖지 않고 있는 마을은 거의 없다"며 "미국을 한데 뭉치게 만든 힘은 바로 신문에 있었으며, 미국을 단결시키는 데는 여전히 신문이 필요하다"고 말했다. 그러나 토크빌이 신문에 대해 좋은 말만 한 건 아니다. 그는 뉴욕의 신문들이 지면의 거의 75퍼센트가량을 광고에 할애하고 있으며 그 나머지 지면도 주로 '정치첩보나 아주 사사로운 일화들'로 채워져 있다고 지적했다. 그는 한 걸음 더 나아가 "미국 기자의 특성은 아주 노골적이고도 야비하게 자기네 독자들에게 영합하는 데 있다. 그들은 개개의 인물들을 추적하고 그들의 사사로운 생활을 들추어내어 그들의 모든 약점과 악덕을 폭로하는 데 있어 어떠한 원칙도 갖고 있지 않다"고 말했다.[5]

"돈에 대한 숭배가 인간에 대한 애정을 압도하는 나라"

토크빌은 미국인들이 철학보다는 실용에 치중한다고 했다. 그는 "아메리카인들은 책에서 철학적 방법을 끌어낼 필요를 느껴본 일이 별로 없다. 그들은 그것을 자기 자신 속에서 찾아내왔다"며 "문명세계에서 아메리카합중국만큼 철학에 관심을 기울이지 않는 나라는 아마 없을 것이다"고 했다. 그는 그 이유를 미국이 종교 때문에 출현한 사회이므로 분석과 검토를 외면하는 것과 더불어 민주화를 위한 혁명을 경험하지 않았기 때문에 혁명의 철학적 효과라는 혜택을 누리지 못했기 때문인 것으로 보았다.[6] 그는 철학을 외면한 실용 일변도가 낳은 미국인의 물질주의에 대해 다음과 같이 말한다.

"미국인들은 마치 영원히 죽지 않을 것임을 확신이라도 하는 듯이 이 세상에서의 이익에 얽매인다. 그리고 그의 손에 닿을 만한 물건이면 모든 것을 다 갖고 싶어 하는 마음이 너무나 간절하기 때문에, 우리가 보기에 그는 아마 가진 물건을 모두 소비하기 전에 죽게 될까봐 항상 두려워할 것 같다. 그는 모든 것을 붙들어 잡지만 어떤 것도 단단하게 잡지는 못한다. 그래서 또 다른 새로운 쾌락의 추구를 위해 앞의 것은 슬며시 놓아버린다."[7]

토크빌의 어쩔 수 없는 귀족주의적 편향이 작용한 것일 수도 있겠지만, 그는 "돈에 대한 숭배가 인간에 대한 애정을 압도하는 나라를 나는 미국 이외의 어느 곳에서도 본 적이 없다"고 했다. "미국 국민성 깊은 곳에 들어가 보면 그들은 '그게 돈이 되나'라는 한 가지 관심만으로 세상의 모든 가치를 평가한다. 이 국민들을 하나로 만들어주는 것은 바로 '이해관계'이며 모든 순간을 관통하는 사적 이해는 때로는 공공연하게 선포되기도 하고 심지어는 사회이론으로까지 승격되어 모습을 드러내기도 한다."[8]

그런데 이런 지적은 토크빌만 한 건 아니다. 수많은 외국인이 미국인들의 지극한 돈 사랑, 즉 '영혼이 없는 삶'에 주목했다. 1790년대에 미국을 여행한 프랑스 사회개혁가 프랑수아 드 라로슈푸코 리앙쿠르François de La Rochefoucauld Liancourt, 1747~1827는 "미국은 부자가 되고 싶은 욕망이 지배적

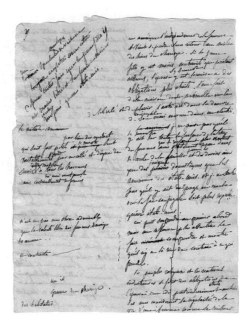

● 알렉시 드 토크빌이 쓴 『미국의 민주주의』 원본 스크립트.

인 나라다"고 했고, 1850년대에 러시아 작가 미하일 포고딘Michail Pogodin, 1800~1875은 "미국은 현 시대 사람들에게 한동안 희망이었지만, 결국 현시대의 사생아에 불과했다. 미국은 국가라기보다는 차라리 무역회사에 가깝다"고 한탄했다. 얼마 후엔 막스 베버Max Weber, 1864~1920까지 가세해 "미국인들의 최고선은 더 많은 돈을 버는 것이다"고 주장한다.[9]

토크빌은 미국인의 돈 사랑과 연결시켜 "나는 미국만큼 독립적 정신과 진정한 토론의 자유가 적은 나라를 알지 못한다"고 했다. 미국 특유의 물질주의와 순응주의를 지적한 것이다. 그가 미국 민주주의와 관련해 '다수의 독재tyranny of the majority'에 대한 공포를 표현한 건 당연한 귀결이다. 그는 민주주의가 아첨의 정신을 전파하는 경향에 대해서도 우려했다. 그러나 그는 순응주의와 물질주의가 미국의 특성이 되는 것만큼이나 개인주의와 이상주의도 두드러진 특징이라고 보았다.[10]

토크빌이 미국판 키치kitsch를 지적한 대목도 흥미롭다. "처음으로 뉴욕에 도착하여 이스트 리버the East River라고 불리는 대서양 연안에 다달았을 때, 나는 그 도시에서 멀지 않은 해변가를 따라 고전 건축술로 된 것도 포함된 수많은 흰 대리석으로 된 소궁전들을 보고 놀라지 않을 수 없었다. 그런데 다음 날 나의 시선을 특별히 끌었던 것을 좀더 자세히 관찰해보기 위해 그곳에 가본 즉, 그 벽은 흰 벽돌로 되어 있었고, 그 기둥은 채색된 나무로 되어 있었다. 내가 전날 밤 찬탄해 마지않았던 모든 건축물들이 다 마찬가지였다."[11]

도대체 미국인들은 왜 그랬던 걸까? 그건 바로 '역사 콤플렉스' 때문이 아니었을까? 토크빌은 계속 그걸 꼬집는다. "정확하게 말하자면 현재 아메리카합중국 주민들은 문학이란 것을 가지고 있지 못하다. 내가 아는 한 아메리카인으로 작가라고 하는 사람들은 모두 저널리스트들이다. 그들은 사실상 훌륭한 작가는 되지 못하고 그들 나라의 말을 하면서 자기의 의사를 표현하고 있을 뿐이다."[12]

이 주장을 포함해 토크빌의 책엔 논란의 소지가 큰 오류도 적지 않다. 가장 많이 지적되는 비판은 주제의 배경 탐구에 소홀했다는 점이다. 영국의 유산에 대해 거의 언급하지 않은 건 물론이고 영국과의 관계에 대해서도 아무런 말이 없다. 자신의 주제와 관련된 다른 책들조차 참고하지 않았으며 언급조차 없다. 수많은 실수와 오류가 있지만, 종합적으로 보자면 미국과 미국인을 꿰뚫어보는 데에 탁월한 능력을 보였다는 데에 이의를 제기하는 사람은 없다.[13] 미국의 정치인들뿐만 아니라 다양한 분야의 학자들이 자신의 논지를 뒷받침하기 위해 토크빌을 끌어들이는 것도 바로 그런 이유 때문일 게다.

『미국의 민주주의』가 오늘날 우리에게 시사하는 것

사회적 커뮤니티의 붕괴를 염려하는 로버트 퍼트넘Robert D. Putnam은 『나홀로 볼링Bowling Alone』에서 토크빌이 미국 민주주의의 원동력이라고 높이 평가한 시민사회의 역동성이 지난 40년 동안 붕괴했다고 주장하면서 토크빌을 자주 인용한다.[14]

토크빌은 '마음의 습속mores'의 중요성을 강조했다. '마음의 습속'은 '삶의 가치관' 정도로 이해해도 무방하겠다. 미국인의 '마음의 습속'을 연구한 대표적이라 할 로버트 벨라Robert N. Bellah 등의 『마음의 습관Habits of the Heart』은 토크빌 연구서가 아닌가 싶을 정도로 토크빌이 자주 등장한다.[15]

토크빌은 자신이 직접 목격한 인디언의 강제 이주 광경에 대해 이렇게 썼다. "그 모든 광경에는 거역할 수 없는 마지막 이별, 예컨대, 파멸의 분위기가 담겨 있었다. 그것은 목이 메어 차마 볼 수 없는 광경이었다." 토크빌의 이런 관찰은 인디언 탄압사에 꼭 인용된다.[16]

토크빌은 노예제에 대해서도 "인종적 편견은 노예제가 계속 존재하는 주보다도 폐지된 주에서 더욱 강도가 심한 듯하다. 또한 가장 편견이 심한 곳은 노예제를 전혀 알지 못하는 주이다"라고 말했다. 이 또한 남북

전쟁에 대한 기존 사관에 도전하는 학자들에 의해 자주 인용된다.[17]

우리도 배울 게 있는 것 같다. '다수의 독재'에 대한 우려와 더불어 '중앙 집중화'를 정부의 중앙 집중화와 행정의 중앙 집중화로 구분해서 보는 시각이 오늘의 한국에 던져주는 메시지가 있지 않을까? 사실 토크빌이 미국에 대해 관심을 갖게 된 직접적인 계기는 프랑스에서 중앙 집권화에 대한 논쟁이었다. 그는 정부의 중앙 집중화는 국가의 존립과 번영에 필수적인 것인 반면에, 행정의 중앙 집중화는 국민들의 지방적 정신, 곧 자치력과 자발적 협력심을 박탈함으로써 그들의 생존력을 저하시킨다고 보았다. 따라서 행정의 중앙 집중화는 지방자치, 곧 민주주의의 토대와 맞지 않는다고 할 수 있다.[18]

이와 관련, 이향순은 "문제는 민주주의에 배치되는 행정적 중앙 집중화가 일어나기 쉬운 사회는 평등화가 가장 진전된 민주적인 사회라는 점이다. 여기에서 당치 않게도 행정의 중앙 집중화는 민주주의와 강력한 친화력을 가진다"며 다음과 같이 말한다.

"평등이 진전되면 자연적으로 평등한 개인들에게 차별 없이 획일적인 정책과 행정을 펴는 유일의 강력한 정부가 등장한다. 말하자면 '하나의 주인 밑에서 모두가 평등한 하인으로 사는' 것을 선택하는 민주사회 성원들의 자연스런 속성의 결과가 행정의 중앙 집중화를 가져온다는 것이다. 다음으로는, 평등한 사회에서 개인은 고립되어 있으며 개별화된 개인으로서는 무력하기 때문에 공적인 일보다는 사적인 일에 관심을 갖게 되며 공적인 일은 공동체의 이익을 대변하는 유일하고 내구적인 기구, 곧 국가에 맡겨버린다. 더욱이 평등한 사회의 성원들은 공적인 일에 대한 자연적인 취향이 결여되어 있을 뿐 아니라 사실 사적인 일에 너무나 몰두해 있고 바빠서 공무에 관심을 가질 만한 시간적인 여유나 정열이 남아 있지 않다."[19]

　행정의 중앙 집중화가 평등주의·민주주의와 강력한 친화력을 갖는다는 게 흥미롭지 않은가? 한국의 자랑할 만한 강력한 평등주의가 초강력 중앙 집중화의 원인일 수도 있다는 점은 지방분권이 앞으로도 말처럼 쉽지 않으리라는 걸 예감케 한다. 게다가 우리는 '정부'와 '행정'을 구분하지 않는 경향이 강하다. 아니 그렇게 생각하지 않으면 안 되게끔 둘이 뒤엉켜 있다고 보는 게 옳을지도 모르겠다. 이 문제를 어떻게 극복할 것인가? 이게 바로 토크빌의 책을 읽으면서 우리가 가장 염두에 두어야 할 주제가 아닐까?

왜 찰스 디킨스는 미국 신문과 전쟁을 벌였는가?

1830년대의 '페니 프레스' 혁명

페니 신문, 자극적인 뉴스로 대중을 사로잡다

1825년경 미국은 지구상의 어떤 나라보다도 많은 종류의 신문이 많은 수의 대중에게 전달되고 있던 나라였다. 당시 어느 영국 여행가는 다음과 같이 썼다. "미국 신문의 영향과 보급 규모는 유럽에 알려진 어떤 것보다도 더 크다. 신문은 미국의 구석구석에까지 전달되고 있다." 1831~1832년 미국을 방문한 프랑스 사상가 알렉시 드 토크빌Alexis de Tocqueville, 1805~1859도 미국에서 나오는 간행물들의 숫자는 "거의 믿을 수 없을 정도로 엄청나다"며 "아메리카에서는 제 신문을 갖지 않고 있는 마을은 거의 없다"고 썼다.[1]

1830년대는 '대중 신문'이 등장한 미국 저널리즘의 혁명기였다. 바로 이때에 신문의 주요 독자가 상인과 정치 엘리트에서 일반 대중으로 전환되었다. 이 당시 전형적인 일간지는 4페이지로 1면과 4면은 전적으로 광고에 할애되었다. 이때의 신문들이 최초로 일반 대중을 독자로 삼기 시작했다는 것은 신문 이름의 변화에도 잘 나타난다. 1820년대의 신문들은 advertiser, commercial, mercantile 등과 같은 단어들을 많이 사용했으나, 1830년대에 나타난 신문들은 critic(비평가), herald(선구자, 보호자), tribune(민중의 보호자, 로마의 호민관), star(별처럼 빛난다), sun(세상을 밝게 해준다) 등과 같은 단어들을 사용했다.

1830년대에 나타난 신문들 가운데 가장 주목할 만한 것은 1833년 9월 3일 인쇄공 출신으로 노동자 계급의 경제 사정과 기호를 잘 이해한 벤저민 데이Benjamin H. Day, 1810~1889가 창간한 1센트짜리 신문 『뉴욕선New York Sun』이었다. 당시 신문들의 가격이 6센트(노동자의 주급은 5~6달러)였다는 걸 감안한다면, 이는 놀라운 '가격 파괴'였다. 이 신문의 내용은 주로 인간 흥미를 자극하는 것으로 선정적이었으며, 로컬 뉴스와 폭력에 관한 뉴스를 많이 다루었다. 초기에 지면은 4페이지였으며 판형은 현 타블로이드의 3분의 2 크기였다.

또 이 신문은 당시 신문들이 의존하던 정기구독제에서 벗어나 미국 최초의 가두판매제를 실시했다. 판매원들에겐 신문 100부를 67센트에 넘겨주었기 때문에 판매원들은 신문을 다 팔 경우 33센트의 이익을 남길 수 있었다. 이런 가두판매제에선 신문이 어떤 식으로든 행인들의 시선을 끌어야 팔릴 수 있었기 때문에, 이는 향후 신문의 편집과 내용에 큰 영향을 미쳤다. 이 신문의 발행 부수는 창간 5개월여 후인 1834년 1월에 5,000부였으나, 6개월도 안 돼 8,000부(경쟁지의 2배)로 늘었고, 1836년

● 벤저민 데이는 1센트짜리 신문을 창간해 미국 저널리즘에 혁명적인 변화를 불러왔다.

엔 3만 부로 성장했다.[2]

『뉴욕선』이 대중의 관심을 끈 대표적인 '히트작'을 한 번 보기로 하자. 이 신문은 1835년 8월 25일부터 31일까지 연재 기사를 통해 아프리카 남단의 희망봉에 새로 설치한 대형 망원경으로 달을 관찰한 내용을 '독점 보도'한다면서 달에 생명체가 있다고 주장했다. "이들은 높이가 4피트 정도이며, 얼굴만 제외하고는 짧고 구리색 광택이 나는 머리카락으로 덮여 있고, 얇은 막으로 된 날개를 가지고 있었다. 그 후로 관찰할 때마다 이들은 분명히 서로 대화를 나누고 있는 모습이었다."

물론 새빨간 거짓말이었다. 일반 대중은 물론 예일대학의 과학자들까지 속아 넘어갔다. 당시 대중 신문의 미덕은 '뻔뻔함'이었다. 『뉴욕선』

은 거짓 기사를 게재한 것에 대해 참회하기는커녕 오히려 찬양하고 나섰다. 대중을 즐겁게 만들어준 풍자satire라고 우겼다. 실제로 이 사기 사건 이후 『뉴욕선』의 부수는 오히려 1만 5,000부에서 1만 9,000부로 증가해 영국의 『더 타임스The Times』를 누르고 세계 최대의 발행 부수를 자랑하는 신문이 되었으니, 그렇게 큰소리를 칠 법도 했다. 이런 장난이 점점 통하기 어렵게 된 것은 19세기 말부터다.[3]

1835년 5월 6일 제임스 고든 베넷James Gordon Bennette, Sr., 1795~1872이 창간한 『뉴욕헤럴드New York Herald』는 『뉴욕선』을 모방한 것이었으나, 미국 저널리즘 사상 최초로 '객관성objectivity'을 추구하겠다고 주장했다. 이 신문은 ① 경제뉴스에 중점(최초로 월스트리트 취재), ②『뉴욕선』보다 풍부한 정보 제공, ③ 뉴스 취재 범위가 다양(외국 뉴스, 독자의 난이 인기), ④ 최초로 스포츠뉴스 시작, ⑤ 최초의 '비트 시스템beat system(기자들의 출입처 시스템)' 등과 같은 새로운 변화를 보였다. 이 신문은 1836년에 2만 부를 돌파하더니, 이듬해엔 미국 전역과 프랑스, 영국을 포함한 외국의 통신원들을 갖추었다.[4]

상업적 대중 신문에 '도덕 전쟁'을 선언한 『뉴욕트리뷴』

1795년 스코틀랜드에서 태어나 23세 때인 1819년 미국에 이민을 온 베넷은 온갖 기행을 일삼은 엽기적인 인물이었다. 자신을 나폴레옹과 모세에 비교되는 인물이라고 떠벌리고 다니면서 자신의 결혼 소식을 굵은 헤

드라인으로 자기 신문에 싣기도 했다. "사랑의 선언이 마침내 이루어져 결혼하니 새로운 문명이 시작됩니다."(1840년 6월 1일) 또 그는 "뉴욕에 있는 모든 교회와 예배당보다도 하나의 신문이 더 많은 영혼들을 천국으로 보낼 수 있으며 또한 지옥으로부터 더 많은 영혼을 구제할 수 있다"며 자신이 그 일을 해내겠노라고 큰소리쳤다.[5]

『뉴욕선』과 『뉴욕헤럴드』는 신문 가격이 1센트(페니)라는 이유로 '페니 신문'으로 불렸는데, 이들의 성공에 자극받아 페니 신문은 곧 전국으로 파급되었다. 1836년 3월 25일 필라델피아에서 창간된 『퍼블릭레저 Public Ledger』는 창간된 지 2년 만에 발행 부수 2만 부를 기록했고, 1837년 『볼티모어선Baltimore Sun』은 창간 1년 만에 1만 2,000부를 기록했다. 1830년대 뉴욕에는 35개의 페니 신문이 등장했다.

기존 6페니 신문들은 페니 신문의 보도 방식을 센세이셔널리즘 sensationalism이라고 비판했는데, 그 이유는 페니 신문이 뉴스를 다루었기 때문이다. "어떻게 살인 사건이 보도될 수 있는가!!" 이게 당시 6페니 신문들이 갖고 있던 생각이었는데, 페니 신문이 그 고정관념을 깬 것이다. 그러니까 페니 신문은 현대적 의미의 뉴스라는 개념을 고안해낸 것이다.

그러나 베넷의 『뉴욕헤럴드』는 '영혼 구제'를 외친 것과는 달리 지나친 점이 있어, 뉴욕은 물론 영국의 신문들까지 나서서 이 신문을 대상으로 1840년 '도덕 전쟁'을 선포하기도 했다. 이들은 베넷을 '음란한 건달', '더러운 철면피', '독을 품은 파충류', '야비한 악당', '독수리 같은 놈', '도덕적인 부패를 옮기는 놈'이라고 매도했다. 이런 비난 공세가 대대적인 반대 운동으로 이어지면서 『뉴욕헤럴드』의 판매 부수는 한때 3분의 1 수준으로 떨어지기도 했지만, 곧 회복되어 1850년에는 3만 부로 미

• 1902년 『뉴욕헤럴드』의 라이노타이프 룸의 모습.

국 최대, 1860년엔 7만 7,000부에 이르러 세계 최대의 발행 부수를 자랑하는 신문이 되었다.

광고 철학도 달랐다. 페니 신문들은 광고도 이전의 '주장형 의견 광고'에서 '상업 광고'로 전환했다. '주장형 의견 광고'가 신문의 주된 광고였을 때에는 광고 거부가 잦았으며, '낙태, 복권, 반종교적인 것' 등과 같은 이슈를 놓고 신문사들끼리 치열한 광고 논쟁을 벌이기도 했다. 1847년 베넷은 광고가 매일 교체되어야 한다고 선언하기도 했는데, 이는 '광고의 뉴스화'라고 하는 점에서 획기적인 것이었다.

1830년대 페니 신문의 등장은 '사설에 대한 뉴스의 승리' 또는 '의견에 대한 사실의 승리'를 의미하는 것이었다. 오늘날 저널리즘의 중요한 덕목으로 간주되고 있는 '객관주의objectivity'도 바로 이때부터 시작된 것이다. 객관주의는 시장 확대, 비용 절감, 조직 안전 등의 이점을 제공했기 때문이다.

페니 신문이 선구적인 신문 사업가들의 아이디어 하나로 가능했던 건 아니다. 더욱 중요한 건 사회적 변화였다. 인쇄 기술의 발달, 교통과 통신 시설의 발달, 인구의 증가, 산업화에 의한 소득의 증대, 문맹률의 감소, 도시화 등이 페니 신문의 출현을 가능케 한 배경이다.[6]

1840년대의 신문은 1830년대의 신문들과는 다소 다른 양상을 보였다. 1840년대의 대표적인 신문으로는 1841년 호러스 그릴리Horace Greeley, 1811~1872가 창간한 『뉴욕트리뷴New York Tribune』을 들 수 있다. 버몬트 시골의 소박한 가문에서 태어난 그릴리는 15세에 인쇄소 견습공으로 일하다가 20세에 단돈 10달러를 들고 뉴욕으로 가서 성공한 '아메리칸 드림'의 화신이었다.

『뉴욕트리뷴』은 페니 신문의 지나친 선정성과 인간 흥미 뉴스에 대해 비판적인 자세를 취했다. 이 신문은 『뉴욕선』과 『뉴욕헤럴드』처럼 1페니 신문으로 대중 독자를 위한 신문이긴 했지만 선정적인 요소를 가급적 피했다. 그 대신 이 신문은 더 건설적인 자세로 노동자 계급의 처지를 개선하기 위해 노력했다. 그는 훗날 노골적인 사회주의 대신 '관대한 자본주의beneficient capitalism'를 역설했다.[7]

신문의 첫 번째 임무는 무엇인가? 『뉴욕헤럴드』의 베넷은 정보 전달이라고 본 반면, 그릴리는 교육이라고 생각했다. 베넷이 그가 존경한 벤저민 프랭클린과 같이, 신문업에서 우선적으로 기대한 것은 돈을 버는 것이었다. 베넷은 신문의 목적은 "교육하는 것이 아니라 깜짝 놀라게 하는 것not to instruct but to startle"이라고 주장했다.

그릴리의 관점에서 보면 베넷이 독자에게 정보를 전달하는 방식은 대단히 사악하고 비도덕적인 것이었다. 그릴리는 베넷의 방식을 추종한 다른 대중 신문에 대해 '도덕 전쟁'을 선언했다. 한 선정적인 대중 신문의 살인 기사를 비난한 『뉴욕트리뷴』 1841년 4월 19일자는 이렇게 주장했다. "이 끔찍한 사건을 미주알고주알 떠드는 자들로 인해 사회질서와 개인의 행복에 가해진 그 격렬한 고통은 이 가증스런 범인 자신이 끼친 고통보다 열 배나 더 크다."[8]

페니 신문에 대한 찰스 디킨스의 분노

그릴리의 그런 주장에 응답한 영국인이 있었다. 영국 소설가 찰스 디킨스Charles Dickens, 1812~1870다. 산업혁명 당시 아동 노동과 학대를 다룬 『올리버 트위스트』(1837)로 문명文名을 얻은 동시에 학대받는 자의 편에 선 인도주의적 작가로 알려진 디킨스는 1842년 4개월간 미국을 방문했을 때 미국인들의 열광적인 환영을 받았다. 필라델피아에선 몰려든 군중과 악수를 하는 데만도 2시간이나 걸렸다.

그러나 디킨스는 머지않아 미국에 실망하게 되었다. 그가 머물렀던 필라델피아 호텔은 그에게 바가지를 씌워 디킨스의 기분을 잡치게 만들었다. 당시 그의 작품들은 미국에서 저작권료 없이 출판되었는데, 고지식한 디킨스는 자신의 환영식 석상에서 연설하는 도중에 그걸 비판하면서 시정을 촉구했다. 이에 반발한 미국 신문들은 그를 "신사는커녕 돈만 아는 무뢰한"이라고 혹평했다.[9]

디킨스는 영국에 돌아가서 쓴 『미국 인상기American Notes for General

Circulation』에 "이것은 내가 보러 온 공화국의 모습이 아니다. 이런 나라보다는 자유로운 군주제 왕국이 훨씬 더 좋다"고 썼다. 그는 백악관의 양탄자가 사람들이 내뱉은 침으로 미끈미끈해져 있는 걸 보고 깜짝 놀랐다며 미국인들의 침 뱉는 습관을 혐오하는 등 부정적인 면을 꼬집었다. 또한 그는 신문을 "미국 사회를 망치고 있는 끔찍한 동력기"로 규정하면서 다음과 같이 말했다.

"미국의 신문은 중요한 것을 제멋대로 무시해 버리고 진실을 아무렇게나 오도하기 때문에 어느 누구도 자신의 의견을 올바로 표현할 수 없을 뿐만 아니라, 자신이 정말 싫어하고 경멸하는 신문에 의한 검열을 염두에 두지 않고서는 스스로의 생각을 가다듬기조차 어렵다.……신문이 온 가정에 악마의 눈길을 들이대고 있으며, 대통령에서부터 우체부에 이르기까지 나라의 온갖 자리에 검은 손길을 뻗치고 있다. 유일한 상투수단이나 다름없는 야비한 중상모략으로 가득 찬 신문이 수많은 사람들

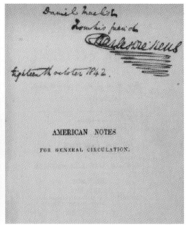

● 집필 중인 찰스 디킨스와 그가 미국 여행 후 돌아와 쓴 『미국 인상기』의 표지.

의 교과서가 되고 있다니. 그들은 신문에서 읽을거리를 찾아야 한다. 그렇지 않고는 읽을거리가 없으니 말이다. 그러한 현상에 계속된다면 신문이 쏟아내는 더러운 이름들은 온 나라를 뒤덮어 버릴 것이며 신문이 조종하는 악마가 그 공화국에 분명한 모습을 드러내고 말 것이다."[10]

미국 신문들이 이런 비난을 듣고 그냥 있었겠는가. 분노한 신문들은 디킨스를 향해 거센 공격을 퍼부었다. 한판 전쟁이 벌어진 것이다. 이번엔 디킨스가 다시 분노했다. 그는 본격적으로 미국 신문을 손보겠다고 마음먹고 1844년 『마틴 추즐윗의 생애와 모험The Life and Adventures of Martin Chuzzlewit』이라는 소설을 출간했다. 이 소설의 주인공 마틴은 뉴욕 항에 도착해 하수구sewer, 암살자stabber, 염탐꾼peeper, 첩자spy, 약탈꾼plunderer 등과 같은 제호의 신문을 판매하는 신문팔이 소년의 '쉿소리 외침'을 듣게 된다.

"여기 워싱턴 갱에 대한 하수구의 폭로 기사가 있습니다. 국무 장관이 여덟 살 때 저지른 부정직한 비행을 하수구가 독점 취재했습니다. 엄청난 비용을 들인 끝에 이제 국무 장관 유모가 직접 말해주고 있습니다. 여기 하수구가 있습니다!"[11]

미국 신문을 하수구 저널리즘으로 매도한 디킨스의 분노엔 개인적인 원한도 작용했겠지만, 1830년대에 이루어진 '페니 프레스' 혁명이라고 하는 관점에서 이해하는 것이 좋을 것 같다. 미국인들조차 처음엔 페니 프레스의 선정성에 기겁을 했는데, 미국에 비해 훨씬 '점잖은' 영국의 언론 풍토에 비추어볼 때에 디킨스가 그런 신문들의 행태와 논조에 놀라고 분개한 건 당연한 일인지도 모른다.

페니 프레스는 나쁜가? 그렇게 말하기는 어렵다. 명암明暗이 있다.

가장 큰 역사적 의미는 푼돈이나마 대중에게 소비할 수 있는 구매력이 생기면서 그들의 취향과 목소리가 점점 중요해지게 되었다는 사실이다. 특히 페니 신문들은 거대한 판매 부수 덕분에 경제적으로 이익을 보게 되면서 정치 세력의 후원에서 독립할 수 있었다. 이는 정치의 성격과 내용의 변화를 불러오기 마련이다. 페니 신문은 대중 민주주의의 원인이자 결과였다. 이제 페니 신문의 성장과 똑같은 원리로, 정치를 포함한 전 분야에서 대중의 주목을 쟁취해야만 생존하고 번영을 누릴 수 있는 '주목 투쟁'의 시대가 열리게 된다.

"신이 무엇을 이룩했는가?"
시간과 공간을 압축시킨 전신 혁명

메인주와 플로리다주가 서로 이야기하다

1830~1840년대 미국 대중 신문의 저질성을 놓고 뜨거운 논쟁이 벌어지던 때에 신문의 운명을 송두리째 바꿔줄 놀라운 일이 일어나고 있었으니, 그건 바로 전신電信의 출현이었다.

프랑스혁명의 와중인 1794년 클로드 샤프Claude Chappe, 1763~1805에 의해 발명된 전신기는 파리에서 1,000킬로미터 떨어진 툴롱까지 전보 송신을 단 20분 만에 가능케 했다. 영국에선 1820년대에 철도 운용의 보조 수단으로 전신이 이용되었다. 미국의 새뮤얼 모스Samuel Morse, 1791~1872는 1837년 '모스 부호'를 사용한 전신기를 완성해, 1844년 5월 24일 미국 의회의 도움을 받아 워싱턴과 볼티모어 사이의 통신을 성공시켰다.

이때에 전달된 첫 번째 메시지는 "신이 무엇을 이룩했는가?What hath

God wrought?"라는 짧은 문장이었다. 모든 책에 그렇게 쓰여 있다. 그러나 그것은 사실이 아니라는 주장도 있다. 첫 번째 메시지는 "모든 것이 잘되고 있다Everything worked well"였는데, 나중에 특허위원의 딸이 만든 더 유명하고 인상적인 말들이 공개 실험에 사용되면서 "신이 무엇을 이룩했는가?"라는 말이 역사에 남게 되었다는 주장이다.

모스가 독자적으로 발명한 것은 그의 이름이 들어간 간단한 암호였다. 그중의 하나인 SOS는 1906년에 열린 국제회의에서 조난신호로 채택된다. 9개의 부호(점 세 개, 줄 세 개, 점 세 개)가 전송하기 쉽다는 이유 때문이다. SOS는 'save our ship' 혹은 'save our souls'의 약자라고 알려져 있지만, 이는 나중에 그럴듯하게 해석한 것이며 실은 아무런 의미도 없는 말이다.

미국에서 전신의 진짜 발명자는 모스가 아니라 프린스턴대학의 교수인 조지프 헨리Joseph Henry, 1797~1878였다. 그는 1831년에 발명을 끝내놓고도 완벽을 기하겠다는 생각에서였는지 특허를 신청할 생각을 하지 않았다. 헨리의 논문을 대부분 표절했을 뿐만 아니라 여의치 않을 때는 그를 직접 찾아가 조언을 구하기도 했던 사람이 있었으니 그가 바로 모스였다. 헨리는 수년 동안 모스를 격려하고 도왔지만, 모스는 성공해 엄청난 부자가 된 뒤에 헨리의 도움을 전혀 인정하지 않았다.[1]

세상은 헨리의 억울함엔 별 관심이 없었다. 워싱턴과 볼티모어 사이의 통신이 성공하자, 사람들은 이제 곧 다가올 변화를 염두에 두고 "바야흐로 동쪽의 메인과 서쪽의 플로리다 두 주가 서로 이야기할 수 있게 되었다"는 데에 열광했다. 그러자 초월주의 철학자인 랠프 월도 에머슨Ralph Waldo Emerson, 1803~1882은 "과연 그렇군, 하지만 도대체 메인은 플로리다에

• 1794년 발명된 전신기는 신문의 운명을 송두리째 바꿔놓았다.

무슨 얘기를 할 수 있을는지?"라고 물었다. 철학적이진 못할망정 상업적으로 왜 할 말이 없었겠는가? 1848년 미국 내 전신선은 약 1만 9,312킬로미터에 이르렀으며, 계속 빠른 속도로 늘어나면서 경제발전의 중심적 역할을 하게 된다.[2]

　그렇지만 에머슨에 이어 그의 제자인 헨리 데이비드 소로Henry David Thoreau, 1817~1862도 여전히 할 말이 있었다. 그는 1854년에 출간한 『월든 Walden』에서 이렇게 말했다. "우리는 메인주에서 텍사스주를 잇는 전신을 가설하려고 무척 서두르고 있다. 그러나 메인과 텍사스는 서로 통신할 만큼 중요한 일이 없을지도 모른다.……우리는 대서양에 해저 전신을 가설하여 구세계의 소식을 신세계에 몇 주일 앞당겨 가져오기를 갈망하고 있다. 하지만 이 해저 전신을 타고 미국인의 나풀거리는 큰 귀에 들어오는 첫 소식은 (영국의) 아델레이드 공주가 백일해를 앓고 있다는 소식 정도일 것이다."[3]

물론 에머슨이나 소로처럼 생각하는 사람은 소수였다. 1858년 8월 5일 사이러스 필드Cyrus W. Field, 1819~1892의 주도하에 최초의 대서양 횡단 케이블이 개통되었을 때에 나타난 세상의 반응이 그걸 잘 말해준다. 영국의 『더 타임스』는 사설을 통해 "콜럼버스의 신대륙 발견 이후로 그 어떤 일도 인간의 활동 영역을 이토록 획기적으로 확대시킨 이번 사건에 견줄 만한 것은 없었다"고 했다. 전기 작가 슈테판 츠바이크Stefan Zweig, 1881~1942는 당시의 열광을 다음과 같이 묘사한다.

"런던시는 최고의 흥분 상태에 빠졌다. 그러나 영국의 이러한 기쁨은 소식이 전해지자마자 나타난 미국 측의 태풍 같은 환호 소리에 비교해보면 아무것도 아니었다. 곧바로 가게들은 문을 닫아걸었고 거리거리에는 온통 질문하고 소리 지르고 토론하는 사람들의 물결이 흘러 넘쳤다. 완전히 무명이었던 필드는 하룻밤 새 국민적인 영웅이 되었다."

전신의 발명이 불러온 드라마들

그러나 아직 열광이 최고조에 도달한 것은 아니었다. 케이블이 장애를 일으켜 영국 빅토리아 여왕의 축하 메시지는 8월 16일 저녁 시간에 뉴욕에 도착했다. 다음 날 신문들은 다시 한 번 흥분할 수 있는 기회를 만끽했다. 포병부대는 제임스 뷰캐넌James Buchanan, 1791~1868 대통령이 빅토리아 여왕에게 답신을 보냈다는 사실을 알리기 위해 축포 100발을 쏘아올렸다. 그 다음 날 영웅 필드가 나이아가라호를 타고 뉴욕에 돌아오자 또한 번 난리가 났다. 2주간의 준비를 거쳐 8월 31일 필드를 축하하기 위한 개선 행진이 열렸다. 좀 호들갑스럽긴 하지만, 츠바이크의 실감나는 묘사를 다시 감상해보자.

"저 위대한 황제와 시저 시대 이후로 그 어떤 승리자도 자기 국민으로부터 이토록 축하받은 일은 없었다. 이 좋은 가을날에 도시의 한쪽 끝에서 다른 쪽 끝까지 축하행렬이 행진하는 데 여섯 시간이나 걸렸다. 연대들이 깃발을 앞세우고 국기가 펄럭이는 거리들을 지나가면 그 뒤를 합창대, 노래패, 소방대, 학생, 퇴역 군인 등이 끝없는 열을 지으며 따랐다. 행진할 수 있는 자는 모두 행진했고, 노래할 수 있는 자는 모두 노래했으며, 기뻐할 줄 아는 자는 모두 기뻐했다. 필드는 고대 로마의 개선장군처럼 네 마리 말이 끄는 마차에 타고 있었고 또 다른 마차에는 '나이아가라' 호의 선장이, 그리고 또 다른 마차에는 미합중국 대통령이 타고 있었다. 시장들과 관리들과 교수들이 그 뒤를 이었다. 끊임없이 간단한 인사말, 잔치, 횃불 행진 등이 이어졌고 교회의 종소리가 울렸으며 축포도 터졌다. 그런 후엔 또다시 환호의 물결이 제2의 콜럼버스를 금방 둘러싸곤 했다. 두 세계를 하나로 합친 인물, 공간을 정복한 승리자, 이 순간 미국에서 가장 유명하고 가장 신격화된 남자인 사이러스 필드를."[4]

츠바이크는 왜 이렇게 장황한 묘사를 하는 걸까? 극적 효과를 높이기 위해서다. '어제의 영웅이 오늘의 범죄자'로 전락하는 걸 대비시키기 위해서다. 그 엄청난 축하 행진이 벌어지고 있던 그 순간 대서양 횡단 케이블은 작동을 멈춘 상태였다. 곧 180도 반전한 분노의 물결이 필드를 덮쳤다. '사기꾼'이라는 비난이 홍수를 이루었다. 이후 수년간 케이블을 다시 부설하는 시도가 이루어진다. 천당과 지옥을 동시에 경험한 필드가 다시 나선다. 무려 8년 만인 1866년 7월 13일에서야 제대로 작동하는 케

● 사이러스 필드(오른쪽 하단)는 1880년대 윌리엄 헨리 밴더빌트, 제이 굴드, 러셀 세이지 등과 함께 미국 철도 산업을 독점했다.

이블 설치에 성공한다. 참으로 기가 막힌 드라마가 아닌가.

그 와중에 또 다른 드라마가 있었다. 1861년 10월 미국 내 대륙 횡단 전신선이 완성되면서 포니익스프레스Pony Express는 사업을 접어야 했다. 포니익스프레스는 조랑말 릴레이를 통해 미국 미주리주와 캘리포니아주 사이의 우편물을 배달하던 속달우편 사업이었다. 20년 전인 1841년 윌리엄 해리슨 대통령의 사망 소식이 로스앤젤레스Los Angeles에 도달하는 데에 3개월 20일이 걸렸던 것을 돌이켜 보자면, 이는 그야말로 혁명적인 사건이었다.

'전신telegraph'의 원래 의미인 "먼 곳에 글을 쓰다"는 그렇게 실현되었지만, 먼 곳에 소리를 보내는 '전화telephone'는 아직 한참을 더 기다려야 했다. '전화'라는 단어는 전화의 발명자인 미국의 알렉산더 그레이엄 벨 Alexander Graham Bell, 1847~1922이 태어나기 전인 1840년에 나타났지만, 그때 엔 나무 막대기를 통해 음조音調를 전달하기 위해 만들어진 장치를 묘사

하는 단어로 쓰였을 뿐이다.[5]

초기에 전신은 철도망의 원활한 소통을 위한 보조적 수단이기도 했다. 아니 둘은 반드시 붙어다녀야 하는 쌍둥이와도 같았다. 전신이 없이는 철도를 운영하기 어려웠다. 다른 건 다 제쳐놓더라도 초기에 단선이었던 철도망을 안전하게 운영하기 위해서는 출발역에서 도착역에서 기차가 언제 출발했다거나 무슨 일이 있다는 것 등을 꼭 알려야만 했다. 이후 전신이 커뮤니케이션 사업이 아닌 통상通商 사업의 영역에 속하게 된 데에는 이런 역사적 배경이 있다. 이는 한국도 마찬가지여서 '전신주'와 '전봇대'라는 말을 낳았다. 이에 대해 김주환은 다음과 같이 말한다.

"철도망과 전신망은 같이 퍼졌다. 기찻길이 지나가는 옆에 나무 기둥을 심고 그 위에 구리선을 매달아서 전신망을 연결했는데, 그 나무 기둥을 전신주라고 부르게 되었다.……전신주 혹은 전봇대라고 불리던 이 기둥들은 전신줄뿐만 아니라 나중에는 전화선과 전깃줄도 연결하는 역할을 담당하게 되었다. 요즈음에는 주로 전깃줄만을 떠받치고 있음에도 불구하고 이러한 기둥을 전선주 혹은 전깃줄대라고 하지 않고 여전히 전신주 혹은 전봇대라고 부르는 이유가 바로 여기에 있다."[6]

대중 신문이 등장한 1830년대 이후에 일어난 미국 저널리즘 혁명의 한복판에도 전신이 있었다. 전신을 이용한 단순 사건의 보도는 그 이전까진 뉴스로 여겨지지 않았지만, 대중 신문들은 그걸 주요 뉴스로 삼았다. 뉴스를 배포하는 통신사도 1830년대부터 등장하기 시작했다. 세계 최초의 뉴스 통신사는 1832년 샤를루이 아바스Charles-Louis Havas, 1783~1858가 금융정보 중계를 위해 파리에 세운 아바스 통신사다. 이 당시는 금융정보 중계가 통신사의 주된 목적이었으며, 전달 수단도 역마차와 비둘기였다. 전신에 의한 뉴스 배포는 1840년대부터 이루어졌다.

전신의 발달과 근대사회의 성립

1849년에는 같은 목적으로 버나드 볼프Bernard Wolff, 1811-1879가 베를린에 볼프 통신사를 개설했으며, 1854년에는 굴리엘모 스테파니Guglielmo Stefani, 1819~1861가 이탈리아의 튜린, 뒤이어 로마에 통신사를 설립했다. 이러한 통신사들은 주로 경제 뉴스만을 취급했고 그 대상도 신문이 아니라 예약된 특정 고객들이었다. 경제 뉴스뿐만 아니라 일반 뉴스도 취급해 신문에 공급한 최초의 통신사는 1851년부터 1858년 사이 여러 번의 시행착오를 거치면서 독일계 유대인으로 은행원 출신인 파울 율리우스 폰 로이터Paul Julius von Reuter, 1816~1899가 런던에 세운 로이터 통신사다. 이 유럽의 3대 통신사는 1859년에 카르텔 협정을 맺고 세계시장을 3등분해 장악했다.

유럽 카르텔이 국제 뉴스 시장에서 횡포를 부리는 기간 중에도 미국 신문들은 눈부신 발전을 거듭했다. 미국에서 전신은 큰 신문들과 아무런 차별 없이 전신 뉴스를 받을 수 있게 된 소규모 신문들의 번성을 가져왔다. 1847년 창간한 『시카고트리뷴Chicago Tribune』에 이어 1850년대의 신문 가운데 가장 주목할 만한 신문은 『뉴욕트리뷴』에서 일했던 헨리 레이먼드Henry J. Raymond, 1820~1869가 1851년 9월 18일에 창간한 『뉴욕타임스New York Times』다. 이 신문은 1센트에 판매하면서도 페니 신문들의 선정성을 배격하고 『뉴욕트리뷴』의 변칙성, 특히 그릴리의 변덕도 배격하면서 '객관적이고 초당적인 기록신문'을 표방했다.

● 전신을 이용한 단순 사건의 보도가 대중 신문들의 주요 뉴스가 되면서 뉴스 자체를 배포하는 통신사들도 하나둘씩 나타났다. 사진은 뉴스 통신사 로이터 뉴욕지사의 모습.

신문 인쇄술의 비약적인 발전으로 신문의 대량생산도 가능해졌다. 1846년 리처드 호Richard Hoe, 1812~1886가 최초로 개발한 윤전식 인쇄기 revolving press 또는 rotary press는 시간당 2만 부 인쇄를 가능케 했다. 이전에 쓰이던 영국제 원통식 인쇄기cylinder machine는 시간당 2,000부를 인쇄할 수 있는 수준이었다. 또 1840년대엔 광고대행사advertising agency가 등장하면서 신문 사업이 이전보다 용이해졌다. 이런 변화에 힘입어 1870년대엔 미국에서 5,000여 개 이상의 신문이 발행된다.

뉴욕주의 신문들은 미국-멕시코 전쟁(1844~1846년) 기간 동안 막대한 전신 뉴스 비용을 부담하면서 이대론 안 되겠다는 생각으로 1846년 3월 공동으로 뉴욕주 APAssociated Press를 만들었으며, 이는 1856년 전국적인 AP의 탄생으로 이어졌다. 오늘날 통신사를 영어로 'News Agency' 또는 'News Service'라고 하지만 'Wire Service'라고 부르는 사람들이 더 많은 것도 이런 배경 때문이다. 즉, 전선wire으로 뉴스를 전하는 회사라는 뜻이다.

신문의 전신 의존은 신문 제작에 큰 변화를 몰고 왔다. 무엇보다도 전신 요금 절약을 위해 간결한 기사 작성이 요구되었다. 특히 전쟁을 보도할 때에 그런 필요성은 더욱 커졌다. 오늘날까지도 지켜지고 있는 '역 피라미드inverted pyramid'나 '서머리 리드summary lead' 등의 스타일은 전신 때문에 생겨난 기사 작성법이다. 또 전신으로 사건의 전개 과정을 계속 알리는 과정에서 기사의 헤드라인도 탄생했다. 이 모든 게 남북전쟁 시기에 일어났다.[7]

기자들의 문체는 속도, 명료성, 단순성을 생명처럼 여기는 이른바 '전신적 문체'로 바뀌어 갔다. 훗날 어니스트 헤밍웨이Ernest Hemingway, 1899~1961의 단순 명료한 영어 문체도 부분적으로는 대서양 케이블을 통해 기사를 전송해야 했던 외국 특파원의 경험이 낳은 산물이다.[8]

전신은 언론인의 직업관과 가치관에도 영향을 미쳤다. 뉴스가 점점 전신을 닮아가고 있었으니, 어찌 변화가 없었으랴. 임영호는 전신으로 인해 "뉴스에 대한 판단은 객관적인 사실의 기계적인 선택 과정과 유사하게 되고 뉴스는 운반, 측정, 감축 등이 가능한 물건처럼 취급할 수 있게 되었다"고 말한다.[9]

1843년 열차를 타본 독일 시인 하인리히 하이네Heinrich Heine, 1797~1856는 "철도가 공간을 살해했다!"고 경탄했다지만,[10] 전신은 과연 무슨 일을 저질렀을까? 사람이 움직이지 않고서도 철도보다 훨씬 빠른 시간에 메시지를 전달할 수 있는 전신은 공간과 시간을 동시에 살해한 주범이 아니었을까? 전신은 철도와 더불어 이른바 '시·공간 압축time-space compression'의 매체로 근대사회의 성립에 결정적 영향을 미치게 된다.

왜 에머슨은 "유럽이라는 회충을 몰아내자!"고 외쳤는가?

미국의 지적 독립선언

"유럽적인 정열을 미국적인 열정으로 대체시키자"

1837년 6월 20일, 윌리엄 4세가 죽자 18세의 어린 공주, 즉 빅토리아 여왕Queen Alexandrina Victoria, 1819~1901이 영국을 통치하게 되었다. 빅토리아 여왕은 1901년 1월 22일 사망해 아들 에드워드 7세가 왕위를 계승하기까지 64년간 재위하면서 대영제국의 최전성기를 이끌게 된다. 그녀는 "군림하되 통치하지 않는다"는 원칙하에 과거 영국 국왕들이 잃어버렸던 위엄과 인기를 회복했다.

하지만 미국은 영국의 그늘에 놓여 있을 나라가 아니었다. 정치적 독립에 이어 지적 독립을 향한 질주가 빠르게 이루어지고 있었다. 하버드대학을 13세에 입학해 17세에 졸업한 뒤 독일 유학을 했던 국민주의 역사가 조지 밴크로프트George Bancroft, 1800~1891는 1834년부터 『미국사』(전 10권으로 1874년 완간)를 저술해 개인주의에 토대를 둔 민주주의야말로 인간이 달성해야 할 궁극적인 목표이며, 지금까지 그 목표에 가장 가까이 도달한 국민이 바로 미국인들이라고 찬양했다.[1]

이러한 찬양은 엄청난 인기를 끌었고, 이는 곧 미국의 지적 독립선언으로 이어졌다. 하버드대학을 14세에 입학해 18세에 졸업한 시인이자 철학자인 랠프 월도 에머슨Ralph Waldo Emerson, 1803~1882은 1837년 하버드대학 강연에서 미국의 작가는 '위대하고 먼 낭만적' 세계에서 방향을 돌려 미국의 가장 훌륭한 산물인 평범한 민중의 생활에 눈을 돌려야 한다고 주장했다. 그는 한 걸음 더 나아가 "이제 우리는 우리의 발로 걸을 것이고, 우리의 손으로 일할 것이며, 그리고 우리의 정신으로 말할 것"이라며 다음과 같이 선언했다.

"외국 학문에 종속되어 있는 시대, 오랜 도제徒弟의 시대는 바야흐로 종말이 가까이 오고 있습니다. 우리들 주위에서 솟아나고 있는 무수한 새로운 생명을 항상 외국 수확물의 시들어버린 찌꺼기로만 기를 수는 없습니다. 여러 가지 사건과 행동이 일어나고 있는데, 이러한 것을 노래해야 하며 또 이러한 것을 자연 그대로 노래할 수 있도록 해야 할 것입니다."[2]

이 주장은 미국 신문들에 대서특필되었다. 『뉴욕트리뷴』은 에머슨의 사상을 국가가 공공재산으로 삼아야 한다고 대대적으로 역설했다. 이 강연은 '미국의 지적 독립선언'으로 불렸다. 과연 '미국의 지적 독립선언'이었을까? '감성적 독립선언'이라고 부르는 게 더 어울릴 것 같다. 에머슨은 미국이라는 몸과 마음에 자리 잡고 있는 '유럽이라는 회충'을 몰아내고 그 자리에 '유럽적인 정열을 미국적인 열정으로 대체시키는' 것이 자신의 목표라고 했다.³ 유럽을 '회충'이라고까지 욕할 필요가 있었을까? 에머슨의 다음과 같은 주장이 답이 될지도 모르겠다. "우리의 역사 전체는 인류를 위한 신의 섭리의 마지막 노력과도 같다."

당시 미국 지식계에 무슨 일이 일어나고 있었기에 이런 '과격한' 주장이 나오게 된 걸까? 미국에 계몽사상 다음으로 밀려들어온 사조는 낭만주의Romanticism였다. 낭만주의는 18세기 말에서 19세기 전반에 걸쳐 프랑스혁명의 이념적 지주가 되었던 계몽주의의 합리적·기계론적 세계관에 반발해 일어난 사상운동이자 문예사조로, 이성의 오랜 통제를 받아온 감정을 앞세웠다는 것이 그 특징이다. 역사적 기원과는 무관하게 그런 특징을 보이는 자세나 태도를 낭만주의라 부르기도 한다.

서양 낭만주의가 반발한 고전주의는 개인적인 특성을 보편적인 합

● 시인이자 철학자였던 에머슨은 미국인의 몸과 마음에 자리 잡고 있는 '유럽이라는 회충'을 몰아내자고 했다. 사진은 매사추세츠주 콩코드 슬리피할로 묘지에 있는 에머슨의 묘.

리성으로 통제해 조화와 균형이 잡힌 문학을 주장했지만, 낭만주의는 개인적 특성에 대한 합리성의 우위를 거부하고 남과 다른 자기의 감정, 취미, 습성, 생각 등을 소중하게 여겼다. 또한 신비한 것과 역설적인 것들을 추구했다. 낭만주의는 이상주의와 낙관주의를 지향했지만, 실현되기 어려운 이상과 낙관이었으므로 절망과 비관을 넘나드는 동시에 냉소와 퇴폐로 빠지기도 했다.[4]

유럽의 괴테Johann Wolfgang von Goethe, 1749~1832, 워즈워스William Wordsworth, 1770~1850, 콜리지Samuel Taylor Coleridge, 1772~1834, 칸트Immanuel Kant, 1724~1804 등 낭만주의자들의 저작이 미국에 들어와 널리 읽혔다. 낭만주의 운동은 인간에게 감성과 비합리성이 중요한 요소임을 강조한 동시에 각 민족과 사회는 그 자체로 하나의 완전체를 이루고 생명을 가지고 있는 유기체로 보았다. 즉, 모든 민족이나 사회는 나름의 개성과 특수성을 가지고 있다고 주장함으로써 민족주의 감정을 일으키는 데 기여했다. 낭만주의 운동은 미국인으로 하여금 유럽의 나라들과는 구별되는 자신의 토착적이고 고유한 문화를 창조하도록 자극했다.[5]

월스트리트의 투기꾼마저 옹호한 에머슨

19세기 이전 미국인들이 생활에서 진실을 이해하는 방법은 크게 보아 '성경의 계시', '개인의 직접적인 영감에 대한 믿음', '계몽사상의 경험주의' 등 세 가지였다. 두 번째, 즉 '개인의 직접적인 영감에 대한 믿음'은 사상적 체계를 갖춰 나가면서 초월주의Transcendentalism로 불렸다. 초절주의超絕主義로 번역하기도 한다. 낭만주의 운동의 영향을 받은 초월주의는 문학과 종교의 두 가지 주요 형태로 나타났는데, 구체적으론 에세이와 설교였다. 에세이 형태를 완성시킨 사람이 바로 에머슨이다. 에세이는 세속인의 설교였다. 그의 에세이 중 많은 것이 실제로 강의에서 구두 전달을 위해 작성된 것이었다.[6]

유니테리언교의 목사였던 에머슨은 1832년에 목사직을 그만 두고 저술 교육 강연에 몰두했는데, 초월주의 철학은 매사추세츠주의 콩코드Concord에서 그가 이끄는 소규모 지식인 집단에서 탄생했다. 그는 1836년 『자연Nature』에서 개인은 자기완성을 위해 자연세계와의 영적인 교류를 위해 노력해야 한다고 역설했다. 그는 이 해에 '초월주의자 모임Transcendental Club'을 창설하고 『다이얼The Dial』(1840~1844)지를 창간했다.

인간에 대한 예찬에 기반을 둔 초월주의는 민주적 충동과 밀접하게 관련되어 있었다. 낭만적 개인주의 철학에 투철했던 에머슨은 민주주의를 설교하면서도 사실상 몰개성적 관습과 이에 대한 순응을 요구하는 사회에 분개하면서 "일관성이란 옹졸한 마음들을 모아놓은 도깨비다"고 단언했다. 또 그는 사회가 "각각의 주주들이 더 확실하게 빵을 확보하는 것에 동의하여 먹는 사람의 자유와 문화를 포기하는 주식회사"라고 주장했다. 일관된 관습과 신념을 가지라는 요구는 과거를 이용해 현재에 독재를 행사하는 방법에 불과하다는 것이다. 자립이 유일한 대안이며 "자립하는 사람은 누구든지 비순응주의자이어야 한다"는 게 그의 메시지였다.[7]

그러나 그런 에머슨도 당대를 풍미했던 신분주의와 인종차별주의에서는 자유롭지 못했다. 그는 교육 프로그램을 시작하면서 "민중이 우리

멱살을 잡지 않도록 민중을 교육시켜야 한다"고 말했다. 그가 1824년에 쓴 다음과 같은 글은 더욱 실망스럽다.

"가까이 가서 보면 볼수록 그 멍청한 나라에 점점 더 진절머리가 난다. 중화제국은 세계에서 가장 추악한 특징을 3, 4천년에 걸쳐서 미세한 점에 이르기까지 그대로 유지해왔으므로, 실로 미라와 같다고 할 수 있을 것이다. 처참한 아프리카에서조차 나무를 베고 물을 길어 올려(구약성서 여호수아기 9~21), 문명에 봉사했다고 할 수 있다. 그런데 중국은 어떤가. 그런 우둔함은 차라리 존경스러울 지경이며, 그런 백치 같은 모습은 오히려 거룩하기까지 하다. 다른 나라 앞에서 중국이 주장할 수 있는 것은 단 하나 '우리는 차茶를 만들었다'는 것뿐이다."[8]

자기완성을 위한 에머슨의 메시지는 엉뚱하게도 기업 경영에서 적극 활용되었다. 사실 에머슨은 자기완성의 차원을 넘어 전무후무前無後無할 정도로 돈과 비즈니스를 예찬하는 명언(?)을 많이 남겼으니, 기업들이 그걸 외면하긴 어려웠으리라. 그는 1840년대와 1850년대에 비즈니스계에서 가장 잘 나가는 연사였다. 그는 성공을 꿈꾸는 사업가들과 지망생들에게 "인간은 부자가 되기 위해 태어났다"고 했으며, "투자가의 투기적 천재성은 세계를 얻으려는 광적인 소수의 특권"이라며 당시 비난의 대상이 되었던 월스트리트 투기꾼마저 옹호했다.

기업의 비대화가 초래할 수 있는 부작용에 대해서도 에머슨은 경쟁의 원리를 믿었다. 그는 "자본가는 자기처럼 욕심이 많은 다른 사람을 만나고, 그로부터 도전을 받게 될 것이며 이러한 반작용에 의해 균형이 유지될 것"이라고 낙관했다. 에머슨의 주장은 1860년대까지도 맞아 떨어지는 듯했다. 1865년경 어떤 기업도 단 한 분야를 지배하지 못했으니 말

• 돈과 비즈니스를 예찬했던 에머슨은 월스트리트의 투기꾼마저 옹호했다.

이다. 그러나 1904년에 이르러 한두 개의 대기업이 78개의 산업 분야 중 적어도 절반 이상을 지배하기에 이르렀다.[9]

지적 독립선언의 강력한 실현 수단은 역시 문학이었다. 1851년에 출간된 허먼 멜빌Herman Melville, 1819~1891의 『모비 딕Moby Dick』은 19세기 미국인의 거칠고 개인주의적이며 성취 지향적인 문화를 비유한 작품이다. 그는 한 해 전에 출간한 『하얀 재킷White Jacket』(1850)에선 미국인을 다음과 같이 찬양했다.

"우리 미국인들은 선택받은 특별한 사람들이다. 현 시대의 이스라엘과 같다.……신이 모든 것을 예정해 놓으셨다. 인류는 우리에게 많은 것을 기대하며 위대한 정신을 보여주길 바란다. 우리는 세계의 개척자다. 진보를 추구하며, 개척되지 않은 거친 세상 속으로 보내졌다. 우리의 신세계에 새로운 길을 만들기 위해서다. 우리는 스스로에 대해 오랜 세월 회의적이었고 정치적 메시아가 정말로 왔었는지 의구심을 품어왔다. 그러나 그는 이미 우리 안에 들어와 함께 계셨다."[10]

미국·미국인 예찬은 지적 종속의 산물

미국인 찬양에 관한 한, 월트 휘트먼Walt Whitman, 1819~1892은 멜빌을 뺨친다. 1855년에 출간된 그의 첫 번째 시집인 『풀잎Leaves of Grass』의 출발은 순탄치 않았다. 이 시집은 사상이나 문체에서 혹독한 공격을 받았다. 비평가들은 "돼지가 수학이 무언지 전혀 알지 못하듯이 휘트먼은 예술을 전혀 알지 못하는 범죄적인 괴물이다"고 비난했다. 그러나 에머슨은 휘트먼에게 칭찬의 편지를 보냈다. 이에 고무된 휘트먼은 허락도 받지 않고 그 편지를 자기선전에 이용했지만, 『풀잎』은 팔리지 않아 휘트먼은 본업인 저널리즘으로 되돌아갔으며, 정치적으론 앤드루 잭슨 대통령을 추종했다. 그는 남북전쟁 시기에 야전병원에서 남자 간호원으로 일했으며, 자신이 존경하던 링컨 대통령이 암살당하자 「마지막 라일락이 앞뜰에 필 때」(1865)라는 시를 바치기도 했다.

휘트먼은 『풀잎』의 초두에서 "나는 내 자신을 노래한다, 단순히 개별적인 인간을, 그러면서도 민주주의라는 말을, 집단적이라는 말을 쓴다"고 했다. 훗날 두고두고 논쟁의 대상이 되는 미국 개인주의와 순응주의의 모순을 묘사한 걸까? 휘트먼의 시는 에머슨의 사상을 그대로 옮긴 듯 유사하다. 당시로서는 혁명적으로 휘트먼은 '자아self'를 노래했다. 자아가 우주의 중심이며 우주의 전체고 나의 자아는 당신의 자아와 대등하

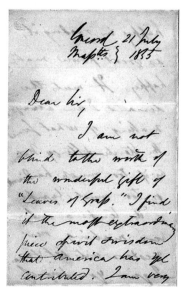

• 에머슨이 휘트먼에게 보낸 칭찬의 편지.

고 당신의 자아도 나의 자아만큼 훌륭하다는 것이다.[11]

휘트먼은 자아의 이름으로 미국인의 물질주의를 옹호했다. 그는 미국의 '극도의 사업적 에너지'와 '거의 광적인 부에 대한 갈망'은 단지 '거대한 혁명적인' 활력의 일부에 불과하다고 주장했다. 부자가 되기 위한 치열한 노력은 단지 영광스러운 운명을 실현하기 위한 열망이 변형되어 나타난 것이라는 논리다.[12] 글쎄 그런 식으로 말하자면, 이 세상에 '영광스러운 운명을 실현하기 위한 열망이 변형되어 나타난 것'이 아닌 게 무엇이 있을지 모르겠다.

미국인들의 선민의식을 역설하고 부추긴 지식인들은 그 밖에도 무수히 많다. 반미주의자들은 그게 바로 미국의 제국주의적 속성이라고 공격하지만, 친미주의자들은 바로 그게 미국의 위대한 저력이라고 보는 경향이 있다. 뭐 그렇게 이분법으로만 볼 일은 아닌 것 같다. 미국을 비판하고 공격하는 미국 지식인들도 소수나마 있으니, 그 어느 중간쯤에 미국·미국인의 참 얼굴이 있으리라.

에머슨이 미국의 지적 독립선언을 한 건 1837년이었지만, 미국 대학들이 유럽에서 독립을 하는 데엔 반세기 이상이 걸려야 했다. 최초의 미국 박사학위가 수여된 건 1861년으로 예일대학에서 이루어졌으며, 유럽행 유학의 물결은 이후로도 한동안 계속되었다.[13] 역사가 대니얼 부어스틴Daniel Boorstin, 1914~2004이 잘 지적했듯이, "1880년대에 미국의 야심 찬 젊은 역사가들과 정치학자들은 독일에 공부하려고 몰려갔다. 돌아올 때 그들은 박사학위를 가지고 왔다. 박사학위야말로 그들의 신분을 확인해주는 증명서가 되었고 또한 미국 대학원 교육의 기본적인 기준이 되었다."[14]

사정이 그와 같았던바, 1830~1850년대에 이루어진 미국인의 미국·미국인 예찬은 "유럽이라는 회충을 몰아내자!"는 극단적인 표현을 써야 할 정도로 미국의 지적 종속이 심했던 시절의 산물로 이해할 수 있겠다. 20세기에 들어서 미국 대학은 유럽에서 독립을 쟁취하는 건 물론 세계 지식계의 패권마저 장악하게 된다. 그래서 미국인들은 세계 도처에서 "미국이라는 회충을 몰아내자!"와 같은 식의 반미 구호를 듣게 되는데, 과거를 돌이켜 보면서 역지사지易地思之를 해보자면, 미국으로선 오히려 기뻐해야 할 일이 아닐까?

텍사스 탈취는 미국의 '명백한 운명'이었나?

미국—멕시코 전쟁

알라모 전투와 텍사스 미국인들의 복수

미국은 오래전부터 멕시코가 소유한 텍사스 땅에 눈독을 들여왔다. 제6대 대통령 존 퀸시 애덤스John Quincy Adams, 1767~1848와 제7대 대통령 앤드루 잭슨Andrew Jackson, 1767~1845은 멕시코에 텍사스 매입을 제의했으나 거절당했다. 거절했으면 끝까지 미국인들이 텍사스에 발을 붙이지 못하도록 할 일이지, 멕시코는 미국인들의 이주는 허용하고 장려하는 어리석은 정책을 폈다. 이게 결국은 텍사스를 미국에 빼앗기는 근본 원인이 될 줄 누가 알았으랴.

1821년 미국인들은 멕시코 당국의 초청을 받아 오늘날 '텍사스 개척의 아버지'로 불리는 스티븐 오스틴Stephen Austin, 1793~1836의 주도 아래 텍사스에 정착했다. 첫 이주 때엔 300여 가족이었지만, 1830년엔 텍사스 목화 재배지에 미국 백인 2만 명 이상, 노예 2,000명이 살게 되었다. 곧 텍사스 내에서 미국인의 수는 멕시코인의 수를 앞질렀다. 1834년 오스틴은 멕시코 당국에 텍사스를 멕시코에서 분리해달라고 요청했다가 체포되어 구금당했다.

멕시코를 재정복하려는 스페인의 시도(1829년)를 잘 막아낸 바 있는 멕시코 대통령 산타안나Santa Anna, 1794~1876는 텍사스를 포함한 멕시코 전체 영토를 포괄하는 헌법을 공포했다. 그러나 텍사스의 미국인들은 멕시코에서 탈퇴하기로 결정하고 1836년 3월 1일 텍사스는 '자유롭고 독립된' 공화국이라면서 독립을 선언했다.

이에 산타안나는 병력 6,000여 명을 동원해 텍사스의 미국인들을 응징하러 나섰다. 멕시코 병력 3,000명이 샌안토니오로 접근하고 있을 때, 그곳에는 윌리엄 트래비스William B. Travis, 1809~1836 대령의 지휘 아래 미국인 187명이 계속 저항하고 있었다. 미국 수비병들은 알라모Alamo라는 성당의 담을 등지고 방어 태세를 갖추었다.

이 소수의 병력은 지금은 전설의 장소가 된 알라모에서 산타안나 대군을 맞아 열흘을 버티며 멕시코군에 엄청난 타격을 입혔지만, 3월 6일 거의 몰살당하고 말았다. 미군 병사들의 시체는 모두 기름에 적셔서 불태워졌다. 전사자 중에는 변경 개척자로 유명한 데이비드 크로켓David Crockett, 1786~1836도 포함되어 있었다. 생존자는 단 3명. 미군 병사의 아내인 수잔나 디킨슨과 15개월 된 그녀의 아기, 트래비스의 노예 조였다.

텍사스 미국인들의 복수가 시작되었다. 그들은 "텍사스 독립 운동에 참여하면 승리 후 텍사스 땅을 주겠다"고 선전 공세를 폈고, 이에 따라 뉴욕, 조지아, 플로리다, 미시시피 등 전역에서 미국인들이 몰려들었

● 텍사스 미국인들은 알라모 전투에서 패배하자 대대적인 복수에 나섰다.

다. 1836년 4월 21일 양군은 마침내 산 하신토San Jacinto에서 대결했다. 수적으로 크게 밀리는 텍사스군은 "알라모를 기억하라!Remember the Alamo!"는 전쟁 구호를 외치며 낮잠을 즐기고 있던 멕시코군을 급습했다. 18분간의 전투 끝에 멕시코군은 수백 명이 사망한 반면 텍사스군의 사망자는 9명에 불과했다. 멕시코군 수백 명이 포로가 되었는데, 이 중엔 대통령 산타안나도 있었다. 살아남은 멕시코군은 리오그란데 강 너머로 퇴각했다.

텍사스군 사령관 샘 휴스턴Sam Houston, 1793~1863은 산타안나에게 텍사스의 독립을 약속하면 풀어주겠다고 제안했다. 휴스턴은 이 제안을 받아들인 산타안나를 워싱턴으로 보냈고, 앤드루 잭슨 대통령은 텍사스 독립을 약속받은 후 그를 멕시코로 돌려보냈다. 5월 14일 체결된 벨라스코Velasco 조약으로 이제 텍사스는 독립 공화국이 되었다. 텍사스인들은 곧 바로 자신들의 헌법을 제정하고, 산 하신토 전투 이후 괴저壞疽로 죽어가고 있던 휴스턴을 새로운 공화국의 대통령으로 선출했다.

독립 직후 텍사스 공화국은 미국에 병합을 신청했지만, 받아들여지지 않았다. 텍사스인들은 미합중국에 합병되고자 하는 그들의 갈망을 표시하기 위해 텍사스 깃발에 큰 별 하나를 그려넣었다. 오늘날에도 텍사스를 론스타공화국Lone Star Republic으로 부르는 이유가 바로 여기에 있다.

잭슨은 대통령 재임 마지막 날에야 비로소 텍사스의 독립을 인정했지만 병합은 여전히 외면했다. 무엇보다도 텍사스 편입으로 인해 초미의 중대사인 노예 문제에 기름을 붓게 되는 걸 두려워했기 때문이다. 미주리 협정 이후 노예주 아칸소와 자유주 미시간이 25번째와 26번째 주로 각각 편입되었는데, 노예제를 채택한 텍사스 편입은 그런 균형을 깨는 걸 의미했다.[1]

"멕시코가 아니면 죽음을"

텍사스 문제가 주요 이슈 중의 하나로 제기된 1836년 대선에서 잭슨의 후계자인 마틴 밴 뷰런Martin Van Buren, 1782~1862은 선거인단 294표 중 170표를 얻어 승리함으로써 제8대 대통령이 되었다. 밴 뷰런은 1782년 12월 5일생으로 미국 시민으로 태어난 최초의 미국 대통령이었다. 밴 뷰런은 물론 그의 후임 대통령들도 텍사스 병합을 망설였지만, 1844년 대선에서 텍사스 병합을 외치는 호전주의로 대통령에 당선된 이가 나타났으니, 그가 바로 제11대 대통령 제임스 포크James K. Polk, 1795~1849다.

당시 텍사스는 공화국으로 독립하면서 멕시코와의 국경선을 놓고 갈등을 벌이고 있었다. 멕시코는 뉴세스 강Nueces River을 국경선으로 주장한 반면, 텍사스는 그보다 약 16킬로미터 아래에 있는 리오그란데 강Rio Grande River을 국경선으로 주장했다.

1845년 5월 포크는 텍사스를 아예 미국 땅으로 간주하면서 멕시코인들의 '침입'에 대비해 아직 확정도 안 된 국경을 보호한다는 구실로 병력 1,500여 명과 함께 재커리 테일러Zachary Taylor, 1784~1850 장군을 텍사스에 파견했다. 케네스 데이비스Kenneth C. Davis는 "텍사스 병합은 19세기판 로또 열풍처럼 당시 미국 전역을 휩쓸고 있던 대대적인 광란의 한 징후였다"며 "1845년에는 이 열병에 명백한 운명manifest destiny이라는 이름이 붙었다"고 말한다.[2]

'명백한 운명'이라는 이름의 저작권자는 남부 민주당의 기관지로 영토 확장론을 옹호한 잡지 『유나이티드 스테이츠 매거진 앤드 데모크라틱 리뷰』의 편집자 존 오설리반John L. O'Sullivan, 1813~1895이다. 그는 이 잡지 1845년 7·8월호에 "해마다 증가하는 우리 수백만 미국인들이 자유롭게 뻗어나갈 수 있도록, 하나님께서 할당해주신 대륙을 온통 뒤덮기 위한 명백한 운명을 이행하자"는 내용의 기사를 썼다. 그는 다음과 같이 주장했다. "우리는 인류의 진보를 추구하는 민족이다. 누가 그리고 무엇이 우리의 전진을 막을 수 있단 말인가?"[3]

멕시코 국경에 파견된 미군 병력은 3,500명으로 늘었다. 포크는 특별 외교 사절로 존 슬라이델John Slidell, 1793~1871을 멕시코로 보내 텍사스 구매 의사를 전했다. 멕시코의 거절 의사를 듣자마자 포크는 1월 13일 멕시코를 자극하기 위해 테일러에게 리오그란데 강으로 이동할 것을 명령했다. 멕시코인들은 전쟁의 빌미를 주지 않기 위해 미군의 도발에도 불구하고 몇 달 동안 싸우기를 거부했지만, 그건 사실상 불가능한 일이었다. 어느 날 미군 병사 한 명이 죽은 채로 발견되고 4월 25일 멕시코군 일부가 미국 경비대를 공격하는 일이 벌어지자 포크는 기다렸다는 듯이 "미국의 영토에서 피를 흘렸다"고 말하고는 전쟁을 선포했다.

전쟁에 찬성하는 민주당이 다수를 점하고 있던 상하 양원은 휘그당의 반대 의견이 거의 없는 가운데 5만 명 추가 파병 결의안을 의회에서 가결했다. 대부분의 미국인은 전쟁에 환호했다. 그들은 전쟁을 지지하는 집회를 열었고 수천 명씩 군에 자원입대했다. 뉴욕 집회의 한 플래카드 엔 "멕시코가 아니면 죽음을"이라고 쓰여 있었다. 일리노이주에는 4개 연대 규모가 할당되었지만 무려 14개 연대 규모의 지원병이 몰려들어 나머지는 설득해서 돌려보내야만 할 정도로 전쟁 열기는 뜨거웠다. 시인 월트 휘트먼Walt Whitman, 1819~1892은 신문에 기고한 글에서 "미국은 팽창하는 방법뿐만 아니라 박살내는 방법도 잘 알고 있다"고 말했다.[4]

1846년 5월 3일 첫 번째 전투인 팔로 알토 전투에서 미군 2,300명은 두 배에 달하는 멕시코군을 격파했다. 뒤이은 레사카 데 라 팔마 전투에서는 미군 1,700명이 멕시코군 7,500명을 격파했다. 그 과정에서 테일러 장군은 국민 영웅으로 떠올랐다. 포크는 멕시코 항구들에 대해 봉쇄령을 내렸다. 6월 14일 멕시코 소유의 캘리포니아에 사는 미국인들은 독립을 선언하고 그해 8월 캘리포니아는 미국에 병합되었다.

바로 이 해에 미국은 영국에서 오리건주를 매입했다. 이때에 미국은 멕시코전쟁, 영국은 아일랜드 분쟁에 몰두하느라 정신이 없어 오리건 조약을 통해 문제를 일단락 지은 것이다. 조약에 따라 미국은 현재의 북위

* 상하 양원에서 파병 결의안이 통과되자, 전쟁을 지지하는 집회가 열리고 수천 명이 군대에 자원입대했다.
1846년 레사카 데 라 팔마 전투의 한 장면.

49도선으로 오리건의 경계를 보장받았으며, 영국은 인근의 컬럼비아 강 운항권을 보장받았다.[5]

1847년 2월 22~23일 부에나비스타 전투에서 테일러는 신병 4,800명으로 멕시코의 농민군 1만 5,000명을 격파했다. 3월 9~29일 베라크루스 전투에선 3주에 걸친 포격으로 그곳을 함락했다. 9월 14일 미군 총지휘관 윈필드 스콧Winfield Scott, 1786~1866 장군이 이끄는 해병대 1만 2,000명은 멕시코의 베라크루스 항에 상륙해 수도 멕시코시티를 점령했다. 지금도 라틴아메리카에서 미국인들을 경멸하는 뜻으로 쓰이는 '그링고Gringo'라는 단어는 베라크루스 항에 상륙한 "'녹색Green' 복장의 미 해병대여 '꺼져라go'"는 말에서 유래한 것이다.[6]

"하나님께 감사드리자"

멕시코시티로 진격할 때 스콧 장군 휘하의 11개 연대 중 7개 연대가 사라졌다. 지원병들의 복무 기간이 끝났기 때문이었는데, 이들의 지원 동기는 애국愛國 때문만은 아니었다. 지원병의 절반은 아일랜드와 독일에서 갓 들어온 이민자들이었는데, 이들에겐 돈과 약 41만 제곱미터의 토지를 준다는 약속이 우선이었다. 이 전쟁에서 미군 병사 9,000명 이상이 탈영을 한 것도 바로 그런 이유 때문이었다.[7] 그러나 당시 신문들에 따르면 멕시코전쟁은 거룩한 '성전聖戰'이었다. 예컨대, 『뉴욕 선』 1847년 10월 22일자 사설은 다음과 같이 주장했다.

"멕시코인들은 정복당하는 데 철저히 익숙해져 있다. 우리가 가르쳐줄 유일한 새로운 교훈은 만약 그들이 우리의 출현으로 이익을 얻게 된다는 것을 제대로 안다면 우리의 승리가 피정복자에게 자유와 안녕과 번영을 안겨줄 것이라는 점이다. 우리의 사명은 그들을 노예화시키고 사태를 더욱 악화시키는 것이 아니라, 그들을 해방시키고 그들을 더욱 고귀하게 만드는 것이다."[8]

이 전쟁으로 미국 측은 1,700여 명이 전사, 1만 1,000여 명은 병사했으며, 멕시코군 사상자는 5만여 명에 이르렀다. 전쟁의 마무리 작업으로 1848년 2월 2일 멕시코시티 근처에서 과달루페 이달고 조약Treaty of Guadalupe Hidalgo이 체결되었고, 3월 상원의 인준을 받았다. 이 조약의 결과 멕시코는 전 국토의 절반이 넘는 240만 제곱킬로미터를 잃었다. 텍사스는 물론 장래의 캘리포니아주, 네바다주, 유타주, 뉴멕시코와 애리조나의 대부분, 와이오밍과 콜로라도 일부가 이에 포함된다. 리오그란데 강

● 미국군이 멕시코시티에 입성하는 장면. 미국은 과달루페 이달고 조약을 통해 멕시코 영토의 절반을 손에 넣었다.

이 멕시코와 미국의 새로운 국경선이 되었다.

땅을 강제로 빼앗은 것이 아니라 돈을 주고 구입한 것이라고 내세울 수 있는 명분을 위해 미국은 멕시코에 1,500만 달러를 지불했다. 이에 장단 맞추듯 미국의 한 신문은 "우리가 정복해서 강제로 빼앗은 것은 전혀 없다"며 "하나님께 감사드리자"고 했다.[9] 물론 오늘날에도 미국인들은 그 땅을 돈을 주고 샀다고 굳게 믿고 있다.

이후 '명백한 운명'은 팽창주의자들의 거룩한 슬로건이 되었다. 케네스 데이비스는 "종교적 사명처럼 들리고 아주 교묘한 비전을 내포하고 있는 이 문구는, 다른 저널리스트들과 정치인들에게 신속히 전파되었다"며 다음과 같이 말한다.

"명백한 운명을 말한 가장 큰 동기는 역시 대서양에서 태평양까지 전 대륙을 지배하고자 하는 미국인들의 망상에 가까운 욕심, 즉 탐욕이었다. 미국인들이 세대를 이어오며 문명의 저변을 점차 넓혀왔듯이, 이 욕심도 겉으로는 열렬한 종교적 구도의 모습을 띠고 있었다. 수많은 사람들이 서부로 옮겨갔고, 이들의 급속한 이동은 저 유명한 서부 개척로의 발달로 더욱 촉진되었다."[10]

미국인들의 '명백한 운명'은 다른 나라 사람들의 경계와 조롱의 대상이 되고 있지만, 역사가 대니얼 부어스틴Daniel Boorstin, 1914~2004은 미국인들이 명백한 운명을 믿을 수밖에 없었던 불가피성을 역설한다. 그는 "대륙에 펼쳐진 거대한 나라에서 예상치 못했던 보물들이 쏟아져나오고, 세대마다 놀라운 새로운 자원을 파헤쳐냄에 따라, 이 나라는 '황금의 땅'이라고 생각하는 신화가 미국인들 사이에서 만들어질 것은 당연하였다"며 다음과 같이 말한다.

"이러한 신화는 아마 과장이 되었을는지는 모른다. 그러나 그것은 거짓말은 아니었다. 그러한 신화는 더욱더 많은 정착민을 끌어들였다. 그러한 풍부한 자원을 신세계의 국민에게 준 신이라면 당연히 그 신은 그 국민에게 어떤 특수한 사명을 분명히, 부여하였으리라고 미국인들이 믿게 되는 것은 아주 당연하다. 이처럼 한때 숨겨졌던 자원들은 모두 미국인들이 '명백한' 어떤 운명을 가지고 있다는 것을 믿도록 하는 데 어느 정도 기여하였다. 그들의 운명은 분명하고 뚜렷했으며, 독립선언서에 열거한 권리들처럼 '자명한' 것이기까지 하였다. 한 걸음 더 나아가 미국인들은 인류 전체를 위해서 신세계에 아직도 숨겨져 있는 약속들을 발견할 의무도 가지고 있다고 믿는다."[11]

그렇다면, 미국의 가장 큰 문제는 미국이 너무 큰 성공을 했다는 데에 있는 것 같다. 똑같은 일을 해도 다른 나라가 아닌 미국이 하게 되면 다른 의미를 갖기 마련이다. 그게 바로 힘의 원리다. 이에 대한 깨달음과 그에 따른 역지사지易地思之의 결여가 미국인들의 가장 큰 약점이다. 인간의 일을 신의 뜻으로만 돌리려 드니, 다른 나라 사람들과의 소통이 매끄러울 수 있겠는가.

"선생님은 왜 감옥 밖에 계십니까?"
헨리 데이비드 소로와 프레더릭 더글러스

소로의 '시민의 불복종'

미국-멕시코 전쟁은 많은 미국인에게 '명백한 운명'으로 여겨졌지만, 극소수나마 이 전쟁에 공개적으로 반대한 사람들도 있었다. 대표적 인물이 헨리 데이비드 소로Henry David Thoreau, 1817~1862다. 매사추세츠주의 콩코드에서 태어난 그는 하버드대학을 졸업했으나 부와 명성을 좇는 화려한 생활을 따르지 않고 고향으로 돌아와 자연 속에서 글을 쓰는 초월주의자였다.

　　1846년 소로는 노예제도와 멕시코전쟁에 반대하는 의미로 인두세 납부를 거부해 감옥에 갇혔다가 친척 아주머니가 벌금을 대신 내준 덕분에 다음 날 풀려났다. 그가 감옥에 갇혔다는 소식을 듣고 시인 랠프 월도 에머슨Ralph Waldo Emerson, 1803~1882이 찾아왔다. 소로는 에머슨을 스승처럼

176

모셨고, 실제 에머슨에게서 많은 정신적 영향을 받았으며, 그를 도와 잡지 편집을 한 적도 있었다. 면회 온 에머슨이 물었다. "너는 왜 감옥에 있느냐?" 그의 답변이 걸작이다. "선생님은 왜 감옥 밖에 계십니까?"[1]

소로는 그때의 경험을 바탕으로 '시민 정부에 대한 저항Resistance to Civil Government'이라는 제목의 강연을 했다. 이는 『미학』지에 실렸다가 1849년 『콩코드 강과 메리맥 강에서의 일주일A Week on the Concord and Merrimack Rivers』이라는 책으로 출간되었다. 이 책은 나중에 『시민의 불복종Civil Disobedience』이라는 새로운 제목으로 널리 알려지게 되었다. 소로는 이 글을 다음과 같이 시작하고 있다.

"나는 '가장 좋은 정부는 가장 적게 다스리는 정부'라는 표어를 진심으로 받아들이며 그것이 하루 빨리 조직적으로 실현되기를 바라 마지않는다. 이 말은 결국 '가장 좋은 정부는 전혀 다스리지 않는 정부'라는 데까지 가게 되는데 나는 이 말 또한 믿는다. 사람들이 준비가 되었을 때 그들이 갖게 될 정부는 바로 그런 종류의 정부일 것이다. 정부는 기껏해야 하나의 편법에 지나지 않는다. 그러나 대부분의 정부가 거의 언제나 불편한 존재이고, 모든 정부가 때로는 불편한 존재이다."[2]

소로는 무정부주의자인가? 소로는 그리 생각하는 사람들이 있을 걸 예상했는지 "나는 무정부주의자라고 자처하는 사람들과는 달리 지금 당장 정부를 폐지할 것을 요구하는 것이 아니다. 나는 지금 당장, 보다 나은 정부를 요구하고 있을 뿐이다"며 다음과 같이 말한다.

"각 사람들은 자신의 존경을 받을 만한 정부가 어떤 것인지를 분명히 밝혀야 한다. 바로 그것이 보다 나은 정부를 얻을 수 있는 길로 한 걸음 더 나아가는 것이다. 권력이 일단 국민의 손에 들어왔을 때 다수의 지

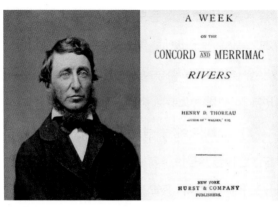

● 헨리 데이비드 소로와 그의 저서 『콩코드 강과 메리맥 강에서의 일주일』.

배가 허용이 되고 오랜 기간 동안 지속되는 실제적인 이유는 그들이 옳을 가능성이 가장 크거나 그것이 소수자들에게 가장 공정한 것처럼 보이기 때문이 아니라 단지 그들이 가장 힘이 세기 때문이다. 그러나 사사건건 다수가 지배하고 있는 정부는 정의(사람들이 이해할 수 있는 한도 내의 정의일지라도)에 입각한 정부라고 할 수는 없다. 옳고 그름을 실질적으로 결정하는 것이 다수가 아니라 양심인 그런 정부는 있을 수 없는가?"[3]

소로는 '다수결 만능주의'에 단호히 반대한다. 다수라고 해서 불의不義를 정의正義로 바꿀 수도 없고 그래서도 안 된다. 물론 그 반대도 마찬가지다. 그래서 그는 '한 사람으로서의 다수majority of one'라는 개념까지 제시하면서 정의正義가 지배하는 사회를 역설한다.

"나는 서슴없이 말한다. 노예제도 폐지론자로 자처하는 사람들은 몸으로나 재산으로나 매사추세츠주 정부를 지원하는 일을 지금 당장 중지하여야 한다고. 그리고 정의가 자신들을 통해 승리하도록 노력하지 않고, 한 표 앞선 다수가 될 때까지 기다려서는 안 된다고. 만약 그들이 하느님을 자기편으로 두었다면 그것으로 충분하며, 다른 사람을 기다릴 필요는 없다고 나는 생각한다. 더욱이, 어떤 사람이든지 그가 자기 이웃들보다 더 의롭다면 그는 이미 '한 사람으로서의 다수'를 형성하고 있는 것이다."[4]

노예제도 폐지에 앞장선 프레더릭 더글러스

'한 사람으로서의 다수'는 단 한 사람이라도 도덕적으로 우위이면 그는 이미 다른 사람들을 이길 수 있다는 말로 19세기 미국의 지식인들 사이에 자주 사용되던 어구였다. 그렇지만 정의가 무엇인지 안다 하더라도 연약한 소시민으로선 주변을 살피지 않을 수 없을 것이다. 대세大勢에 역류해 정의를 주장하는 건 소시민의 본분을 벗어난, 미친 짓으로 간주되어온 게 동서고금의 법칙이었다. 소로는 그 법칙을 의심할 것을 제안한다.

"나는 이것만은 알고 있다. 즉, 이 매사추세츠주 안에서 천 사람이, 아니 백 사람이, 아니 내가 이름을 댈 수 있는 열 사람(열 사람의 정직한 사람)이, 아니 단 한 명의 정직한 사람이라도 노예 소유하기를 그만 두고 실지로 노예제도의 방조자의 입장에서 물러나며 그 때문에 형무소에 갇힌다면 미국에서 노예제도가 폐지되리라는 것을 말이다. 시작이 아무리 작은 듯이 보여도 그것은 문제가 되지 않는다. 왜냐하면 우리는 기껏해야 거기에 대해 토론만 하고 있을 뿐이다."[5]

소로는 그렇게 열변을 토하면서도 그게 쉽지 않은 일이라는 걸 스스로 절감하고 있는 듯이 보인다. 그는 그걸 모르지 않는다는 듯, 안간힘을 다해 다음과 같이 호소한다.

"당신의 온몸으로 투표하라. 단지 한 조각의 종이가 아니라 당신의 영향력 전부를 던지라. 소수가 무력한 것은 다수에게 다소곳이 순응하고 있을 때이다. 그때는 이미 소수라고 할 수도 없다. 그러나 소수가 전력을 다해 막을 때 거역할 수 없는 힘을 갖게 된다. 의로운 사람들을 모두 감옥에 잡아 가두든가, 아니면 전쟁과 노예제도를 포기하든가의 양자택일을 해야 한다면 주 정부는 어떤 길을 택할지 주저하지 않을 것이다."[6]

이 글은 한동안 독자들의 무관심 속에 방치되다가 19세기 말 러시아의 문호 톨스토이에게 발견되어 그의 정치사상에 큰 영향을 미쳤으며, 인도의 독립운동을 하고 있던 간디는 "나는 소로에게서 한 분의 스승을 발견했으며, '시민의 불복종'으로부터 내가 추진하는 운동의 이름을 땄다"고 말했다. 간디 이후에도 이 글이 실린 책은 세계의 수많은 저항 운동가들의 필독서가 되었다.

소로의 비폭력 불복종 사상은 일본 우치무라 간조內村鑑三의 절대반전운동과 무교회주의의 원천이 되었으며, 우치무라의 영향을 받은 한국의 함석헌과 김교신 등에 의해 한국에도 소개되었다. 퀘이커교도이기도 했던 함석헌은 "'시민의 불복종'을 일반인에게 소개하는 것이 가장 우선해야 할 일이었다. 소로는 역시 위대한 인물이다!"고 말했다.[7]

노예제도와 멕시코전쟁에 반대하는 '시민의 불복종'을 실천한 또 하나의 위대한 인물로 소로와 동갑내기인 프레더릭 더글러스Frederick Douglass, 1817~1895를 빼놓을 수 없다(더글러스가 노예 출신이라 출생연도가 불분명해 1818년 출생설도 있다). 그는 멕시코전쟁을 "수치스럽고 잔인하고 사악한 전쟁"이라며 유약하게 대응한 다른 전쟁 반대론자들마저 비판했

● 노예제도 폐지 운동을 전개했던 프레더릭 더글러스는 소로와 함께 '시민의 불복종'을 실천한 대표적 인물이다.

다. "노예를 소유한 우리 대통령이 멕시코전쟁을 수행하려는 결의와 그 전쟁에 필요한 인력과 돈을 국민으로부터 성공적으로 짜낼 수 있는 가능성은 그 어느 때보다 컸다. 대통령에 대한 반대가 너무 희미했기 때문이다.……어떤 위험이 닥치더라도 평화를 지키려는 사람은 아무도 없는 것 같다."[8]

이름도 모르는 백인 아버지와 노예 어머니 사이에서 태어난 더글러스는 메릴랜드에서 탈주한 노예였다. 그는 그가 섬긴 여러 주인 중의 한 사람인 어느 부인에게서 글을 배웠다. 그녀는 노예에게 글 읽는 법을 가르치는 것은 불법이고 위험하다는 말을 들었으면서도 개의치 않았다. 더글러스는 쓰는 법은 독학으로 익혔다. 그는 훗날 "노예에게 글을 가르치는 것은 위험하다는 말을 듣는 순간, 나는 노예에서 벗어나 자유로워질 수 있는 방법을 깨달았다"고 말했다.

더글러스는 글을 통해 자유와 인권을 알게 되었고 노예제도에 의문을 품었다. 농장의 주일학교에서 다른 노예에게 신약성경 읽는 법을 가르치자 소문을 듣고 매주 40명이 넘는 학생이 비밀리에 찾아왔다. 그러나 6개월 뒤 들통이 나고 말았고 여러 농장주가 합세해 이 모임을 완전히 없애버렸다. '문제 노예'로 찍힌 16세의 더글러스는 '노예 길들이는 사람'에게 보내져 매일 두들겨 맞다가 1838년 9월 3일 탈출해 기차를 타고 매사추세츠로 도주했다.

탈출에 성공한 더글러스는 여기저기 떠돌아다니다가 윌리엄 로이드 개리슨William Lloyd Garrison, 1805~1879이 창설한 노예제폐지협회에서 일을 시작했다. 연설에 탁월한 재능을 보인 그는 노예제 폐지 연설을 다니다가 1843년 돌과 몽둥이세례를 받고 부상당하기도 했다. 1845년 노예제 폐지협회는 그의 자서전『프레더릭 더글러스의 인생 이야기Narrative of the Life of Frederick Douglass』를 출간했다.[9] 책이 출간되고 강연자로 유명세를 타게 되면서 탈주자로 붙잡힐 위험성이 커지자 그는 영국으로 도피했다가 1847년 미국으로 돌아왔다. 그리고는 뉴욕 로체스터에서『노스 스타 North Star』의 창간을 시작으로 노예제 폐지 운동의 최선봉에서 활약했다.

"왜 정부는 현명한 소수를 소중히 여기지 않는가?"

더글러스와 개리슨은 노예제 폐지 운동에 대한 의견 차이 때문에 사이가 틀어졌다. 개리슨은 미국 헌법을 친노예제 문서로 보았고, 이에 따라 투표 거부와 연방 해체를 주장했다. 반면 더글러스는 헌법에 반노예제 요소가 있다고 보았다. 이런 차이와 갈등으로 인해 개리슨은 더글러스를 배신자로 비난했다.[10]

더글러스는 어느 연설에서 "자유가 좋다고 말하면서도 그것을 위한 운동을 비난하는 자는 밭도 갈지 않고 수확만을 바라는 자, 천둥 번개 없이 비가 내리기를 바라는 자, 폭풍우 없이 잠잠한 바다를 바라는 자와 같다"고 했다. "백인이 흑인의 비참함에 기대어 행복할 수는 없다"며 백인의 각성도 촉구했던 그는 1852년 독립기념일 연설에서 뉴욕 로체스터의 백인 청중을 향해 이런 질문을 던졌다.

"여러분의 7월 4일이 미국의 노예들에게는 어떤 의미일까요? 나는 이렇게 대답하겠습니다. 일 년 중의 다른 어떤 날보다도 7월 4일은 엄청난 불공평과 잔인성을 일깨우는 날이라고. 여러분의 기념일이 저들에게는 하나의 속임수일 뿐입니다. 여러분이 자랑하는 자유는 부정한 면허장이며, 국가의 위대함은 과장된 자만심, 자유와 평등의 외침은 공허한 비웃음입니다. 지금 이 시간, 지구상에서 미국인보다 더 폭력적이고 피에 물든 관습을 지닌 사람들은 없을 겁니다."[11]

더글러스는 남북전쟁 중에는 링컨 대통령의 조언자가 되어 북부군을 위해 흑인 신병을 모집하는 일을 맡아 보았다. 이때 흑인도 백인 병사와 동등한 급여를 받을 수 있도록 로비를 벌여 정부의 승인을 받아내기도 했다. 그는 남북전쟁 뒤에는 여러 차례 정부 관리를 지냈고 나중에는 아이티 대사를 지냈다. 훗날 더글러스는 흑인들의 영웅으로 존경을 누렸다. Douglas라는 성을 가진 흑인 젊은이들은 그런 존경의 표현으로 s를 하나 더 붙여 Douglass로 표기하는 게 유행이 되었다. 오늘날 그의 워싱턴 생가는 관광 명소가 되었다.

2008년 7월 4일 『워싱턴포스트』는 버락 오바마 민주당 대선 후보와 150여 년 전 더글러스의 독립기념일 연설을 비교 분석했다. 이 분석에 따르면, 더글러스는 미국 땅에 존재하는 수많은 흑인 노예를 언급하며 미국이 민주주의 실험에서 소외되었다는 점을 부각시킨 반면 오바마 후보는 미국이 조국이며 독립기념일을 함께 기뻐할 시간으로 규정했다.

참으로 격세지감隔世之感이다. 오바마는 그런 차이를 드라마틱하게 느끼게 만드는 상징이 되었다. 대통령으로서 어떤 업적을 남기든, 오바마는 대통령에 당선되었다는 그 자체만으로도 미국과 인류의 진보에 기여한 인물은 아닐까? 그러나 '시민의 불복종'에 관한 한 전혀 다른 평가도 가능할 것 같다. 소로와 더글러스의 계보를 잇는 전 중앙정보국CIA 직원 에드워드 스노든Edward J. Snowden, 1983~을 보는 시각 때문이다. 스노든은 2013년 6월 미국 국가안보국NSA이 안보라는 이름으로 사실상 지구상 모든 사람의, 모든 형태의 의사소통을 감시하는 개인정보 수집 비밀 프로그램인 프리즘Prism의 존재를 폭로해 망명 생활을 하고 있다.

오바마는 6년 전인 2007년 연방 상원의원 시절 조지 W. 부시 정부를 상대로 "반인권적인 행위를 한다고 미국의 안보가 강화되는 건 아니다"며 개인 통화 기록 수집 행위를 비판했지만, 이젠 "테러 위협 속에서 미국과 미국민의 안전을 지키기 위해선 어쩔 수가 없다"로 바뀌었다. 이렇게 달라진 그에게 언론들은 전임자인 부시 대통령과 다른 게 뭐냐며 '조지 W. 오바마'라는 불명예스러운 별명을 붙여주었지만, 오바마의 변명에 대한 『타임』 여론조사 결과(6월 11일 조사)는 48퍼센트 대 44퍼센트

• 부시 정부 시절 개인 통화 기록 수집 행위를 비판했던 오바마는 프리즘을 옹호해 '조지 W. 오바마'라는 불명예스러운 별명을 얻었다. 사진은 프리즘을 운영한 미국 국가안보국(NSA) 홈페이지.

로 찬성이 조금 더 많았다.[12]

미 의회의 대표적 강경 보수파인 공화당 상원의원 린지 그레이엄은 "지구 끝까지라도 쫓아가서 스노든을 붙잡아 죗값을 치르게 해야 한다"고 목소리를 높였고, 정보위원장인 민주당 상원의원 다이앤 파인스타인도 "이쯤 되면 반역이다. 반역죄로 엄히 다스려야 한다"고 했다. 반면 뉴스쿨대학 언론학 교수 더글러스 러시코프는 "테러로부터 안전하게 지켜주겠다는 미명 아래, 우리의 인간성마저 저당 잡히고 있음을 만천하에 폭로한 스노든은 우리 시대의 영웅이다"고 했다.[13]

노예제도와 멕시코전쟁 논란의 재판인가? 미국사는 오늘의 반역자가 내일의 영웅이 될 수 있다는 걸 무수히 많은 사례로 입증해왔건만, '시민의 불복종'에 대한 당대의 시각은 차갑기만 하다. 스노든은 지금 소로와 더글러스가 걸었던 '한 사람으로서의 다수'의 길을 걷고 있는 건지도 모르겠다. 미국인들, 아니 전 세계의 모든 사람이 소로의 다음과 같은 물음에 답해보는 건 어떨까?

"왜 정부는 현명한 소수를 소중히 여기지 않는가? 왜 정부는 상처도 입기 전에 야단법석을 떨며 막으려 드는가?……왜 정부는 항상 예수를 십자가에 매달며, 코페르니쿠스와 루터를 파문하고, 조지 워싱턴과 프랭클린을 '반역자'라 부르는가?"[14]

'경쟁' 아닌 '협동'으로 살 수 없는가?

'뉴하모니'에서 '솔트레이크시티'까지

자본주의 체제에서 경쟁 대신
협동을 꿈꾸었던 사람들

신자유주의의 무한경쟁에 지쳤기 때문일까? 최근 사회과학계에서 주목받고 있는 개념 중의 하나는 '협동' 또는 '협력'이다. 사회 전 분야에 걸쳐 나타나고 있는 이른바 '죄수의 딜레마prisoner's dilemma'에 대처하기 위한 다양한 해법이 모색되고 있는데, 이런 연구는 역사적 경험을 살펴볼 때에 더욱 풍요로워질 수 있을 것이다. 주류 문화로 떠오르지 못해서 그렇지, 협동을 사회 작동의 기본 문법으로 삼으려는 시도는 역사적으로 수없이 많이 이루어져 왔기 때문이다. 물론 수많은 시행착오와 더불어 일탈도 있었다.

협동과 관련해 가장 먼저 떠오르는 인물은 스코틀랜드의 산업가이자 박애주의자인 로버트 오언Robert Owen, 1771~1858이다. 18세에 방적 공장을 차린 오언은 영국에서 "경쟁이 자본주의 경제체제를 발전시킨다는 애덤 스미스의 말과 반대로 자본주의 체제는 협동을 통해 더 발전시킬 수 있다"는 신념을 펼치면서 노동조합을 만드는 데 주도적 역할을 했다. 많은 노동자가 그를 따랐는데, 그건 그의 무신앙에 근거한 과학적 합리주의 때문이었다.[1] 그는 더 넓은 공장을 건설하려 했지만 영국 정부는 허가를 해주지 않았다. 노동자를 위하는 그의 경영 방식에 위협을 느낀 경쟁자들의 압력 때문이었다.

오언은 1825년 1월 3일 배 한 척을 빌려 자신을 찾아온 노동자 800명과 함께 미국으로 건너갔다. 그는 인디애나주에 실험 공동체를 세우고 그 이름을 '뉴하모니New Harmony'라고 했다. 여의도 면적 크기의 40배가 되는 땅이었다. 그는 모든 사람이 완전히 평등하게 일하고 생활하는 '협동마을village of cooperation'을 세웠지만, 사기꾼들에게 당해 1828년 재산을 날린 채 영국으로 돌아가고 말았다. 이에 김용관은 다음과 같은 아쉬움을 토로한다.

"만약 그가 사기 당하지 않고 유토피아 건설의 꿈을 이루었다면 오늘날 세계는 어떻게 되었을까? 인류 역사상 가장 아쉬운 때는 1828년 오언이 배를 타고 미국에서 영국으로 귀환한 바로 그 순간일지도 모른다."[2]

오언은 영국에 돌아가 다시 노동운동에 몰두하지만, 이 역시 실패로 끝나고 말았다. 그는 말년엔 강신술주의Spiritualism에 심취하면서, 사유재산과 결혼 제도가 존재하는 한 "무지와 악행의 깊은 수렁에서 인간성을 끌어올리는 것은 실제로 헛된 노력이 될 것"이라는 비관적인 견해를 드러냈다.[3] 뉴하모니는 오언식 공동체로 20세기 후반까지 존속하지만 더

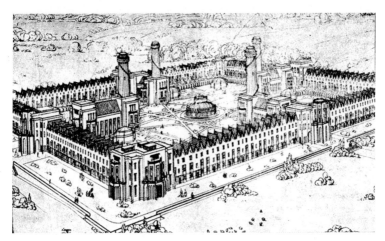

● 로버트 오언이 계획했던 인디애나주의 실험 공동체 '뉴하모니New Harmony'의 협동마을 구성도.

는 확산되진 못했다. 그의 구상은 훗날 이스라엘의 키부츠에서 그대로 실현된다.

오언의 실험은 실패했지만 이후로도 다양한 공동체 시도가 끊임없이 이루어졌다. 스코틀랜드 출신의 젊은 여성 패니 라이트Fanny Wright, 1795~1852도 그런 시도를 한 사람이다. 오언과 함께 신문을 창간하기도 했던 그녀는 1828년 대중강연을 시작했는데, 그녀는 남녀 혼성의 대규모 청중 앞에서 강연한 최초의 미국 여성이 되었다. 그녀는 '자유연애'와 인종 문제 해결의 방안으로 종족 간의 혼교混交를 주장했는데, 곧 그녀는 "뻔 뻔스러운 불경자이며 욕정에 빠진 방탕한 설교자"라는 비난을 받았다.

19세기 초반 미국에서는 셰이커교Shakers 같은 종교 단체들이 생겨나는 등 영적 재각성 운동이 활발하게 전개되었다. 셰이커교는 영국 여성 머더 앤 리Mother Ann Lee, 1736~1784가 1774년 뉴욕에서 창설한 신흥 종교로, 풍요로움과 물질적 번영을 거부하면서 출생으로 인한 고통과 위험, 영아 사망으로 인한 슬픔에서 여성을 구원하기 위해 독신을 주장했다. 남성들보다 2배 정도 더 많은 여성, 특히 20세에서 45세까지의 가임기 여성이 많이 참여했지만, 독신주의 교리 때문에 곧 쇠퇴하고 말았다.

지금까지도 소수의 추종자가 남아 있는 세이커 운동의 전성기는 19세기 중반이었다. 1840년대에 북동부와 북서부 지역에 걸쳐 20여 개 이상의 공동체가 건립되었다. 집회 구성원들이 큰 소리로 성가를 부르면서 죄를 털듯이 몸을 흔드는 일종의 춤에서 이름을 따온 세이커교는 남녀 간의 접촉을 엄격히 제한하고 남녀평등을 지지했다. 사실상 여성 우위의 공동체 운동이었다.

미국에 등장한 다양한 공동체 실험

독신주의와는 정반대로 난교亂交를 장려한 유토피아적 공동체 오나이더Oneida도 있었다. 1848년 존 노이스John Humphrey Noyes, 1811~1886에 의해 뉴욕주에 세워진 공동체다. 오나이더 '완전주의자들Perfectionists'은 가족과 결혼에 대한 전통적 개념을 거부하면서 모든 공동체 주민들은 모두 다른 주민들과 '결혼'한 것이며 영속적인 부부관계는 없다고 선언했다. 이렇듯 독신과 일부일처제를 비난했지만 그 대신 산아제한을 주장했다.

산아제한은 여성의 목적이며 남성의 의무였다. 특히 사정射精으로 끝나지 않는 긴 성교를 주장했으며, 남녀 모두 자신들의 성교 상대자를 선택할 수 있는 권리를 갖도록 하고 성교의 배타적 관계를 금지했다. 오나이더 공동체는 흔히 알려진 것처럼 무제한적인 '자유로운 사랑free love'

의 실험장은 아니었다. 공동체는 성행위를 세심히 감시했으며, 여성들은 원하지 않는 임신에서 보호되었다. 아이들은 자신의 부모는 거의 보지 못한 채 젖을 떼자마자 기숙사로 보내져 공동으로 양육되었다.[4]

1840년대엔 오언이 말년에 심취했던 강신술주의Spiritualism도 유행했다. 기본 교의는 살아 있는 사람과 죽은 사람의 영혼 사이에 의사소통이 실제로 가능하다는 것이었다. 이는 일반 대중 사이에 일시적으로 유행했으며 결국 이단 종교운동이 되었다.[5]

뉴잉글랜드 초월주의자들도 주거 공동체를 시도했는데, 그 대표적인 것이 브룩농장Brook Farm 운동이다. 보스턴 초월주의자인 조지 리플리George Ripley, 1802~1880의 꿈이었던 브룩농장은 1841년 매사추세츠의 웨스트록스베리West Roxbury에 실험적인 공동체로 세워졌다. 그러나 개인의 자유라는 이상과 공동체 사회의 요구 사이에 생기는 갈등 문제로 무너졌으며, 1847년의 화재로 완전히 끝나고 말았다. 초기 구성원 중의 한 사람이었던 작가 너새니얼 호손Nathaniel Hawthorne, 1804~1864은 나중에 브룩농장을 강하게 비판하는 등 공동체 실험에 대한 환멸감을 나타냈다.

18세기에 스위스 등 유럽에서 종교 박해를 피해 펜실베이니아로 건너온 메노나이트Mennonite파의 아미시Amish 공동체는 1860년대에 여러 분파가 생길 정도로 성장했다. 1693년 재세례파에서 파생된 아미시는 교회도 없이 신자 개인의 집에서 예배를 보며, 종교적인 이유로 세속적인 생활방식을 거부했다.

이들은 오늘날까지도 18세기의 검은 모자나 검은 양복을 입는 등 그 시절의 생활방식을 고수하고 있다. 이들은 병역기피, 아동의 취학 거부 등으로 정부와 마찰을 빚으면서 일정 부분 근대화하기도 했지만, 지금도 전기·전화·TV·자동차 등이 없는 생활을 하고 있다. 약 23만 명에 이르는 아미시 인구는 펜실베이니아의 랭커스터Lancaster에서부터, 오하이오, 인디애나, 캐나다 등에 이르기까지 여러 지역에 거주하고 있는데, 각 공동체별로 생활방식의 근대화 수준에서 차이가 있다.[6]

주거 공동체 실험에서 가장 괄목할 만한 성공을 거둔 종교 단체는 단연 말일성도예수그리스도교Church of Jesus Christ of Latter Day Saints, 즉 모르몬교Mormonism다. 모르몬교는 1823년 조지프 스미스Joseph Smith, 1805~1844라는 사람이 뉴욕에서 창설했다. 일종의 예언자인 이 사람은 모로니라는 천사에게서 황금판에 상형문자로 적힌 고대의 성구 『모르몬경The Book of Mormon』을 선물로 받았다고 주장했다. 1827년 인디언의 고분에서 발견한 황금판을 번역하다 보니 그것은 4세기경 아메리카의 예언자이며 역사가였던 모르몬이 쓴 것으로서 예수의 부활 이후 북아메리카를 방문한 두 이스라엘 민족의 지파에 대한 것임을 알게 되었다는 것이다.

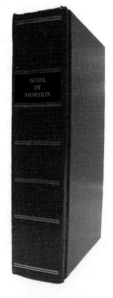

● 모르몬교의 창시자 조지프 스미스는 모로니라는 천사에게서 황금판에 상형문자로 적힌 고대의 성구 『모르몬경』을 선물로 받았다고 주장했다.

『모르몬경』의 주요 내용은 이렇다. 레이Lehi라고 하는 경건한 유대인이 신의 명령으로 기원전 6세기에 아메리카로 건너와 자손을 낳고 아메리카 인디언들과 함께 살았다. 그의 후손들은 예수 그리스도가 부활할 때 이스라엘로 건너가 이를 직접 목격했으며, 다시 아메리카로 돌아와 그리스도교의 교회를 세웠다. 모르몬교도들은 예수 그리스도가 재림해 '말일 성도' 모르몬교도들을 위해 이 땅에 낙원을 건설할 것이라고 주장한다.[7]

스미스는 1830년 3월 뉴욕의 팔미라Palmyra에서 『모르몬경The Book of Mormon』을 출판했다. 성령을 받아 상형문자를 자기가 해독해 번역했다고 한다. 그는 구원은 죄를 회개하는 모든 사람에게 약속되었다고 주장했고, 이미 죽은 사람들도 살아 있는 신도들의 중재로 구원받을지도 모른다는 독특한 교리를 내세웠다. 또한 모르몬교는 신도들에게 종교적 욕구뿐만 아니라 물질적·사회적 안전을 제공하는 책임을 떠맡는 방식을 취했다.[8]

1834년 스미스는 일부다처제를 요구했고 이에 대한 대중의 분개는 모르몬교 박해로 이어졌다. 게다가 다른 교리마저 이단 판정을 받아 모르몬교도들은 다른 기독교도들의 증오 대상이 된 가운데 이리저리 떠돌아다녀야만 했다. 원래 정착지였던 미주리주의 인디펜던스와 오하이오주의 커틀랜드Kirtland 등에서 쫓겨나 1839년 일리노이주의 나우부Nauvoo에 정착했는데, 이곳에서 1840년대 초 경제적으로 성공을 거둔 2만여 명의 공동체를 구축할 수 있었다.

다른 집단에 대한 배타성은 모든 공동체의 숙제인가?

1844년 스미스는 미국의 대통령 후보로 나설 만큼 자신감이 충만했으며, 미국 남서부에 외국의 도움을 받아 새 모르몬 식민지를 세우려는 계획마저 세웠다. 그러나 바로 그해에 스미스는 미국 정부에 대해 음모를 꾸몄다는 반란죄로 체포되어 나우부 근처의 카티지Carthage에 수감되었다. 분노한 군중이 감옥을 공격해 스미스와 그의 형 하이럼 스미스Hyrum Smith, 1800~1844를 살해했다.

지도자 없이 방황하게 된 모르몬교도들은 새로 나타난 강력한 지도자 브리검 영Brigham Young, 1801~1877의 지도 아래 재규합되었다. 이들은 박해를 받지 않기 위해 서부의 끝으로 가기로 했다. 1847년 영과 소수의 모르몬교도는 새로운 약속의 땅인 지금의 유타주 그레이트솔트레이크Great Salt Lake 유역으로 가 공동체 생활을 시작했다. 이들은 황야에서 거대한 소금 호수를 발견했다. 모르몬교도의 물결이 유타로 통하는 길을 따라 이어지면서 그곳은 서부로 통하는 주요 통로가 되었다. 그에 따라 모르몬교도는 캘리포니아와 황금을 찾아 나선 여행객들에게서 상당한 수입을 올려 자립의 기반을 닦을 수 있었다.[9]

1850년 유타는 준주(사실상의 주나 공식적으론 주로 편입되지 않은 주)로서 정부기관을 받아들였고, 브리검 영이 주지사가 되었다. 1852년 브리검 영은 모르몬교도들에게 모두 일부다처제를 실시하도록 강력하게 명령했다. 연방정부는 이 문제와 더불어 모르몬교도들이 연방정부에 따르지 않는다는 이유로 토벌대를 보냈다. 강제해산의 운명을 맞은 모르몬교도들은 1855년 2개의 연방 요새를 불 지르고 120명에 달하는 이민자들을 학살하는 등 극력 저항했다. 결국 이 문제는 우여곡절 끝에 제임스 뷰캐넌James Buchanan, 1791~1868 대통령의 지인이며 모르몬교도들에게 매우 동정적이었던 토머스 캐인Thomas L. Kane, 1822~1883의 중재로 해결되었다.[10]

모르몬교도의 일부다처제는 지속되었다. 일부다처제의 반대 논리는 '여성 억압'이었는데, 모르몬교를 믿는 여성들은 때때로 집회를 열어 일부다처제를 옹호한다고 선포함으로써 이 문제를 아주 복잡하게 만들었다. 모르몬교도들은 진보에 대한 신념, 가족에 대한 헌신, 물질적 번영 추구 등 여러 면에서 지극히 미국적이었지만, 이 문제에서만큼은 내내 연방정부는 물론 다른 미국인들과 갈등을 빚게 된다.

호러스 그릴리Horace Greeley, 1811~1872는 1859년 7월 13일 솔트레이크 시티에서 모르몬교의 지도자 브리검 영과 인터뷰를 해 『뉴욕트리뷴』 8월 20일자에 게재했다. 이 기사는 제대로 형식을 갖춘, 저명인사와의 현대적인 인터뷰의 시초로 간주되고 있다. "왜 모르몬교도는 '혐오와 증오'의 대상이 되었느냐"는 그릴리의 질문에 브리검 영은 "예수가 십자가에 못 박히고 그 밖의 역사 속에 나타난 신의 사제들, 예언자와 성인들이 받은 수난"과 유사하다고 답했다.[11]

1870년대에 브리검 영은 천년왕국을 믿는 모르몬의 정신이 약해지고 있음을 감지하고는 그에 대응해 모르몬교도들에게 협동조합 촌락을 구성할 것을 촉구했다. 이 생각을 수용한 모르몬교도는 많지 않았지만, 10년 넘게 오더빌Orderville 등 일부 마을엔 완전한 공산적 공동체가 완성되었다.

1880년경 신자 수는 30만 명 이상에 이르렀다. 1890년 연방의회가 일부다처제 금지법을 통과시키자, 그해 9월 24일 브리검 영의 후계자인 윌포드 우드러프Wilford Woodruff, 1807~1898는 교도들에게도 일부다처제를 정식으로 금하는 칙령을 발표했다. 1896년에는 일부다처제를 폐기했다고 정부를 설득함으로써 유타도 주로 받아들여졌다. 45번째 주였다. 대니

● 모르몬교의 일부다처제를 악마와 연결시켜 비판한 1850년의 한 일러스트. 일부다처제에 대한 비판이 높아지자 모르몬교 지도자 윌포드 우드러프는 모르몬교의 일부다처제를 정식으로 금지했다.

얼 벨Daniel Bell, 1919~2011은 모르몬교는 처음엔 도덕 지상주의에 대한 저항에서 시작된 진보적인 계시啓示 신앙이었지만, 시간이 흐르면서 보수주의의 아성으로 변화되고 말았다고 말한다.[12]

모르몬교도는 오늘날에도 비신앙인을 멀리하면서 자기들만의 공동체 생활을 하고 있다. 현재 모르몬교의 신도는 900만 명에 이르며 지난 2012년 대선에서 모르몬교 신자인 공화당 대통령 후보(밋 롬니)를 냈을 정도로 계속 번영의 길을 걷고 있다. 수도 워싱턴에 거대한 황금탑 사원을 지어 교세를 과시하고 있으며, 한국을 비롯해 전 세계에 선교사를 파견하고 있다. 솔트레이크시티는 첨단산업의 도시로도 유명하다. 비록 독립 국가를 세우려는 모르몬교도의 꿈은 실현되지 못했지만, '협동'과 '번영'의 꿈은 이룬 셈이다. 다만 문제는 그 협동이 다른 집단에 대한 배타성에 기반을 둔 것이라는 데에 있다. 이는 모든 공동체가 안고 있거나 직면하게 되는 영원한 숙제이리라.

울분과 탐욕의 폭발인가?
남북전쟁 직후의 미국 사회

KKK단의 탄생과 흑인에 대한 공격

남북전쟁(1861~1865) 직후 남부 백인들은 패전에 대한 울분으로 적개심을 키워 나갔는데, 그 출구 중의 하나가 흑인에 대한 공격이었다. 1866년 5월 테네시주의 멤피스에서는 백인들이 흑인 46명을 살해하고, 100군데 이상의 집, 교회, 학교 등에 불을 지른 사건이 일어났다. 1867~1871년 사이에 켄터키주에서만 이러한 인종적 폭력이 116건이나 발생했다.[1]

백인 지배권 유지를 목표로 한 비밀폭력단도 결성되기 시작했다. 이런 단체들은 흑인들을 정치 활동에서 제외시키려고 노력했지만, 이보다는 경제적 압력이 큰 무기였다. 일부 농장주들은 흑인 공화당원들에게 토지 임대를 거부했으며, 상점 주인들은 그들에게 신용 확대를 거부했고, 고용주들은 일자리 주기를 거절했다.

비밀폭력단엔 흰 동백기사단Knights of the White Camellia, 붉은셔츠Red Shirts, 백색리그White League 등의 이름을 가진 단체들도 있었지만, 가장 강력하고 오래 살아남은 단체는 KKKKu Klux Klan단이다. KKK단은 테네시주의 조그만 도시 풀라스키Pulaski에서 시작되었다. 1865년 12월 24일 크리스마스이브에 퇴역 군인 6명이 모여 조직해 1866년 6월 정식으로 발족했다.

KKK라는 이름은 그리스어의 모임·단체를 뜻하는 kyklos에 씨족·가족을 뜻하는 clan을 두음에 맞춰 klan으로 바꾼 것이다. 별 뜻은 없으며 총의 공이치기를 당길 때 나는 소리를 흉내내어 지은 이름이라는 설도 있다. KKK단은 가족 모임의 성격을 강조했으며, 마을 사람들의 관심을 끌기 위해 뾰족한 두건, 하얀색 가운, 마스크를 쓰고 돌아다녔다. 모임 대표도 위대한 마법사Grand Wizard라고 불렀다. 이들은 신비주의적인 용어를 쓰면서 전사한 남부연합군 병사들의 혼령임을 자처했기 때문에 흰옷을 입는 등의 차림새를 했다는 설명도 있다.

KKK단은 1867년 4월 본부를 주도인 내슈빌로 옮겨 맥스웰하우스에서 결성식을 가지면서 성장하기 시작했다. 조직의 간판으로 남부군의 영웅이었던 로버트 리Robert E. Lee, 1807~1870 장군을 영입하려 했으나 거절당하자 다른 남부군 장군 출신 네이선 포레스트Nathan Forrest, 1821~1877를 영입했다. KKK단의 주요 멤버는 전직 사령관, 병사, 남부연합 지도자, 교회 목사 등이었다. KKK단의 최고 지도자는 '그랜드 위저드Grand Wizard'라고 불렀고, 각 주는 '그랜드 드래곤Grand Dragon'에 의해 지배되었으며, 그 회원은 '유령Spectre'이라고 불렀다. 이들의 활동 방식에 대해 이구한은 다음과 같이 말한다.

"그들은 한밤중에 길고 하얀 수의를 입고 흰 천으로 덮은 말을 타고 다녔다. 옷 속에서 송장 뼈 소리를 내거나, 긴 장대에 해골을 올려놓고 다니거나, 묘지의 비석에 걸터앉는 단순한 행동으로 흑인들을 공포 속에 몰아넣었다. 때로 그들은 유령 모습을 하고 흑인들의 집 앞에 나타나 엄청난 양의 마실 물을 달라고 했다. 사실은 옷 속에 숨겨둔 가죽 주머니에 물을 붓고는 다 마신 척 했다. '자네, 연방에 절대로 가입하지 않겠다고 맹세하게!' 흑인들은 겁에 질려 그대로 복종하였다. 따라서 폭력을 행사하지 않고서도 선거 때면 흑인들을 투표장에 나오지 못하게 할 수 있었다. 그러나 시간이 흐르면서 흑인들이 그들의 행동에 면역이 되자 그들은 서서히 폭력을 사용하기 시작했다."[2]

흑인에 대한 폭력이 심해지자 포레스트는 KKK단을 떠나면서 해산 명령을 내렸지만, KKK단은 이미 탄력을 받아 성장하는 상태였으므로 해산하기는커녕 오히려 세를 더 키워갔다. 결국 연방의회는 '반KKK단 법안'을 통과시켜 1871년 두 사람이 작당해 변장하는 것을 중죄로 규정하고 연방군 동원을 가능케 했다. 이런 조치로 제동이 걸려 KKK단의 활

• 1924년 웨스트 버지니아에서 KKK 회원들이 집회를 진행하는 모습.

동은 끝이 나지만 그건 '1기 시대'였을 뿐, 나중에 20세기 들어 다시 되살아나 비약적인 성장을 하게 된다.[3]

KKK단에 대해선 비난의 목소리가 높지만, 남부의 시각은 좀 다르다. 토머스 J. 딜로렌조Thomas J. DiLorenzo는 "남북전쟁이 일어나기 30년 전에 토크빌은 인종 문제가 남부에서보다 오히려 북부에서 더 심각하다고 지적한 바 있었다. 그러나 재건기에 해방 노예들이 북부 공화당의 정치적 앞잡이로 이용되면서 사정은 변했다"며 다음과 같이 말한다.

"그들은 공화당이 남부의 주 정부와 지역 정부들을 통해 12년 동안 약탈을 저지르는 것을 도와준 대가로 얼마간의 뇌물과 정치적 지원을 얻어냈다. 이에 대한 반응으로 남부인들은 해방 노예들에게 분노를 터뜨렸다. KKK의 창설은 해방 노예들을 위협하여 투표하지 못하도록 하기 위한 것이었으며, 연방정부가 재정 지원을 하는 연방동맹의 활동에 대한 직접적인 대응이었다. 만약 공화당이 해방 노예들을 정치적 앞잡이로 내세워 남부의 납세자들을 약탈하지 않았더라면, KKK단은 탄생하지 않았을지도 모른다."[4]

북부의 남부 착취가 심했던 것은 사실이며 이는 1870년대 중반까지도 계속되었다. 북부의 공화당 신문들마저 남부에서 자행된 부패와 약탈 행위를 비판할 정도였다. 예컨대, 『뉴욕타임스』 1874년 5월 26일자는 사우스캐롤라이나의 공화당 꼭두각시 정부가 '도둑들의 집단'이라고 비난했다.[5]

카펫배거와 스캘러와그의 등장

전후 400만 노예들은 어떤 상황에 처해 있었던가? 급진적 공화파의 한 사람인 상원의원 새디어스 스티븐스Thaddeus Stevens, 1792~1868는 남부 최대의 농장을 해체해 노예 한 사람당 '40에이커와 노새 한 마리Forth Acres and One Mare' 씩을 주자고 제안했다. 참으로 감동적인 말씀이다. 미국의 유명한 흑인 영화감독 스파이크 리Spike Lee, 1957~가 자신의 영화사 이름을 '40에이커와 노새 한 마리'로 지은 것도 바로 그런 감동 때문이었을 것이다.

물론 그 감동은 실현될 수 없었다. 그 시대의 가장 진보적인 인물들도 소유권은 신성한 것이라 여겼기에 이 계획은 불발로 끝나고 말았다. 그렇다고 다른 이렇다 할 계획이 제시된 것도 아니었다. 1867년 남부홈스테드법Southern Homestead Act은 남부 공유지를 흑인과 연방에 충실한 백인들에게 불하해주려는 취지로 만들어졌지만 가난한 사람들은 그 땅을 구입할 수 있는 최소한의 돈이 없었기에 무용지물이었다. 그 땅의 대부분은 덩치 큰 투기꾼들에게 돌아가고 말았다.

해방 노예들은 소작인sharecropper의 자격으로 농사를 지어 주인과 수확물을 나눠가졌다. 이를 정률소작sharecropping이라 했다. 그러나 흑인들은 주인에게 늘 빚을 지는 신세를 면치 못했다. 상당수 흑인들은 있지도 않은 일거리를 찾아 대거 도시로 몰려들어 사회적 혼란이 가중되었다.

새롭게 자유를 얻은 흑인들은 거의 대부분 교육받지 못한 문맹이었기 때문에 헌법 정치의 복잡함을 이해할 준비가 되어 있지 않았다. 즉, 백인들에게 이용당하기 십상이었다. 이 시절 북부에서 남부로 건너온 백인들은 주로 북부군의 퇴역 군인들이었는데, 이들은 카펫 원료로 만든 부드러운 카펫백이라는 값싼 여행 가방에 소지품을 넣고 다녔기 때문에 카펫배거carpetbagger라고 불렸다. 우리말로는 '낭인'으로 번역하기도 한 다. 전통적으로 카펫배거는 흑인 표를 이용해 권력을 잡아보려는 협잡꾼 을 일컫는 말이다. 다른 견해도 있기는 하다. 역사학자 에릭 포너Eric Foner, 1943~는 『재건Reconstruction』(1988)에서 북부 카펫배거들은 대부분 하층민 이 아닌 중산층 전문 직업인으로서 이들은 남부를 개인적인 발전과 기회 의 수단으로 본 것이지 협잡꾼은 아니었다고 주장한다.

남부 출신의 백인 공화당원을 일컫는 스캘러와그scalawag도 카펫배거 못지않게 악명을 떨친 부류다. 스캘러와그는 우리말로 '부역자'로 번역 하기도 한다. 이들은 종교와 지역 모두를 배신한 것으로 여겨졌기 때문 에 남부 민주당원들에게서 카펫배거보다 미움을 샀다. 그런데 포너는 이 들에 대해서도 다른 주장을 편다. 일자무식의 흑인들을 착취해 부당이득 을 챙긴 부패한 정치가라는 이들에 대한 기존 관념은 정치 현실이라기보 다는 오히려 전후의 적개심을 반영한 것에 지나지 않는다는 것이다.[6]

● 1884년에 그려진 이 카툰은 1884년 공화당 대통령 후보로 지명되었지만 낙선한 제임스 블레인에게 카펫배 거라는 딱지를 붙였다.

대선이 있던 1868년의 미국 정치는 '재건'만큼이나 혼란스러웠다. 앤드루 존슨Andrew Johnson, 1808~1875 대통령이 급진파 공화당 의원들과 가까운 육군 장관 에드윈 스탠턴Edwin M. Stanton, 1814~1869을 해임하려고 하자 하원은 즉각 그를 탄핵했다. 상원의 동의하에 임명된 공직자를 상원의 동의 없이 대통령 임의로 해임할 수 없도록 규정한 관직보유법Tenure of Office Act에 근거한 것이었다.

1868년 5월 16일 상원은 35대 19로 존슨의 유죄를 가결했지만, 그것은 대통령 해임에 필요한 정족수 3분의 2에서 한 표가 모자라는 숫자였다. 존슨은 해임은 면했지만 사실상 해임된 것이나 다름없었기에 남은 임기 동안 식물 대통령으로 전락하고 말았다. 나흘 뒤 공화당은 남북전쟁의 영웅 율리시스 그랜트Ulysses S. Grant, 1822~1885를 대통령 후보로 선출했고, 그랜트는 제18대 대통령에 당선되었다.

그랜트의 러닝메이트로 부통령에 오른 이는 인디애나 출신 하원의장 슈일러 콜팩스Schuyler Colfax, 1823~1885였는데, 그는 이권 추구로 악명이 높아 부副, vice라는 말에 새로운 의미로 같은 철자를 가진 악惡, vice을 부여한 인물로 기억되고 있다. 부통령뿐만 아니라 그랜트의 내각은 고향 친구들과 선거 자금 제공자들로만 채워져, 역사가 헨리 애덤스Henry Adams, 1838~1918는 "그가 발표한 내각의 면면은 너무나 형편없어 발표되는 이름마다 수치심을 느끼게 할 정도"라고 말했다.[7]

연방정부의 확대와 로비스트의 등장

그랜트의 시대는 로비의 시대였다. '로비스트lobbyist'라는 용어를 만든 사람이 바로 그랜트다. 그는 부인이 담배 냄새를 싫어해 백악관에서 두 블록 거리에 있는 윌러드 호텔Willard Hotel에 자주 들러 시가를 피우고 브랜드를 마셨는데, 정치인들을 만나러 온 사람들이 이 호텔 1층 로비에서 장사진을 쳤다. 이를 보고 그랜트가 "로비스트들이군!"이라고 말했다고 한다.

이 용어가 영국에서 먼저 쓰였다는 설도 있으나, 미국에서 원조는 그랜트인 게 분명하다. 훗날 백악관에서 세 블록 떨어져 동서쪽으로 횡단하는 도로인 'K 스트리트' 주변에 로비 관련 회사들이 몰려들면서, 워싱턴의 로비 세계를 뉴욕의 월스트리트와 비교해 'K 스트리트'라고 부르게 된다. 그런데 로비스트가 왜 갑자기 그랜트 행정부 때에 등장한 걸까? 그 이유에 대해 딜로렌조는 다음과 같이 말한다.

"뇌물은 언제나 정치의 일부분으로 존재했으나, 연방정부가 확대되면서 로비 활동과 뇌물도 그만큼 증가했다. 정부는 많은 돈을 배분했으므로 그 돈을 손에 넣기 위한 로비도 어느 때보다 큰 이익을 가져다주었다. 철도와 은행의 로비스트들과 보호주의적 제조업자들은 특히 영향력이 컸고 공화당의 초창기부터 지지자의 핵심층을 형성했다."[8]

해방된 노예들도 정치에 참여하기 시작했다. 흑인 표의 영향력을 간파한 공화당 의원들은 투표 요건에서 인종성을 제거하는 수정헌법 제15조(1869년 2월 27일 발의, 1870년 3월 30일 비준)를 제정해 흑인들에게 선거권을 부여했다. "미국 시민의 투표권은 인종, 피부색 또는 과거의 예속

• 50달러 지폐 속 제18대 미국 대통령 율리시스 그랜트. 그가 집권하던 시절에 로비스트라는 용어가 생길 만큼 로비 활동과 뇌물이 크게 증가했다.

상태로 인해 미국이나 주에 의해 거부되거나 제한되지 않는다"는 내용이다.

사우스캐롤라이나에서는 흑인 87명과 백인 40명이 주 의원에 선출되었다. 1869년에서 1877년까지 남부에서는 흑인 14명이 연방 하원에 진출했으며, 1869년부터 1901년에 걸쳐 연방의회에 상원의원 2명과 하원의원 20명을 보냈다. 물론 이들은 모두 공화당이었다. 흑인들은 그때부터 뉴딜정책 수립 후 민주당으로 전향할 때까지 충성스럽게 공화당을 지지하게 된다.[9]

남북전쟁 직후의 혼란스러운 상황 속에서도 전 지구적 패권의 방향은 서서히 미국으로 이동하고 있었다. 1869년 영국 비평가 매슈 아널드Matthew Arnold, 1822~1888가 『문화와 무질서Culture and Anarchy』를 출간했다는 게 시사적이다. 문학을 '종교의 대용품'으로 끌어올리려고 애를 썼던 그는 영국의 유복한 중산층과 귀족 출신 소년들이 교육받는 사립학교의 개혁을 원했지만, 정작 문제는 미국을 바라보는 그의 시각이었다. 그는 "나는 도덕적 · 지적 · 사회적으로 미국식 천박함 이상의 천박한 물결이 우리

를 덮치려 하는 것을 본다"고 우려한 인물이었다.[10]

사실 그랬다. 유럽의 귀족적 시각에서 볼 때에 미국은 천박함을 대표하는 나라였다. 그러나 어이하랴. 세상은 미국 위주의 흐름으로 뒤바뀌고 있었으니 말이다. 이미 1855년에 미국은 영국보다 인구가 많아졌다. 1869년의 한 정부 보고서는 미국의 성장세를 다음과 같이 과시했다.

"지난 5년 동안, 과거 이 나라의 역사상 어떤 5년 동안보다 더 많은 면 방적기가 돌아가고, 더 많은 제련소가 세워지고, 더 많은 철이 제련되고, 더 많은 철강이 생산되고, 더 많은 석탄과 구리가 채굴되고, 더 많은 목재가 잘리고, 더 많은 가옥과 상점이 건설되고, 더 많은 공장이 문을 열고, 더 많은 석유가 정제되고 수출되었다."[11]

1870년에는 경제 규모도 영국보다 커졌다. 영국과 프랑스를 능가하게 되는 독일 제국도 미국을 따라가기엔 역부족이었다. 남북전쟁 직후의 미국 사회는 울분과 탐욕의 폭발로 얼룩졌을망정 세계를 지배하는 제국으로 부상하기 위한 발돋움을 하고 있었다.

일부 지식인은 "노예제도 때문에 미국은 파괴적인 내전을 겪어야 했고, 세계의 국가들 중에서 지배적인 위치를 차지하는 데에도 훨씬 뒤늦을 수밖에 없었다"고 말하지만,[12] 아무래도 진실은 그 반대편에 있는 것 같다. 남북전쟁은 이전에 비해 강력한 중앙집권적 연방정부를 탄생시켰기 때문이다. 링컨이 대통령에 취임할 때 미국은 세계 4위의 산업 국가였지만, 1894년경 세계 1위로 우뚝 올라설 수 있었던 것도 바로 그런 체제 변화의 덕을 본 게 아니었을까?

'거리의 소멸'과 '체험 공간의 팽창'인가?

전화의 발명

'지상 최대의 과학 사기극'인가?

"왓슨 군, 이리 오게. 할 말이 있네."

1876년 3월 10일 전화를 발명한 알렉산더 그레이엄 벨Alexander Graham Bell, 1847~1922이 조수 토머스 왓슨Thomas A. Watson, 1854~1934에게 한 말이다. 물론 세계 최초로 전화를 통해 건네진 말이다. 그러나 벨이 전화 특허 신청을 한 건 2월 14일, 특허 등록을 받은 건 3일 전인 3월 7일이었다. 두 시간 뒤에 엘리사 그레이Elisha Gray, 1835~1901가 동일한 특허출원을 했지만, 세상은 두 시간 빨랐던 벨의 이름만을 기억하게 된다. 벨로선 특허출원을 서둘러야 했던 충분한 이유가 있었던 셈이다.

먼 훗날(1994년) 한국의 삼성그룹은 '세계 일류' 광고 시리즈를 내보낼 때에 이걸 광고의 소재로 삼는다. "엘리사 그레이, 그레이엄 벨보다

한 시간 늦게 전화 발명에 성공/하지만 아무도 2등은 기억하지 않는다/세계 일류 삼성의 마지막 선택입니다." 두 시간 늦은 걸 한 시간 늦은 걸로 표현한 건 좀더 드라마틱한 효과를 위해서였을까? 그런데 미국 언론인 세스 슐먼Seth Shulman은 『지상 최대의 과학 사기극(원제: The Telephone Gambit)』(2008)이란 책에서 "벨이 그레이의 작동 원리를 훔쳤다"고 주장했다.[1]

전화는 발명되었지만, 전화의 쓸모를 인정하는 사람은 많지 않았다. 전화의 발명에 대해 영국의 『더 타임스』는 "가장 최근에 나온 미국의 허풍"일 뿐이라고 단언했다. 벨도 그런 냉대에 굴복했던 건지 특허를 팔아넘길 생각을 했다. 1876년 가을 벨의 대리인에게서 전화 특허권을 10만 달러에 양도하겠다는 제의를 받은 웨스턴유니온전신회사 사장인 윌리

• 1892년 알렉산더 벨이 뉴욕과 시카고를 연결하는 전화를 개통하는 장면.

엄 오턴william Orton은 "아이들 장난감이라면 몰라도, 우리 회사의 사업으로서는 아무래도⋯⋯"라고 말하면서 거절했다.[2]

역설이지만 오턴의 발언은 선견지명先見之明이었다. 먼 훗날 전화는 아이들뿐만 아니라 어른들의 장난감으로서 그 효용이 가장 커지게 된다. 다만 너무도 중요하고 심각한 장난감이라 거의 종교의 수준에 이르게 되지만 말이다.

전화가 발명된 다음 해인 1877년 토머스 에디슨Thomas Edison, 1847~1931은 녹음과 재생을 둘 다 할 수 있는 축음기를 발명했다. 동갑내기인 에디슨과 벨은 라이벌 관계로 서로 사이가 좋지 않았는데, 흥미로운 건 축음기를 발명했을 때에 에디슨의 최대 관심사는 전신과 전화였다는 사실이다. 그는 축음기를 전신과 전화처럼 정보 전달의 용도로 쓰고자 했다. 축음기가 오락용으로 발전해나가자 에디슨은 그런 경향을 구술기록기라는 축음기 본래의 가능성을 폄하하는 것이라고 비난하기까지 했다.[3]

에디슨과 벨의 적대 관계는 'hello' 대 'ahoy'의 대결로도 나타났다. 벨은 죽을 때까지 전화통화를 시작할 때에 'ahoy'나 'hay'를 쓸 것을 고집했고 실제로 자신은 그렇게 했다. 에디슨이 'hello'를 쓰면서 이게 빠른 속도로 번져나가는 것에 대한 반감 때문이었다. 결국 전화는 벨이 발명했다지만 이 경쟁은 에디슨의 승리로 끝나게 된다.[4]

전화가 발명되었을 당시는 전신의 절대적 우위 시대였으며, 전화의 편리함이 부각되면서 급속하게 전신을 능가하게 될 때에도 전화는 여전히 전신 이미지의 지배를 받고 있었다. 전신 이미지라 함은 오직 정보 전달 기능의 관점에서만 전화를 이해했다는 뜻이다. 전화가 잡담을 나누고 친목을 도모하는 사교의 매체가 될 수 있다는 생각은 전혀 하지 못했다.

그러나 전화는 점점 정보 전달의 수준을 넘어서고 있었다. 미국에선 1883년까지 가입자에게 전화번호가 부여되지 않았다. 교환수가 지역에 있는 모든 계약자의 이름과 주소를 알고 있었고, 가입자도 교환수의 이름을 아는 친밀한 단골관계가 형성되었다. 교환수는 가입자의 시시콜콜한 것까지 다 알게 되고 간단한 상담에도 응하는 등 지역 정보네트워크의 핵심적 존재가 되었다.

전화의 발명이 낳은 사회의 변화

교환수의 그런 역할로 인해 점점 여자 교환수가 필요하게 되었다. 처음엔 교환수로 젊은 남자를 채용했으나, 곧 문제가 드러나기 시작했다. 남성 교환수는 오랜 시간 묵묵히 앉아서 참을성 있게 일하는 데엔 맞지 않았으며, 친절하지도 않았다. 이런 이유 등으로 벨 전화회사는 1880년부터 여성 교환수를 채용하기 시작했으며, 이 비율은 점점 늘어나 나중에 교환수는 여성의 일이 되었다.[5]

　『뉴욕데일리그래픽』은 1877년 3월 15일자 1면 머리기사 제목을 「전화의 공포: 미래의 연설가The Terrors of the Telephone: The Orator of the Future」로 뽑았다. 1877년경까지만 해도 미국 신문들은 전화를 신문의 라이벌로 생각했다. 전화가 '확성 장치'를 가질 것으로 보았기 때문이다. 그러나 전화는 본질적으론 '확성'과는 거리가 먼, 아주 은밀한 형태의 커뮤니케이션이었다. 이것이 오늘날에도 사람들이 전화 도청에 분노하는 이유이기도 하다.[6]

그러나 도청 기술도 동시에 발달되었다. 1877년 마이크로폰이 발명되자 외부인이 방 안의 사적인 대화를 엿들을 수 있게 되었다. 최초의 도청 사례는 1881년 뉴욕 형무소 간수가 감방에 마이크를 숨겨놓고 입소자 2명이 범죄를 공모하는 대화를 엿들은 것이다. 전화가 '확성 장치'를 갖는 건 라디오로 구현되지만, 이는 본격적으로는 30년 뒤에 일어날 일이었고 그걸 가리켜 전화라 부를 수는 없는 일이었다.

다만 라디오의 원시적인 형태로 전화를 활용하려는 시도는 일찍부터 이루어졌다. 1879년 미국에서는 전화선을 통해 설교가 방송되었고, 1880년 취리히에서 열린 음악회는 전화선을 타고 약 80킬로미터 떨어진 바젤까지 송신되었다. 1881년 베를린의 오페라와 맨체스터의 현악 4중주가 인근 도시로 송출되었으며, 벨기에는 1884년에 그 뒤를 따랐다.[7]

1880년대 말 위스콘신 전화회사는 3년에 걸쳐 유명한 리조트인 팜가든에서 열리는 오케스트라 연주를 매일 밤과 일요일 오후에 계약자에게 선물로 제공했다. 이게 큰 인기를 끌자 1889년에는 시카고 전화회사도 콜롬비아 극장에서 공연되는 희가극喜歌劇을 가입자들에게 무료로 제공했다.

미국은 아니었지만, 전화로 하는 프로그램 방송을 일상적으로 한 네트워크도 있었다. 당시 오스트리아 헝가리 제국의 수도였던 부다페스트의 텔레폰 힐몬도Telefon Hirmondo는 1893년부터 제1차 세계대전까지 20년 넘게 그런 일을 했다. '힐몬도'란 마자르어(헝가리어)로 중세의 마을의 중심에서 마을 사람 전부에게 들리도록 새로운 소식을 소리쳐서 알리는 역할을 하는 사람이라는 의미다.

에디슨 밑에서 일한 적이 있는 헝가리 과학자인 티바다 푸스카스

• 부다페스트 텔레폰 힐몬도의 콘서트 룸에서 진행되고 있는 음악회.

Tivadar Puskás 1844~1893가 시작한 이 사업은 정치·경제 뉴스, 스포츠 뉴스, 강연, 연극, 음악회, 낭독 등 프로그램을 가입자에게 제공했는데, 1896년 가입자는 6,000세대에 이르렀다. 영국에서도 힐몬도보다 1년 늦은 1894년 일렉트로폰이라는 전화회사가 유사한 서비스를 제공했으며, 미국 등 다른 나라들에서도 비슷한 시도가 이루어졌다.[8]

전화는 신문에도 영향을 미치기 시작했다. 전화는 기자의 취재 범위를 넓히는 동시에 취재 시간의 단축을 가져왔다. 1877년부터 전화가 뉴스 전송에 사용되었는데, 이런 변화는 언론사 내부 조직에도 영향을 미쳐 기자들의 역할 분화를 가져왔다. 뉴스를 취재해 그것을 전화로 편집실에 송고하는 취재기자와 신문사 내에서 편집만 담당하는 편집기자로 나뉘게 된 것이다. 이제 취재는 점점 기계적 작업의 성격을 띠게 되었으며, 이는 출입처beat 제도의 도입으로 인해 더욱 가속화되었다.[9]

1868년 크리스토퍼 숄스Christopher L. Sholes, 1819~1890가 발명해 1874년
부터 레밍턴 총기회사에 의해 상품화된 타자기typewriter도 1881년부터 신
문사에서 사용되면서 신문 제작에 큰 변화를 가져왔다. 'typewriter'는
숄스가 창안한 단어인데, 미국에서 이 타자기에 의해 작성된 첫 번째 소
설 원고는 마크 트웨인Mark Twain, 1835~1910의 『톰 소여의 모험The Adventures of
Tom Sawyer』(1876)이다.[10]

전화가 늘면서 전화를 바로 걸고 바로 받을 수 있는 교환 시스템의
필요성이 강력하게 대두되었다. 미국 캔자스시티 장의사 알몬 브라운 스
트로저Almon Brown Strowger, 1839~1902는 그런 필요성을 절감한 사람이었다.
그가 살던 지역의 전화 교환수는 라이벌 장의사의 부인이었다. 무슨 일
이 일어났을까? 그 교환수가 고객을 자기 남편에게 몰아주는 바람에 스
트로저는 손님을 빼앗겨 분통을 터뜨렸고, 급기야 스스로 교환수를 거치
지 않는 전화의 자동교환 시스템 연구에 몰두했다. 스트로저는 1891년
자동교환기 특허 획득에 성공함으로써 세계 전화발달사에 이름을 남겼
다. 자동교환기의 탄생은 다이얼 방식의 도입을 수반하게 된다.

초고속으로 압축성장하는 미국

벨의 특허가 만료된 1894년 이후, 미국 각지에 설립된 전화회사들 사이
에 격렬한 고객 확보 경쟁이 벌어졌다. 1894년부터 1897년까지 약
6,000개의 전화회사가 번성해 전화기의 매년 증가율도 1895년 19퍼센
트, 1897년 27퍼센트, 1899년 48퍼센트, 1901년 33퍼센트에 이르렀다.

최대 금융자본인 모건 재벌을 주요 주주로 둔 벨 전화회사는 경쟁 회사들을 흡수·합병하는 일을 반복했다. 이미 1885년 3월 3일 장거리 네트워크 부문인 AT&T The American Telephone and Telegraph도 설립해 전국 수준의 통일 전화 시스템으로 비대해졌다. 1910년엔 최대 경쟁자였던 웨스턴유니온을 흡수·합병했다.

이렇게 전국 네트워크 체제를 갖춘 전화는 선거 시기에 빛을 발했다. 전화로 중계하는 선거 속보는 1892년 대통령 선거 무렵부터 시작되었지만 전국 네트워크로 발전한 건 1896년 이후다. 1896년 대통령 선거 당일 AT&T의 뉴욕 본사에는 선거 결과를 곳곳에 전하기 위해 100명이 넘는 교환수가 배치되었다. 교환수들은 다양한 방법으로 곳곳에 모인 청중에게 선거 결과를 재빨리 전했다.[11]

전화가 발명된 1876년은 전화의 발명과 함께 야구 내셔널리그가 탄생한 해인 동시에 미국 독립 100주년이 되는 해이기도 했다. 그간 미국의 탄생을 가능케 했던 항해 기술에도 엄청난 변화가 있었다. 1876년경 이민자들은 대서양 횡단에 7주에서 12주나 걸려야 했던 종래의 작은 돛단배가 아니라 불과 7일이나 12일이면 대서양을 횡단할 수 있는 증기선을 타고 미국으로 건너왔다.[12]

미국에 오면 대륙횡단철도라는 경이적인 교통 체계를 이용할 수 있었다. 여기에 전신까지 가세해 세상은 이전에 비해 더욱 좁아졌다. 이미 1859년 『뉴욕타임스』는 1면에서 "전신은 어떤 사람이 서부의 외딴 벽지에서 말하는 것조차 연방처럼 넓은 천지의 청중에게 알려주는 역할을 한다. 그가 말하면 즉각적으로 그리고 글자 그대로 번개처럼 온 미국을 향하여 말하게 되는 것이다"고 했다. 30년 후인 1889년 솔즈베리경Lord

● 전화는 속보가 중요한 선거 시기에 빛을 발휘했다. 사진은 1942년 여성 교환수들이 일하는 모습.

Salisbury, 1830~1903은 전신에 의해 가능해진 동시적 경험에 대해 "전신은 어느 특정 시점에 지구상에서 일어나는 모든 일에 관해 문명 세계 전체의 의견을 거의 한순간에 끌어 모았다"고 논평한다.[13]

전신의 발명 이후에 나타난 전화는 '거리의 소멸'과 '체험 공간의 팽창'을 가져오는 데에 한 걸음 더 나아갔다. 전화의 별명 이후 어떤 세상이 펼쳐졌는가? 미국에서 1905년 한 신문기사는 "시골에도 전화가 놓이면서 범죄가 발각되자마자 모든 탈출구를 봉쇄할 수 있게 되었다. 이제 닭 도둑질은 잊힌 유물이 되었다"고 썼다. 또 1913년 미국의 한 비평가는 "전화는 뇌의 구조를 변화시킨다. 인간은 이제 더 멀리 있는 일까지 경험하고 더 넓은 규모로 생각하면서, 더 고상하고 더 폭넓은 동기에 의해 살아갈 충분한 자격을 갖게 되었다"고 주장했다.[14]

링컨이 세운 제국의 초석을 근거로 증기선, 철도, 전신, 전화 등은 제국 건설의 인프라로 기능하게 된다. 이후 미국은 초고속 압축성장의 길을 치닫는다. 1865년에서 1880년 사이에 국부國富는 2배가 되며, 1900년엔 또 다시 2배가 되고, 이 35년 동안에 인구도 2배가 된다. 그런 초고속 성장의 비결은 무엇이었을까? 헨리 데이비드 소로Henry David Thoreau, 1817~1862는 사후 발표된 「원칙없는 삶」(1863)이란 글에서 미국인들의 물질주의와 일중독을 다음과 같이 지적했다.

"이 세계는 비즈니스 위주다. 끝없는 부산함의 세계다! 나는 한밤중에 기관차 소리 때문에 잠을 깬다. 내 꿈을 방해한다. 안식일은 없다. 사람들이 쉬는 것을 한 번이라도 본다면 정말 영광일 것이다. 오직 일, 일, 일뿐이다."[15]

좋게 말하자면, 그런 일중독은 미국인들의 놀라운 근면과 실용주의일 것이다. 여기에 급진적 낙관주의와 종교적인 비전이 더해진 건 아니었을까? 월트 휘트먼Walt Whitman, 1819~1892은 "제국이 될 운명을 가진 이 나라는 강력함이 넘치며 태양처럼 빛난다"며 다음과 같이 주장했다. "미국은 제국 중의 제국……새로운 역사, 즉 민주주의 역사를 세울 것이다. 그리고 구시대의 역사를 무색하게 만들 것이다.……위대함을 가져오고 인류 역사의 마지막을 장식할 것이다."[16]

휘트먼이 꿈꾼 제국의 실체가 그 무엇이었든, 이런 제국 건설의 모든 과정이 매끄럽기만 한 건 아니었다. 내부 집단 간의 이해 상충은 격렬한 갈등을 불러일으키며, 이른바 '날강도 귀족'들이 맹활약하는 '도금시대'의 진통을 겪는다. 미국을 '제국'으로 부르는 건 오랫동안 좌파적 비판의 메뉴로 여겨지지만 훗날 솔직함을 강점으로 삼는 우파 애국주의자들은 "미국은 제국이며, 제국이어야 한다"고 주장하게 된다. 전화의 발명으로 대변되는 '거리의 소멸'과 '체험 공간의 팽창'이 제국주의 발달사와 궤를 같이한 것처럼, 오늘날의 세계를 지배하는 사이버 테크놀로지역시 그 전철을 밟을 것인가?

미국은 '야만시대'에서 '데카당스시대'로 건너뛰었나?

'날강도 귀족'의 전성시대

도금시대와 그랜트주의

"기업들은 마침내 권좌에 올랐다.……뒤이어 고위직의 부패 시대가 도래할 것이고, 돈의 힘이 인간에게 편견을 전파하여 부富는 극소수의 손안에 통합될 것이며 공화제가 멸망하는 그날까지 자신의 영토를 더욱 증대시키고자 노력할 것이다."[1]

에이브러햄 링컨Abraham Lincoln, 1809~1865 대통령이 사망하기 직전에 한 말이다. 아이러니요 역설이다. 남북전쟁(1861~1865)은 사실상 기업이 승리를 거둔 전쟁이기도 했기 때문이다. 링컨의 진단은 점차 현실로 바뀌어갔다. 1873년 마크 트웨인Mark Twain, 1835~1910과 찰스 더들리 워너Charles Dudley Warner, 1829~1900가 출간한 『도금시대The Gilded Age』가 그런 현실을 잘 말해주는 책이었다.

미국 산업 발전의 병폐, 특히 철도 비리와 정치적 부패상을 풍자한 이 책의 제목으로 인해, 미국사에선 1870년대부터 1890년대까지를 '도금시대'라고 부른다. 논자에 따라선 1860년대부터 제1차 세계대전의 전야인 1914년까지를 도금시대로 보기도 한다. '도금'이란 말이 시사하듯이 이 시대는 이른바 '날강도 귀족The Robber Barons'들이 사실상 대부분의 주의회와 연방사법부, 상원을 지배한 가운데 겉만 번지르르한 기만과 강탈의 기운이 충만한 때였다. 이에 대해 케네스 데이비스Kenneth C. Davis는 다음과 같이 말한다.

　　"겉만 번지르르하고 속은 천박하고 지저분한 그런 진보였다. 그것은 철로 한 구간을 깔 때마다 그리고 석탄과 철광석 1톤을 캘 때마다 수천 명의 목숨을 앗아간 그런 진보였다. 태반이 정치적 발언권이 아예 없거나 거의 없는 이민자이거나 퇴역병이었던 노동자들은 위험하고 비위생적인 노동 조건 속에 형편없는 급여를 받으며 노동에 종사했다. 이 시기에 새롭게 형성된 부는 또 엄청난 부패의 시대를 여는 계기가 되기도 했다. 눈 하나 깜짝 안 하고 수백만 달러를 받아 챙겼던 뉴욕과 워싱턴의 정치인들, 그런 정치인들을 떡 주무르듯 주무른 백만장자 기업인들에 비하면 서부 개척 시대의 무법자들은 삼류 사기꾼에 불과했다."[2]

　　특히 제18대 대통령 율리시스 그랜트Ulysses S. Grant, 1822~1885의 두 번에 걸친 대통령 재임 기간(1869~1877)은 사기꾼들에겐 최고의 호경기였다. 공직자들은 뇌물을 받고 횡령을 저지르는 일을 밥 먹듯이 했다. 인디언들에게 돌아갈 예산까지 착복해 보호구역 인디언들이 굶주리는 일까지 벌어졌다. 그 덕분에 생겨난 '그랜트주의Grantism'란 말은 부패, 족벌주의, 정실인사의 상징이 되었다.

그랜트의 첫 임기가 끝날 즈음 1872년 대선을 앞두고 자신들을 자유공화당원Liberal Republicans이라고 지칭한 공화당의 거대 분파 구성원들은 부정부패를 상징하는 그랜트주의에 반대하고 나섰다. 제3정당으로 발전한 '자유주의 공화당' 후보는 『뉴욕트리뷴』의 발행인인 호러스 그릴리Horace Greeley, 1811~1872였다.

그릴리는 노예제도 폐지를 열렬히 지지한 공화당 창시자 중 한 명이었으며 유명 언론인이었지만 정치 경험은 전무했다. 게다가 채식주의자고 기괴한 심령술을 믿는 등 좀 엉뚱한 면이 많았다. 그릴리는 민주당 비판자였지만 민주당의 기수가 되었다. 민주당이 "그랜트만 아니면 된다"는 생각에 사로잡혀 그릴리를 지지했기 때문이다. 많은 민주당원은 그랜트를 밀어내고 싶어 안달이 난 나머지, 그릴리가 자신들을 배신자, 말 도둑, 멍청이라고 무시했지만 그를 지지한 것이다. 미국 역사상 주요 정당이 자신들의 후보를 내세우지 않은 채 제3정당의 후보를 지지한 것은 이때가 유일하다.[3]

1872년 대통령 선거는 추악하고 개인적인 중상모략으로 얼룩진 선거였다. 『뉴욕선』은 이 선거를 '중상모략의 홍수'라 명명했다. 그릴리의 비판자들은 그가 카를 마르크스Karl Marx, 1818~1883를 해외 특파원으로 고용하고 죽은 사람의 영혼과 얘기를 나누었다고 주장하는 미친 사람이라고 공격했다. 사람들은 거의 눈치채지 못했지만 사실 그릴리는 선거기간 중 거의 정신병자와 같은 상태에 있었다. 그랜트는 286명의 선거인단 투표 수와 359만 7,000명의 유권자 투표 수로 승리했다. 반면 그릴리는 선거인단 66명에 유권자 투표 283만 4,000명을 기록했다. 그릴리는 선거가 끝난 지 3주 후에 과로와 우울증으로 정신병원에서 사망했다.

• 그랜트는 남북전쟁에서 북부의 승리를 이끈 명장군이었으나 '스캔들 대통령'이라는 오명을 벗어나지 못했다.

그랜트는 두 번째 임기도 '그랜트주의'에 빠져 '스캔들 대통령'이라는 오명을 벗어나지 못했다. 정치와 행정을 엉망으로 만들어 놓고서도 그랜트는 1876년 대선에서 3번째 출마를 원했지만 공화당이 강력 반대하고 나섰다. 공화당은 오하이오 주지사를 3번 지낸 러더퍼드 헤이스 Rutherford B. Hayes, 1822~1893를 대통령 후보로 내세웠다. 민주당 후보는 독신이자 변호사이며 개혁주의자인 뉴욕 주지사 새뮤얼 틸든Samuel J. Tilden, 1814~1886이었다.

틸든은 일반 투표에서 430만 590표를 얻고 선거인단 투표에서 196표를 얻어 각각 403만 6,298표와 173표를 얻은 헤이스에게 승리를 거두었지만 대통령이 된 사람은 헤이스였다. 루이지애나와 플로리다에서 부정선거 시비가 일어났기 때문이다. 공화당이 먼저 저질렀지만 이에 질세라 민주당도 가세했기 때문에 이 문제는 연방대법원으로 넘어갔다. 우여곡절 끝에 연방대법원은 선거인단 투표 결과를 뒤집어 185대 184로 헤이스의 승리를 선언했다. 훗날 2000년 대선 때 부시와 고어 사이에서 벌어진 일과 놀라울 정도로 비슷했다.

'날강도 귀족'들, 과시적 소비의 향연을 펼치다

무장 폭동 일보 직전까지 갔지만 사태가 그럭저럭 마무리되었고, 헤이스는 1877년 3월 4일에서야 제19대 대통령에 취임했다. 역사학자들은 공화당이 1876년의 대통령 선거 결과를 도둑질했다는 데 대체적으로 동의한다. 심지어 그랜트조차 틸든이 대통령이 되었어야 했다고 인정할 정도였다.[4]

이 문제의 해결 뒤에는 양당 지도자들 사이에 일련의 교묘한 협상이 있었기에 이를 가리켜 '1877년의 타협'이라 부른다. 그 타협의 내용은 무엇이었던가? 공화당 지도부는 헤이스를 당선시키기 위한 거래를 했는데, 그 주요 내용은 필요한 표를 얻는 대가로 남부에 주둔 중인 연방 군대를 철수한다는 것이었다. 이는 남부 흑인들에 대한 마지막 군사적 보호마저 사라진다는 걸 의미하는 조치였다.

헤이스는 대통령 취임사에서 남부의 당면한 과제는 "현명하고, 정직하며, 평화로운 지방 자치정부"를 회복하는 것이라고 선언했다. 타협안 그대로 연방군 철수 계획을 밝힌 것이다. 헤이스에겐 선거에서 양보해준 남부에 보답한 것이라는 비난이 쏟아졌다. 그에겐 '사기꾼 전하His

Fraudulency'라는 별명이 붙었다.

헤이스는 약속대로 1877년 남부에서 연방 군대를 철수했고, 이에 따라 모든 남부 주정부는 복귀되었으며redeemed, 실권은 다시 구지배층의 손에 넘어갔다. 남부의 주들이 평등을 조금씩 손상시키는 법안을 통과시키면서 법적 보호 역시 붕괴되었다. 1900년 무렵 남부의 모든 주가 흑인들에게서 투표권과 평등권을 박탈하는 법안을 통과하게 된다.

'1877년의 타협'은 '재건'에 대한 평가를 부정적으로 만든 결정적인 이유가 되었다. 역사가 윌리엄 더닝William A. Dunning, 1857~1922은 『정치적·경제적 재건Reconstruction, Political and Economic』(1907)에서 재건을 복수에 불타는 북부 공화당 과격파들에 의해 피폐한 남부에 가해진 부패하고 억압적인 폭행으로 묘사했다. 이런 해석은 오랫동안 미국사 연구를 지배했다. 그러나 흑인 학자 듀보이스W .E. B. Du Bois, 1868~1963는 『흑인 재건Black Reconstruction』(1935)에서 재건을 어느 정도 긍정 평가했으며, 이후 역사적 해석은 재건의 두 얼굴에 균형을 취하는 쪽으로 이루어졌다.[5]

1878년 철도 회사 중역을 지낸 역사가 찰스 프랜시스 애덤스Charles Francis Adams, Jr., 1835~1915는 『철도: 기원과 문제들Railroads: Their Origins and Problems』에서 '날강도 귀족The Robber Barons'이란 말을 처음 사용했다. 대표적인 날강도 귀족 중의 하나인 코르넬리우스 밴더빌트Cornelius Vanderbilt, 1794~1877는 자신을 속인 경쟁자에게 다음과 같이 경고함으로써 그 시대의 정신을 대변했다. "당신은 나를 속였어. 허나 고소하진 않겠어. 법은 시간이 너무 오래 걸리니까. 내 손으로 직접 당신을 파멸시킬 거야."[6]

유산을 물려받은 밴더빌트의 가족은 손님들이 보석통을 찾아다닐 정도로 호화판 파티를 열어 '과시적 소비'의 본때를 보여주었다. 밴더빌

● 1880년대 미국의 철도 산업을 지배한 코르넬리우스 밴더빌트는 도금시대 미국의 대표적 '날강도 귀족' 가운데 한 명으로 지목받고 있다. 밴더빌트(중앙)의 영향력을 묘사한 1879년의 한 카툰.

트가는 1880년대 중반경 뉴욕 5번가 웨스트 사이드의 7개 구역 안에 거대한 저택을 7채나 갖고 있었으며, 모든 건축과 장식은 유럽 왕실이나 귀족 가문의 흉내를 냈다. 물론 다른 부자들도 모두 밴더빌트가의 흉내를 냈다. 부자들의 이런 '과시적 소비'는 1890년대까지 지속되었는데, 맨해튼에서 발행되는 한 신문의 보도에 따르면, "부호 가문에서는 종종 유럽에서 값비싼 그림과 조각품을 한 배 가득 구입해왔다".[7]

미국의 압축성장이 초래한 진풍경

저널리스트 매슈 조지프슨Matthew Josephson, 1899~1978은 『날강도 귀족들The Robber Barons』(1934)에서 도금시대를 논하며 "이 새로운 지배계급의 구성원들은 대개, 그리고 참으로 적절하게 '영주', '왕', '제국 창건자' 심지어 '황제'라고까지 불린다. 이들은 광대한 자산에 대해 봉건군주의 '하늘이 내린 권리'에 뒤지지 않는 권력을 행사했다"며 다음과 같이 말했다.

"사회 저명인사들의 사교 모임인 은, 금, 다이아몬드 정찬이 수시로 벌어졌다. 귀부인들이 정찬 테이블에 놓인 냅킨을 펼치자 주빈의 이름이 새겨진 금팔찌가 나온 적도 있다. 또 한 번은, 커피 타임 후 100달러 지폐로 만 담배가 돌려져 짜릿한 스릴을 느끼며 담배 맛을 즐긴 적도 있다.……어떤 남자는 자기 개에게까지 정찬을 먹이며 1만 5,000달러 상당의 다이아몬드 목걸이를 개에게 선물하기도 했다."[8]

또 역사가 찰스 비어드Charles A. Beard, 1874~1948는 당시 상황을 이렇게 묘사했다. "말 잔등에 올라탄 채 식사를 한 어떤 만찬회에서는 말에게도 샴페인을 주었다.……한정된 오락에 싫증이 난 부호는 보다 진기한 것을 고안해냈다. 원숭이를 손님 사이에 앉히기도 하고 금붕어 모양의 옷을 입힌 여자를 실내 수영장에서 수영시키기도 하고 합창대의 여자들을 파이 속에서 뛰어나오게 하기도 하였다.……친구를 접대하기 위해 극단 전원을 고용하기도 하고 갓난아이에게 자장가를 들려주기 위해 오케스트라 전원을 뉴욕에서 시카고로 보내기도 하였다. 그런가 하면 감상적 박애심을 발휘하기 위해 남부의 가난한 흑인 가족에게 큰돈을 주어 호화로운 저택에서 사치스럽게 살도록 하기도 하였다."[9]

가장 과시적인 소비를 일삼은 투기꾼 레너드 제롬Leonard W. Jerome, 1817~1891(영국 수상 윈스턴 처칠의 외할아버지)은 최고급 순종 말들이 끄는 화려한 마차를 타고 뉴욕 센트럴파크를 질주하는가 하면, 거대한 요트를 구입하고 자신만을 위한 경마장을 지었으며, 화려한 파티를 열어 참석한 여성들에게 다이아몬드가 박힌 팔찌 하나씩을 선사하기도 했다.

언론인 에드윈 고드킨Edwin L. Godkin, 1831~1902은 1866년 미국을 "번쩍 거리는 레이스로 몸을 두른 야만인들로 가득 찬 나라"라고 묘사했으며, 20대 시절 남북전쟁 기간 중의 미국을 방문한 훗날의 프랑스 수상 조르주 클레망소Georges Clemenceau, 1861~1865는 "미국은 문명시대를 거치지 않고 야만시대에서 데카당스시대로 건너뛰었다"고 말했다.[10]

그러나 훗날 수정주의 역사가들은 '날강도 귀족'에 대해 다른 평가를 내리기도 한다. 가장 악명이 높았던 철도 재벌 제이 굴드Jay Gould, 1836~1892에 대해 조지프슨은 중세 7대 악마 중의 하나인 '메피스토펠레스Mephisto-pheles'로 비유했지만, 줄리어스 그로딘스키Julius Grodinsky는 『제이 굴드Jay Gould』(1957)에서 굴드를 창조적 기업인이자 새로운 경쟁 모델을 제시한 기업인으로 긍정 평가했다. 무엇에 더 의미를 두느냐 하는 관점의 차이로 볼 수 있겠다.[11]

'날강도 귀족'들이 판을 치는 가운데 도시의 정당 조직은 돈을 벌기 위한 수단에 지나지 않았다. 이민자들이 절대다수를 차지한 가운데 종종 외국 태생이거나 외국 태생의 부모를 둔 일군의 시정市政 보스들이 등장했다. 그들 중 많은 사람이 아일랜드계였는데, 이들은 영어를 사용하는데다 모국에서 오랜 정치적 경험으로 다른 이민자들에 비해 유리한 고지를 차지하고 있었다.

• 1860~1870년대에 뉴욕시 태머니홀의 보스였던 윌리엄 트위드를 비판한 카툰.

가장 악명 높게 타락한 시정 보스는 1860년대와 1870년대에 뉴욕
시 태머니홀Tammany Hall의 보스였던 윌리엄 트위드William M. Tweed, 1823~1878
다. 남북전쟁 당시 뉴욕시 민주당 당수를 지냈던 트위드와 그의 측근들
은 도시 개발 사업과 법원 신축 사업에 개입해 사기를 쳐 3,000만 달러의
부당이득을 챙기는 등 부정으로 악명이 높았다. 태머니홀은 델라웨어의
전설적인 추장 태머니의 이름을 따서 1788년 주로 아일랜드계 이민 기
능공들 중심으로 설립된 세인트 태머니 사교회Saint Tammany Society가 있던
건물 이름이다. 이 사교회는 1789년 민주당과 결합해 정치조직화되면서
뉴욕시와 뉴욕주의 정권을 장악했다. 이들은 온갖 매수 정치와 사법, 행
정 비리에 관여했다.

　태머니홀의 가장 강력한 비판자는 언론이었다. 특히 『뉴욕타임스』

의 활약이 두드러졌다. 설립자인 헨리 레이먼드Henry J. Raymond, 1820~1869는 1869년에 사망했지만, 존 푸어드John Foord라는 기자의 맹활약으로 트위드는 1873년 재판에 회부되어 유죄를 선고받았다. 『뉴욕타임스』는 1896년 독일계 유대인 아돌프 옥스Adolph Ochs, 1858~1935가 인수해 '인쇄에 알맞은 모든 뉴스All the News That's Fit to Print'를 제공한다는 사시社是 아래 비약적인 발전을 하게 된다.[12]

　'날강도 귀족'의 전성시대에 미국은 과연 '문명시대'를 거치지 않고 '야만시대'에서 '데카당스시대'로 건너뛴 걸까? 미국의 번영에 늘 불편해하는 유럽 특유의 시기 어린 시각으로 볼 수도 있겠지만, 인류 역사 이래 그 유례를 찾기 어려운 미국의 놀라운 압축성장이 초래한 진풍경이었던 건 분명한 것 같다. 현재 미국은 날이 갈수록 빈부 격차가 커져 제2의 도금시대가 도래했다는 평가를 받고 있으니, 역사는 돌고 도는 것인가?

'백열등'이 '토지'의
문제를 은폐했나?
헨리 조지와 토머스 에디슨

1877년의 대대적인 철도 파업

19세기 전반의 미국에서 노동자의 인권은 사실상 없다시피 했다. 1843년이 되어서야 미국 사법부는 고용주가 피고용인을 때리는 것을 금할 정도였다. 8시간 노동법이 일리노이, 위스콘신, 미주리, 코네티컷, 뉴욕, 펜실베이니아 등에서 시행된 것은 1868년부터였다.

당시 노동조합 결성은 꿈도 꾸기 어려웠다. 정부와 기업의 탄압도 문제였지만 민족 간 상호 불신과 혐오도 주요 장애 요인이었다. 아일랜드인은 이탈리아인을 미워했고, 독일인은 아일랜드인을 증오했고, 중국인은 모든 사람에게서 미움을 사는 식으로 사분오열四分五裂되어 있었다. 19세기 중반 거의 유일한 성공 사례는 1860년 매사추세츠주 린Lynn에서 구두 제조 노동자들이 워싱턴 탄생일(2월 22일)에 맞춰 일으킨 파업이었다.

이 파업이 최고조에 달했을 때 시가지를 행진한 노동자의 수는 1만 명에 육박했는데, 이 중의 태반이 여성이었다. 당시 린에서는 남자 노동자들이 주급으로 3달러, 여성 노동자들은 1달러를 받았다. 공장 소유주들은 노동조합 인정은 거부하면서도 임금 부분에서 타협을 했는데, 이는 '미국 노동사 최초의 진정한 승리'로 기록되고 있다. 이후는 피로 얼룩진 탄압의 연속이었기 때문이다.

1875년 펜실베이니아에서는 탄광 갱부들이 아일랜드의 한 혁명 조직 이름을 따라 몰리머과이어Molly Maguires라는 조직을 결성했다. 그러나 조직에 스파이가 한 명 침투해 이들을 테러죄로 고발함으로써 조직원 19명이 처형되었다. 1877년 미국 전역에 걸쳐 일어난 대대적인 철도 파업은 그런 살벌한 분위기 속에서 감행된 것이었다. 경기 침체로 직원 해고, 임금 삭감, 임금 체불 등이 잇따르자 철도 노동자들이 대규모 파업을 감행해 전국 철도 화물열차 가운데 절반가량의 운행을 중단시키자, 미국 정부는 강력 대응하고 나섰다. 파업이 끝났을 때 100명이 사망했고, 1만 명이 감옥에 갔다.[1]

이 철도 파업에 대해 엥겔스Friedrich Engels, 1820~1895는 마르크스Karl Marx, 1818~1883에게 보낸 편지에서 "남북전쟁 이후 발달한 자본의 독과점에 대한 최초의 반란"이라고 말했다. 엥겔스는 미국 노동자들에게 적잖은 기대를 걸었지만, 여론은 노동자의 편이 아니었다. 아니 정확히 말하자면, 여론을 좌지우지하는 언론이 노동자들에 대해 적대적이었다. 예컨대, 『뉴욕타임스』 1877년 7월 20일자는 전국적으로 파업을 하고 있는 철도 노동자들을 다음과 같이 표현했다.

"불만세력, 불량배, 부랑자, 폭도의 무리, 수상쩍은 사람, 나쁜 사람,

도둑, 도박꾼, 방화범, 공산주의자, 노동개혁 선동가, 위험한 계층, 갱단, 노숙자, 알코올중독자, 범법자, 협잡꾼, 실업자, 사기꾼, 떠돌이, 비열한 사람, 가치가 없는 사람, 교사자, 사회의 적, 무모한 군중, 반항자, 가난한 사람, 말만 많은 연설가, 깡패, 약탈자, 절도범, 중죄인, 바보들."[2]

그러나 이런 비방에 동의하지 않고 노동자들을 적극 옹호하고 나선 사람들도 있었다. 가장 대표적인 인물이 "땅 한 조각도 갖고 있지 않은 사람에게 어떻게 그의 국가가 있다고 말할 수 있단 말인가?"라고 외친 헨리 조지Henry George, 1839~1897다.

미국 필라델피아에서 스코틀랜드 복음주의 목사의 아들로 태어난 조지는 집안이 너무 가난해 중학교를 마치지도 못하고 학업을 중단해야 했다. 그는 노동을 하면서 독학으로 공부를 해 신문기자 겸 경제학자가 되었다. 그는 철도 회사들이 농민들을 총으로 위협해 본래 살던 곳에서

● 1877년 8월 11일 피츠버그에서 유니언역을 공격하고 있는 시위대. 미국 전역에서 일어난 1877년의 대규모 철도 파업은 자본의 독과점에 대한 전국 규모의 반란이었는데, 언론은 이들을 범죄자로 취급했다.

쫓아내는 현실을 보면서 철도 회사를 비롯한 재벌들을 '노상강도'라고 비난했으며, 철도 회사에 투자하는 중산층의 탐욕도 꾸짖었다.

그는 그런 뜨거운 심정으로 2년간 책을 썼는데, 그게 바로 그 유명한 『진보와 빈곤Progress and Poverty』(1879)이다. 그는 이 책을 쓴 후 가슴이 벅차올라 눈물을 쏟았지만 책을 내줄 출판사를 찾을 길이 없었다. 노동자 출신으로 학력도 이름도 없는 사람의 책을 누가 출판해 주겠는가. 그는 결국 자비 출판으로 자신의 책을 세상에 내놓았다. 그런데 이 책이 미국과 영국에서 수십만 부나 팔려 나가는 '기적'이 일어났다. 토지가 빈곤 문제의 핵심이라는 그의 통찰력이 호응을 얻었기 때문이다.

"풍요 속에 고난과 궁핍이 존재하는 모든 곳에는 반드시 토지가 독점되어 있고 토지가 전체 국민의 공동재산이 아니라 개인의 사유재산처럼 취급되며 노동이 토지를 사용할 때 고액의 사용료를 징수당하고 있다.……토지가 싼 신개척지에서는 거지도 없고 생활의 불평등도 거의 없다. 토지가 비싼 대도시에서는 극단적인 빈곤과 사치가 병존한다."[3]

조지는 "토지 사유제의 궁극적 결과는 노동자의 노예화"라고 했다. "생산력이 아무리 향상되어도 지대가 꾸준히 상승하여 그 향상분을 또는 향상분 이상을 삼켜버린다. 그리하여 모든 문명국가에서 대중의 생활은 자유라는 형식하에 사실상의 노예 상태가 되고 있다. 이것은 노예제도 중에서 아마도 가장 잔인하고 무자비한 유형일 것이다. 현대 노동자는 노동생산물을 강탈당하면서 단순한 생존을 위해 억지로 일하지만, 인간이 그렇게 시키는 것이 아니라 누구도 어떻게 할 수 없는 상황이 그렇게 시키기 때문이다."[4]

백열등을 발명해 미국인들을 열광시킨 에디슨

이런 문제를 해결하기 위해 조지가 제시한 대안은 토지의 공동소유다. 그렇다고 해서 사회주의적 토지 소유를 주장한 건 아니다. 개인 소유 형태에는 손을 대지 않고 지대만 세금으로 거둬 국가 재원으로 사용하는 한편, 다른 형태의 세금은 폐지하는 방법으로 사회적으로 부를 공유하자는 것이다. 조지는 자신의 비전을 실천하고 널리 퍼뜨리기 위해 죽기 직전까지 뉴욕시장 선거에 계속 출마했고 강연에 정열을 쏟았다. 1886년 출마했을 때엔 패배했을망정 근소한 차이여서 그의 주장에 공감한 이가 많았다는 걸 알 수 있다.

다윈과 함께 진화론을 연구했던 앨프리드 러셀 월리스Alfred Russel Wallace, 1823~1913는 『진보와 빈곤』을 "금세기 출간된 가장 중요한 책"이라고 격찬했다. 『진보와 빈곤』은 레프 톨스토이Lev Tolstoi, 1828~1910와 페이비언 사회주의에 큰 영향을 미쳤다. 톨스토이는 『진보와 빈곤』의 출간 4년 후에 나온 조지의 『사회문제의 경제학』 러시아판 서문에 다음과 같이 썼다.

"유럽인들이, 헨리 조지의 주장이 실천에 옮겨질 경우 전체 기존 질서와 자신들의 기득권이 무너질 것이라 생각하여 그의 정치경제학에 적대적인 태도를 취하고 그것을 은폐하고자 애쓰는 것은 이해할 만하다. 그러나 우리 러시아에서는 인구의 90퍼센트 이상이 농업에 종사하고 있고, 헨리 조지의 이론은 러시아 인민들의 정의감에 정확하게 부합한다."[5]

그러나 20세기 내내 좌우를 막론하고 사회 개혁 운동가들조차 노동과 자본에만 집착하느라 조지의 메시지는 외면했다. 토지의 문제건 노동과 자본의 문제건 날로 심해져가는 빈부 격차의 문제를 악화시킬 뿐만 아니라 외면하게 만드는 데엔 기술 진보도 큰 영향을 미쳤다. 조지는 현대의 모든 발명은 불평등 현상을 심화시키는 작용을 하고 있다고 했는데,[6] 그런 점에서 보자면 발명왕 토머스 에디슨Thomas Alva Edison, 1847~1931은 조지의 반대편에 있었던 인물이라고 할 수 있겠다.

조지의 『진보와 빈곤』이 출간된 해인 1879년 에디슨은 백열등을 발명해 미국인들을 열광시켰다. 1870년대에 일반적으로 쓰이고 있던 조명 방법 중에서 가장 뛰어난 것은 가스등이었으며, 아크등도 개발되었으나 값이 비싸고 게다가 볼품이 없었다. 그런 상황에서 백열등은 혁명이었고, 이 혁명을 주도한 에디슨은 미국의 축복이었다.

에디슨의 이름으로 등록된 특허는 무려 1,097개나 되는데, 그의 일생에서 1876년부터 1881년까지의 기간이 창조력이 가장 왕성했던 시기

• 백열등을 들고 있는 에디슨. 에디슨은 미국의 축복이었다.

였다. 에디슨은 1877년 축음기를 발명해 1878년 특허를 얻었는데, 축음기는 사업상 속기용 기계로 발전되었다가 10년이 지나서야 대중오락으로 사용된다. 이어 에디슨은 1879년 탄소 필라멘트를 사용한 백열전구를 완성해 그해 12월 3일 먼로파크 연구소에서 세상에 공개했다. 그는 백열전구를 보급하기 위해 소켓, 스위치, 안전퓨즈, 적산전력계 등을 고안하고 효율이 높은 발전기, 배전반도 만들어냈다.

에디슨이 1882년 9월 4일 오후 3시 정각 맨해튼 남부의 펄스트리트 발전소Pearl Street Station에서 고객에게 전기를 공급하기 시작했을 때, 역사가 레이너 배넘Rayner Banham, 1922~1988은 이를 가리켜 "인류가 불을 이용하게 된 이래 최대의 환경 혁명"이라고 주장했다. 에디슨 전기의 최초 고객은 J. P. 모건John Pierpont Morgan, 1837~1931의 월스트리트 사무실이었다. 바로 그해에 『월스트리트저널』도 창간되었다.[7]

1883년 미국에 파견된 조선의 '보빙報聘 사절단'은 발전소와 전신국을 방문하면서 전기의 위력에 감탄했으며, 에디슨 전기회사로 찾아가 전기등에 대한 주문 상담을 벌였다. 그들은 귀국 후 고종에게 전기에 대해 보고를 하고 궁궐에 전등 설치 허가를 받아내 에디슨사에 전등 설비 도입을 발주했다. 이 전등 사업은 갑신정변으로 중단되는 바람에 1887년 4월에서야 경복궁의 건청궁(왕의 침전)에 처음으로 100촉짜리 전구 두 개가 점등되었다. 이는 경복궁 전체에 750개의 16촉짜리 전등을 설치하고 이에 필요한 발전 설비를 갖추는 사업의 일환이었다. 유길준이 1883년 미국 뉴욕의 에디슨 전기회사를 관람하고 나서 "우리는 인간의 힘으로서가 아니라 마귀의 힘으로 불이 켜진다고 생각했다"고 토로했듯이, 전깃불을 본 사람들은 충격으로 할 말을 잃었다.[8]

테크놀로지의 발전,
인류사를 바꾸는 이데올로기가 되다

에디슨이 1890년에 세운 에디슨제너럴일렉트릭Edison General Electric은 1892년 톰슨휴스턴사Thomson Houston Company와 합병해 제너럴일렉트릭GE이 되었다. GE는 조지 웨스팅하우스George Westinghouse, 1846~1914가 직류가 아닌 교류 전기시스템을 제작·판매하기 위해 1886년에 세운 웨스팅하우스 전기 회사와 더불어 미국 전기 산업의 선두주자가 된다. 1895년 나이아가라폭포에 거대한 발전소가 문을 열었으며, 1898년에 나온 한 소설 속에서 묘사된 바에 따르면, 브로드웨이는 황혼 무렵인데도 '눈부신 전기'의 물결로 인해 밝게 빛남으로써, 밤이 낮으로 '영원토록 변화되는' 효과가 생겨났다.[9]

백열등은 단순한 문명의 이기利器가 아니었다. 적어도 에디슨의 관점에선 그건 인류사를 송두리째 바꿔놓을 수 있는 이데올로기였다. 요즘 텔레비전에 나오는 어느 침대 광고는 "잠은 인생의 사치"라거나 "4시간만 자면 충분하다"는 에디슨의 육성을 들려주는데, 실제로 에디슨의 소원은 '비생산적인 잠'을 자느라 쓰는 시간처럼 인간의 잠재 능력을 낭비시키는 것을 뿌리째 뽑아버린 사람으로 알려지는 것이었다. 그는 백열등이 그런 역할을 해주길 원했고, 실제로 세상은 그가 원하는 방향으로 움직이기 시작했다.

인간의 잠이 도둑맞고 있다고 주장하는 스탠리 코렌Stanley Coren은 에디슨의 소원을 가리켜 '에디슨의 저주'라고 말하지만,[10] 그렇게 생각하는 사람은 거의 없었다. 잠을 도둑맞는 것이 문명화와 진보로 여겨지는 세

● 에디슨은 '백열등의 기적' 이후 키네토그래프를 발명해 '영화의 기적'을 일으켰다.

상이 도래하고 있었고, 이런 원리에 대한 신봉은 오늘날에도 건재하다.

'백열등의 기적'을 일으킨 에디슨은 1891년 키네토그래프Kinetograph 라는 카메라와 키네토스코프Kinetoscope라는 이름이 붙은 영사기재(관람 상자)를 세상에 공개하면서 '영화의 기적'을 일으키기 시작하더니, 1895년 엔 기자들에게 "다음번 기적은 말馬 없이 탈 수 있는 이동수단이 될 것이다"고 말했다.[11]

그즈음 아일랜드 이민자 농부의 아들로 태어나 기계를 다루는 데에 탁월한 재능을 갖고 있던 헨리 포드Henry Ford, 1864~1947는 찰스 듀리에Charles Duryea, 1861~1938와 프랭크 듀리에Frank Duryea, 1869~1967 형제의 아이디어를 이용해 간단한 엔진 하나와 바퀴가 달린 저렴한 자동차를 만들고 있었다. 그는 1896년 초여름 새벽 디트로이트 집의 창고를 개조한 실험실에서 자신의 발명품인 최초의 포드 자동차를 이끌고 잠든 도시의 거리로 끌고 나왔다. 자전거 바퀴 4개에 사륜마차의 차대를 얹고 자신이 직접 만든 2기통짜리 휘발유 엔진을 장착한 자동차였다.

이후 전개된 자동차의 기적은 넓은 국토의 축복을 누리는 미국인들의 이동성을 혁명적으로 높이면서 빈부 격차에 대한 문제 제기 자체를 원천적으로 차단하는 효과를 내게 된다. 노동운동이건 사회운동이건 한 곳에 오래 머물러 있어야 그런 운동의 동력이 되는 지역 공동체 의식을 활용할 수 있을 텐데, 미국인들은 수틀리면 다른 곳으로 떠나버리니 무슨 제대로 된 운동이 가능하겠는가. 빈부 격차에 대한 불만은 전기와 영화가 제공해주는 화려한 시각 스펙터클로 해소하면 되는 일이었다.

'백열등'으로 대변되는 테크놀로지가 과연 '토지'로 대변되는 빈부 격차의 문제를 은폐한 것인가? 그렇게 말하긴 어려울망정, 테크놀로지가 빈貧보다는 부富의 편에 유리하게 작용한 건 분명하다고 말할 수 있겠다. 헨리 조지와 토머스 에디슨은 각자 다른 입장에서 그런 문제를 웅변해주는 상징적인 인물들이다. 토머스 에디슨의 계보를 잇는 실리콘밸리의 신진 기업가들은 민주주의를 살찌우는 '영웅'으로 등극해 늘 우리의 주목을 받고 있지만, 헨리 조지의 계보를 잇는 이들은 외면당하고 있는 현실이 그걸 말해주는 건 아닐까? 조지가 130여 년 전에 던진 다음과 같은 메시지는 오늘날에도 여전히 유효하다고 보아야 하지 않을까?

"극도로 가난한 사람들에게는 저항에 필요한 정신과 지성이 없고, 극도로 부유한 사람들은 기존 질서에 너무 많은 것이 걸려 있다. 미국에서 가공할 만한 재산이 형성되고 거대한 부가 기업의 수중에 축적되고 있다는 것은 국민들이 정부에 대한 통제력을 상실하고 있음을 의미한다. 민주주의의 형식은 유지될 수 있을지 모른다. 하지만 민주주의의 형식이 갖춰진 곳에서도 다른 정치체제에서처럼 독재와 실정失政이 자행될 수 있다. 사실 형식적 민주주의는 가장 쉽게 독재와 실정으로 전락한다."[12]

'미국은 '영토 욕심이 없는 나라'인가?

조미수호조약

조선은 배제된 채 이루어진
미국과 청의 합의

미국은 1880년대부터 시선을 나라 밖으로 돌리기 시작했다. 1880년 국무 장관 윌리엄 에바츠William M. Evarts, 1818~1901는 국내 경제의 발전이 한계에 도달했으며 계속적인 발전을 위해서는 해외 진출만이 유일한 길이라고 주장했다. 경제학자 데이비드 웰스David A. Welles, 1828~1898도 해외시장 개척에 미국 경제의 사활이 달렸다고 강조했다. 농민들과 산업계도 해외시장 진출을 주장하고 나섰다.[1] 1882년 조미수호조약이 맺어진 건 바로 이런 배경하에서였다.

1880년 4월 미 정부에서 조선과의 수교 임무를 하달 받은 해군 제독 로버트 슈펠트Robert W. Shufeldt, 1821~1895는 대서양·아프리카 남단·인도

양을 거처 일본의 나가사키에 도착했다. 그는 5월 부산에서 일본영사를 통해 동래부사와의 회담을 요청했으나 거절당하자, 청의 이홍장과 조미조약을 담판했다.[2]

이홍장이 조선 문제를 맡게 된 건 1879년 일본의 류큐琉球 병합 때문이었다. 일본과 중국의 중간 지점에 놓여 있는 류큐는 오래전부터 "중국은 우리의 아버지이고 일본은 우리의 어머니이다"라는 식으로 양쪽에 조공朝貢을 바치면서 독립을 유지하고 있었는데, 1879년에 일본이 이를 독단적으로 병합해 '오키나와 현'으로 개칭하고 일본의 영토로 만들어버렸다. 이에 놀란 청은 조선 문제를 그간 종속 관계를 취급하는 부서인 예부禮部에서 중국의 대외 관계를 관장하고 있던 이홍장에게 이관시켰다.[3]

슈펠트는 1880년 8월 26일 이홍장과 가진 제1차 톈진天津회담을 시작으로 1882년 3월 19일~4월 22일의 제4차 회담을 통해 조미수교에 대한 최종 합의를 성사시켰다. 당사자인 조선은 배제된 가운데 이루어진 합의였다. 다만 1881년 11월 중국 톈진에서 이홍장을 만나 조미수교를 권고 받은 김윤식은 상소문을 올려 고종으로 하여금 조미수교 결심을 하게 했다는 것이 조선의 참여라면 참여였다. 청은 일본의 진출을 막기 위해 조선 정부가 서양의 여러 나라와 통상조약을 맺는 것이 유리하다고 보았을 것이다.

사실 조선에도 이미 조미수교를 위한 분위기는 무르익고 있었다. 고종은 1871년 대원군이 전국에 세웠던 척화비를 철거했고 "병인(1866), 신미(1871) 양요는 우리나라가 반성해야 할 것이며, 서양 배를 침략선이라고만 떠드는 것도 잘못"이라고 했다. 게다가 강화도조약으로 인해 이제 조선은 기존의 척양斥洋 정책을 계속 추진할 수는 없게 되었다. 미국을

호의적으로 평가한 책 『조선책략朝鮮策略』(1880)의 영향도 컸다.

고종은 미국을 "영토 욕심이 없는 나라"로 이해하면서 양대인洋大人이라 존칭했다. 미국에 대해 "부강하되 소국을 능멸하지 않는다"고 밝힌 『해국도지海國圖志』의 영향을 받은 박규수도 미국을 "부富가 6주에서 으뜸이면서도 가장 공평한 나라"로 인식했다.

1882년 5월 22일 조선은 제물포 화도진 언덕에서 미국과의 수호통상조약을 체결했다. 조미수호통상조약 제1조는 "일방이 제3국에 의해 강압적 대우를 받을 때 다른 일방은 중재를 한다"고 했다. 이른바 '거중조정居中調停, good office' 조항이다. 조선은 여기에 큰 기대를 걸었지만 훗날의 역사는 이게 아무런 의미가 없다는 걸 말해준다. 이홍장은 "조선은 청의 속방"이라는 조문을 조약 안에 넣으려고 애를 썼고 조선의 조정도 이를 무조건 지지하고 나섰지만, 미국의 끈질긴 반대로 이 조문은 삽입되지 않았다.

김원모는 "조미조약을 체결함에 있어서 청국 이홍장의 끈질긴 대한 종주권 주장을 단호히 물리치고 조선 왕조를 주권독립국가로 인정하고 대등한 주권국가의 위치에서 조약을 체결했다. 이로써 조선은 조·청 간의 전통적인 조공관계를 청산하고 주권독립국가로 새 출발을 했다는 점에서 그 역사적 의의는 매우 크다"고 평가한다.[4]

하원호는 "조미조약은 치외법권 등 전형적 불평등조약 내용을 담고 있었으나 조선 측으로서는 일본과의 조약에 비하면 다소 나아진 것이었다. 먼저 이 조약은 열강이 조선의 관세자주권을 인정한 최초의, 그리고 유일한 조약이었다"고 평가한다.[5]

반면 김정기는 조미수호조약을 "첫째, 조미조약의 교섭을 중국과 미국이 주도했고 정작 교섭 파트너이어야 할 조선은 거의 배제되어 있었다. 둘째, 조미조약의 성격은 수호조약이 아니라 불평등조약이었다. 셋째, 조약 내의 허황된 약속 조항으로 고종의 숭미의식이 형성되었다. 넷째, 1905년까지 미국 정부의 조선 정책은 불개입·친일 정책으로 거의 일관하였다. 다섯째, 1905년까지 미국의 조선 주재 외교관들은 정부 훈령에 반하여 많은 이권을 침탈했고 선교의 바탕을 마련했다"며 부정적으로 평가한다.[6]

미국은 조미조약에서 최혜국 대우권을 얻었는데, 이는 당시 세계적으로 강대국들이 약소국들의 이권 침탈을 위한 도구로 이용되던 것이었다. 예컨대, 영국은 1883년 조영조약을 맺어 서울에서 상점을 개설하는 권리를 얻었는데, 이 권리를 얻지 못했던 미국은 최혜국 대우 조항 덕분에 영국이 새로 획득한 그 개설권을 자동적으로 향유하게 되었다.

한국은 언제부터 '은둔의 나라'가 되었나

1882년 10월 일본에서 활동한 미국 선교사 윌리엄 그리피스William Elliot Griffis, 1843~1928가 미국 뉴욕에서 『한국, 그 은둔의 나라Corea The Hermit Nation』란 책을 출간했다.[7] 이 책은 전 세계적으로 많이 팔렸으며, 미국의 개신교 선교부는 선교 전략을 수립하는 과정에서 특히 이 책을 많이 참고했다. 문제는 그리피스가 일본의 조선 침략은 조선인들을 위한 행위라고 보는 친일 인사였으며, 이런 시각이 이 책에 반영되었다는 사실이다.[8]

이태진은 이 책을 한국이 은둔국이었다는 인식에 가장 큰 영향을 미친 주범으로 지목하면서 "문제는 그리피스가 스스로 찬사를 보내고 있는 일본의 '성공'을 설명하기 위해 한 번도 가보지 않은 나라 한국을 비교의 대상으로 삼았다는 점이다"고 비판한다. 그는 "근대 한국은 흔히 '은둔국'으로 규정한다. 대원군 집권기(1863~1873)에 병인양요 · 신미양요 등 외세와 충돌한 사건들이 발생했으므로 이 기간에 한해서는 이 규정이 적절할 수 있다. 그러나 이 시기를 벗어나서도 은둔국이란 딱지는 떨어지지 않는다"며 다음과 같이 말한다.

"1876년 조일수호조규, 1882년 조미수호통상조약, 1883년 조영수호통상조약 등 각국과의 수교 통상이 시작된 후에도 은둔국이란 규정은 철회되지 않는다. 1910년에 일본에게 나라가 병합되었을 때는 은둔과 쇄국 때문에 이렇게 병합되는 지경에 이를 수밖에 없었다는 해석이 붙기까지 하였다. 이런 인식 아래 한국근대사는 곧 자력 근대화에 실패한 역사로 평가되었다. 한국인들은 지금도 국제적으로 어떤 큰 시련을 겪게 되면 '실패한 근대'를 들먹인다."[9]

반면 강재언은 조선의 '은둔과 쇄국'에도 일정 부분 책임이 있다는 입장을 취한다. "조선의 비극은 이웃 나라 일본이 서양의 종교와 학술을 분리하여 양학을 수용함으로써 서양관에 일대 변혁을 이룬 시기에, 1801년의 신유교난으로 시작된 천주교 탄압의 와중에 반서교反西敎에서 반서양反西洋으로 전환하고, '쇄국양이'의 틀 속에 들어박혀 아시아 최후의 '은자의 나라'가 되고 말았던 데에 있다. 그리고 '서학 부재' 상태에서 1882년에 겨우 미국이란 서양세계에 문호를 개방하였다. 이미 양국 간의 국력에는 하늘과 땅만큼의 차이가 벌어져 있었다."[10]

　　조미수호통상조약 체결(1882년 5월 22일)과 비준(1883년 1월 9일)에 따라 1883년 5월 12일 초대 미국 전권공사 루셔스 푸트Lucius H. Foote, 1826~1913가 입국해 비준서를 교환했다. 고종은 "초대 조선주재 미국 공사의 격을 동경과 북경주재 공사와 동격으로 격상하자 뛸 듯이 기뻐했다".[11]

　　조선은 미국에 큰 기대를 걸고 있었다. 반면 일본은 소국이면서도 최강국이고 일본과 지정학적 조건이 유사하다는 이유에서 일찍부터 영국에 주목했다. 김옥균이 "일본은 동방에서 영국과 같은 역할을 하려 한다. 그러므로 우리는 우리나라를 아시아의 프랑스로 만들어야만 한다"고 했지만, 프랑스가 본격적인 탐구 대상이 된 건 아니었다. 장인성은 "조선 지식인들은 중화 체제 외부의 특정 국가를 모델로 삼아 유비類比의 심리를 투사하는 일은 별로 없었다"며 다음과 같이 말한다.

　　"개국기 조선 지식인들에게 의미 있는 서양 국가는 미국이었다. 미국은 대단히 호의적으로 인식되었다.……(그러나) 미국은 동일화하거나 유비를 통해 자기 존재를 증명할 수 있는 대상이 아니었다. '경제대국'으

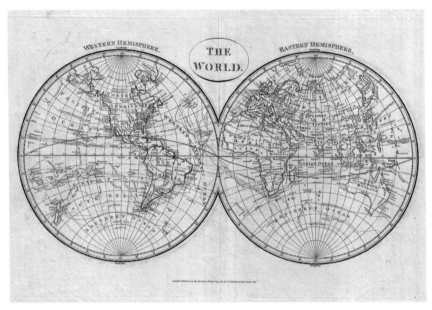

● 조선은 19세기까지 서양에 '은둔의 나라'로 알려졌는데, 이는 미국 선교사 윌리엄 그리피스가 펴낸 『한국, 그 은둔의 나라』 때문이었다. 18세기의 세계 지도.

로서의 미국은 유력한 모델이 될 수 있고 도덕적 국가로서의 미국은 기대와 선망의 대상일 수 있을지언정, 영토의 크기나 부국의 정도, 그리고 국제정치적 위상 등에서 '유비'의 대상(모델)이 될 수는 없었다."[12]

푸트는 부임하자마자 조선의 시장 조사에 들어갔다. 그는 5월 26일 미 정부에 보낸 보고서에서 조선 정부는 실질적인 힘이 거의 없고 나라는 정체되어 있고 가난하며 다년간에 이룩된 중국과 일본에 대한 굴종은 일정 수준의 우매함을 자아냈다고 했다. 또 그는 "수출 가능 물품은 소가죽, 쌀, 사람 머리털, 전복껍데기 등등이다"며 조선의 경제적 가치를 '단물 빠진 껌 내지 계륵鷄肋'이라고 평가했다.[13]

광명 세계를 경험한 조선의 보빙사들

푸트는 고종을 배알하는 자리에서 미국 대통령 체스터 아서Chester A. Arthur, 1829~1886가 사절단 파견을 환영한다는 의향을 전했고, 여기에 고종이 쾌히 동의했다. 1883년 7월 조선 정부는 미국에 보빙사報聘使(報聘은 '답례로서 외국을 방문하는 일')를 파견했다. 사절단은 정사正使에 민영익(1860~1914), 부사副使 홍영식(1855~1884), 종사관(서기관) 서광범(1859~1897) 등으로 모두 20대의 젊은이들이었다. 이 밖에 유길준, 고영철, 변수, 현흥택, 최경석과 중국인 오례당, 미국인 퍼시벌 로웰, 일본인 미야오카 쓰네지로宮岡恒次郎 등이 수행했다. 모두 11명이었다.

이들은 7월 15일 주한 미국 공사인 푸트가 주선한 아시아 함대 소속 미 군함 모노카시호를 타고 제물포(인천)항을 떠나 일본 요코하마에서 동서 기선회사 소속 태평양 횡단 여객선 아라빅호로 갈아타고 9월 2일 이른 아침에 미국 샌프란시스코 항에 도착했다. 제물포항을 떠난 지 한 달 반 만이었다. 민영익 일행의 미국 도착 사실을 당시의 『샌프란시스코 모닝콜』은 이렇게 보도했다.

"어제 이른 아침 이곳 항에 도착한 아라빅호는 한국으로부터 귀빈 일행을 모셔왔다. 이들은 그 왕국으로부터 외국에 파견된 최초의 사절단이다. 그들의 여행은 슈펠트 제독의 협상에 의해서 이루어진 한미조약 조인과 지금까지 닫혀 있던 왕국의 몇 개 항만이 그 나라 역사상 최초로 외부 세계와의 상업을 위해 문호 개방된 결과라 간주된다. 영국, 독일, 프랑스도 모두 한국과의 교역의 문을 트려 애써왔으나 미국이 이들을 앞질렀다."

보빙사 일행은 샌프란시스코에서 기차로 제노, 솔트레이크, 덴버, 오마하를 거쳐 시카고에서 1박 하고 다시 클리블랜드, 피츠버그를 거쳐 8일간의 기차여행 끝에 워싱턴에 도착했다. 그러나 당시 미국 대통령 체스터 아서가 수도인 워싱턴을 떠나 뉴욕에 가 있는 중이어서, 이들은 대통령 접견과 신임장 제정을 위해 다시 뉴욕으로 갔다. 9월 18일 오전 11시쯤, 민영익 등 사절단은 뉴욕 5번가 호텔의 대귀빈실에서 아서를 만나 신임장을 제정했다. 일행은 민영익의 신호에 따라 마룻바닥에 엎드려 이마가 닿을 정도의 큰 절을 해 아서를 당황하게 만들었다.[14]

아마도 복잡한 통역 절차는 모두에게 당황스러운 것이었으리라. 조선어-영어 통역을 할 수 있는 사람이 없어 보빙사 일행엔 '중국어-영어', '일본어-영어', '조선어-중국어', '조선어-일본어'를 구사하는 4명의 통역이 포함되었다. 이런 식이었다. 아서가 영어로 말하면, '중국어-

● 보빙사 일행은 미국 대통령 체스터 아서를 만나고 이어 40여 일간 미국 각지를 시찰하며 새로운 문물에 눈 떴다. 유럽 여러 나라까지 방문한 민영익은 이때의 경험을 두고 "암흑세계에서 태어나 광명세계를 갔다가 다시 암흑세계로 돌아왔다"고 표현했다.

영어' 통역이 중국어로 옮기고, 이어 '조선어-중국어 통역'이 조선어로 옮겼다. 그것으로는 부족하다고 생각했던 것인지 똑같은 방식으로 '일본어-영어 통역'과 '조선어-일본어 통역'을 활용함으로써 두 가지를 종합해 의사소통을 했던 것이다.[15]

이어 보빙사는 40여 일간 각지를 순방하면서 공공기관, 산업박람회, 시범 농장, 병원, 전신회사, 소방서, 우체국, 상점, 제당 공장, 해군 기지 등을 시찰했다. 민영익 일행이 뉴욕 항을 떠나 귀국길에 오른 것은 1883년 11월 10일이었다.

민영익은 자신이 수행원으로 발탁했던 유길준을 국비 유학생으로 미국에 남겨두고 떠났다. 이렇게 해서 유길준은 한국 최초의 미국 유학생이 되었다. 부사 홍영식을 단장으로 하는 일행은 갔던 길을 다시 택해, 그해 12월 말에 귀국했고, 정사 민영익과 서광범·변수는 유럽 제국諸國을 역방歷訪하고 1884년 5월 말에 귀국했다. 민영익은 귀국 후 "나는 암

흑세계에서 태어나 광명세계에 갔다가 다시 암흑세계로 돌아왔다"고 고백했다.[16]

그러나 보빙사를 보낸 보람도 없이 미국은 조선을 외면했다. 1884년 7월 7일부터 한국에 있는 전권공사의 자리는 변리공사 겸 총영사로 격하되었다. 이 때문에 푸트는 사임하고 귀국했다. 1886년 6월 9일 월리엄 파커William H. Parker, 1826~1896가 내한할 때까지 해군무관 조지 포크George C. Foulk, 1856~1893가 임시 대리공사로 일했지만, 포크는 박봉에 시달려 업무 수행을 제대로 하기 어려웠다. 조선에 대한 미국의 무관심은 미국이 조선에 진출한 주요 국가 가운데 서울 이외의 지역에 영사관을 설치하지 않은 유일한 국가였다는 사실을 통해서도 짐작할 수 있다.[17]

미국은 영토 욕심이 없는 나라였던가? 1905년 미국은 일본의 조선 지배를 인정해주는 대신 일본은 미국의 필리핀 지배를 인정한 '가쓰라-태프트 밀약'이 말해주듯이, 결코 그렇진 않았다. 다만 바로 옆의 굶주린 '강도'보다는 멀리 떨어져 있으면서 비교적 잘 먹고 사는 '강도'가 차악次惡일 수 있다는 점에선, 미국이 조선에 대해 욕심을 내지 않았을 뿐만 아니라 별 가치를 느끼지 못한 것은 조선의 국가적 운명엔 더욱 비극적인 결과를 낳았다고 말할 수 있겠다.

'상상할 수도 없는 묵시록적 의미'인가?

알렌 · 언더우드 · 아펜젤러의 조선 입국

조선은 선교사들이 가장 선호한 선교지

1872년 미국의 유명한 부흥사인 드와이트 무디Dwight L. Moody, 1837~1899 목사가 미국의 조그만 교회에서 부흥회를 열었는데, 열흘 동안 400명이 구원 받는 놀라운 역사가 일어났다고 한다. '무디 부흥'을 경험한 젊은이들은 선교의 열정을 갖고 세계 오대양 육대주로 흩어졌으며, 그중에 아시아는 최대의 선교 대상지였고, 그 가운데서도 조선은 이들이 가장 선호하는 선교지였다.[1]

'무디 부흥'과는 별도로 1873년 조선 선교에 뜻을 둔 스코틀랜드 연합장로교회 소속의 존 로스John Ross와 그의 매제인 존 매킨타이어John McIntyre는 청국과 조선 간의 국경이자 합법적인 교역 관문인 만주 퉁화通化현 고려문에서 조선 상인들을 만나 한문 성경을 팔며 전도에 나섰다.

조선 상인들은 성경엔 관심이 없고 이들이 입은 영국산 면제품인 '양복'
에만 관심을 보여 이들을 실망시켰지만, 나중에 여관에 있는 로스에게
50대의 남자 상인 한 명이 찾아와 신약성경을 받아갔다. 이 상인은 최초
의 개신교 순교자가 된 백홍준(1848~1893) 장로의 아버지였다.

　　1876년 강화도조약으로 조선의 문호가 개방되자 로스는 다시 만주
를 방문해 의주 상인 이응찬, 이성하, 김진기, 서상륜 등을 만나 이들에게
성경을 가르치면서 함께 성경 번역에 손을 댔다. 이 4명은 1879년 매킨타
이어에게서 세례를 받고 신앙공동체를 형성해 최초의 한국 교회를 출발
시켰으며, 1881년에는 최초의 한글 성경 『예수성교누가복음젼셔』를 간
행했다. 이들은 한글로 번역한 『누가복음』과 『요한복음』을 들고 1884년
고향인 황해도 장연 소래松川(솔내)에 교회를 세우고 선교에 나섰다. 훗날
백낙준은 소래를 '한국 개신교의 요람'이라 불렀다.[2]

　　한편 무디가 촉발시킨 선교 붐을 타고 일본에서 활동하던 미국 감리
교 선교사 로버트 매클레이Rober S. MacLay는 주일 미국 공사 존 빙햄John A.
Bingham과 주조선 미국 공사 루서스 푸트Lucius H. Foote의 적극적인 후원을
받아 1884년 6월 24일부터 7월 8일까지 조선을 방문했다. 그는 이때 김
옥균을 통해 한국에서 학교와 병원사업을 할 수 있도록 고종 황제에게
허락받아줄 것을 요청했다.

　　고종의 허락이 떨어지자, 1884년 9월 20일 미국 북장로교 선교사로
중국 상하이에서 활동하던 의료 선교사 호러스 알렌Horace N. Allen, 安連
1858~1932이 인천 제물포에 도착, 22일 서울에 들어섰다. 이미 조선의 천주
교 박해는 널리 알려진 사실이었기에 알렌은 한국 선교사로 파송 받을
때는 주한 미국 공사관 공의公醫 자격으로 입국했다. 알렌은 천주교가 조

● '무디 부흥'을 경험한 젊은이들은 선교의 열정을 갖고 세계 오대양 육대주로 흩어졌는데, 조선은 이들이 가장 선호하는 선교지였다. 사진은 드와이트 무디.

선 사회와 심각한 갈등을 겪었던 걸 반면교사로 삼아 포교에 신중을 기했다. 장석만은 개신교가 천주교와 구별하는 포교 전략으로 사용한 방법은 다음 세 가지라고 말한다.

"첫째, 천주교가 정치에 관여하는 데 비해 개신교는 절대 정치에 간섭하지 않는다는 것, 둘째, 천주교가 마리아 숭배 등 우상숭배를 하는 데 비해 개신교는 오직 유일신만을 믿는다는 것, 셋째, 천주교가 프랑스의 종교인 데 비해 개신교는 미국의 종교라는 것이다. 첫째와 셋째 방식은 서로 연관되어 미국의 개신교 선교사가 조선에서 호의적으로 수용되는 데 크게 기여하였으며, 개인의 종교 신앙의 자유와 정교분리가 '우리의 당연함'으로 자리 잡는 데 기반이 되었다."[3]

알렌 이후 들어오는 선교사들도 무디의 영향을 강하게 받았는데, 이들은 타교파에 대해서는 관대했으나 신학적 자유주의나 성경 비판은 단호히 배격했다. 미국 북장로교 선교부의 총무였던 아서 브라운Arthur J. Brown은 한국에 온 선교사들을 이렇게 평했다.

"그들은 성경 비판이나 자유주의는 위험한 이단으로 간주한다. 미국이나 영국의 복음주의 교회는 대부분 보수파든 자유파든 평화롭게 공존하며 공동으로 일을 하기도 하는데 한국에서는 자유주의 신학 사상을 가진 사람은 어려운 길을 가야 한다. 그런데 이러한 경향은 장로교회에 더욱 짙음을 본다."[4]

제중원의 설립과 주일예배, 세례식, 성경 번역

1884년 12월 4일에 일어난 갑신정변에서 수구파의 실력자인 민영익은 칼을 맞아 얼굴과 목, 등에 이르는 치명적 상처를 입고 생명이 위독한 상태였다. 이때 민영익의 치료를 맡은 사람이 의료 선교사 알렌이었다. 알렌은 여기서 실패하는 날에는 한국의 선교가 영원히 끝장날 수도 있다는 압박을 받고 기도하면서 민영익을 수술했다.[5]

민경배는 '이 극적인 장면'을 '과학과 기독교 그리고 미국의 이상이 한국에 그 피와 골수 속에서 새 활력을 환기시키는 역사의 동력으로 환영받기 시작한 때의 모습'으로 보면서, 한국 근대사에서 '상상할 수도 없는 묵시록적 의미'를 부여하였다.[6] 그 의미는 근대사를 넘어서 먼 훗날에 나타나게 되지만, 바로 이때가 실질적인 개신교 입국이 이루어진 순간이었다고 해도 과언은 아니다.

알렌의 수술은 성공적이었다. 민영익은 점차 회복해, 그 다음 해인

1885년 3월 완전히 건강을 찾게 되었다. 알렌은 정부에서 1,000냥의 사례금까지 받았다. 또 그는 시의侍醫 자격으로 궁궐을 자유롭게 드나들 수 있는 기회를 이용, 고종 황제에게 병원 설립을 요청해 뜻을 이룰 수 있었다. 이 병원이 바로 1885년 4월 10일에 문을 연 광혜원이다. 광혜원은 4월 26일 고종에게서 하사받은 제중원濟衆院(백성을 구제한다는 뜻)이라는 이름으로 바뀌었는데, 이게 오늘날 연세대학교 세브란스 병원의 뿌리가 되었다.[7]

알렌에 이어 1885년 4월 5월 장로교 목사 호러스 언더우드Horace G. Underwood, 1859~1916와 감리교 목사 헨리 아펜젤러Henry G. Appenzeller, 1858~1902가 일본 상선 미쓰비시호를 타고 인천 제물포항에 상륙했다. 당시 서울은 갑신정변의 여파로 매우 혼란한 상태였다. 미국 대리공사 조지 포크George C. Foulk, 1856~1893는 이들이 서울로 들어가는 걸 만류했다. 아펜젤러 부부는 아펜젤러 부인이 만삭인지라 잠시 제물포에 머물다 4월 13일 일본 나가사키로 잠시 돌아갔다. 그러나 언더우드는 혼자였기에 이틀을 지낸 후 포크의 안내를 받아 서울에 입성했으며, 이미 자리를 잡고 있던 알렌의 사역장인 광혜원에서 첫 사역을 시작했다.

언더우드는 곧 알렌과 갈등을 빚게 되었다. 알렌은 조선 정부의 방침에 순응해 의사는 진료 활동, 교사는 교육 활동의 역할을 수행하는 것으로 초기 선교 활동을 제한해야 한다는 입장인 반면, 언더우드는 가능한 한 비밀리에라도 조선인들에게 복음을 전하고자 했기 때문이다.[8]

조선의 국내 사정이 안정되었다는 사실이 알려지면서 선교사들이 속속 서울로 입국했다. 1885년 5월 3일 미 감리교회의 목사이며 의사인 윌리엄 스크랜턴William B. Scranton, 1856~1922이 입국했으며, 6월 26일에는 아펜젤러 부부가 재입국하고 스크랜턴의 모친 메리 스크랜턴Mary S. Scranton, 1832~1909이 입국했다. 일본 요코하마에서 언더우드와 같이 이수정에게서 한국어를 배웠던 미 북장로교 의료 선교사 존 헤론John W. Heron, 1856~1890도 이들과 함께 한국에 도착했다.[9]

1885년 이른 여름에 주일예배가 시작되었고, 10월에는 알렌의 집에서 처음으로 개신교 성찬의식이 거행되었다. 아펜젤러는 서울 정동의 조선인 집을 사들여 내실 한 방을 지성소로 꾸며 첫 예배처로 삼았는데 이것이 그 유명한 '정동예배처'로 나중에 한국 감리교와 정동제일교회의 태동지가 되었다. 또 이곳에서 한국 선교회가 창시되었으며 배재학당이 시작되었다. 1885년 10월 11일 외국인과 한국인이 함께한 한국 개신교 최초의 성찬예배가 드려졌는데 정동제일교회는 이날을 창립일로 지키

• 선교사 아펜젤러가 설립한 미션 스쿨 배재학당의 초창기 모습.

고 있다.[10]

　세례의식은 1886년 4월 25일 부활절에 이루어졌다. 한 명은 알렌의 딸 앨리스로, 입국한 지 몇 개월 만에 알렌이 받은, 한국에서 태어난 최초의 백인 아이였다. 두 번째는 그로부터 며칠 뒤에 태어난 스크랜턴 박사의 아이, 세 번째 사람은 아펜젤러가 일본에서 개종시킨 사람으로서 그 당시는 서울 주재 일본 공사관의 통역으로 근무하고 있었다. 물론 이런 의식은 한미조약에 의해 예배를 볼 권리가 주어진 외국인들만을 대상으로 행해진 것이었고, 조선인들을 대상으로 한 선교는 은밀하게 전개되었다. 1886년 7월 18일에는 조선인 최초로 알렌의 어학 선생인 노춘경이 언더우드의 집례하에 개신교 세례를 받았다.[11]

　1887년 9월 24일 언더우드는 서울 정동장로교회(현 새문안교회)를 세웠다. 황해도 장연 서해안에 있는 소래 마을은 선교사가 들어오기 전부터 교회가 설립된 곳으로 유명한데, 이곳 출신들이 정동교회가 설립될 때 주축이 되었다. 1888년 3월 아펜젤러는 정동교회에서 한용경과 과부 박 씨의 결혼식을 주례했는데, 이것이 최초의 신식 결혼으로 기록되고 있다. 이는 '예배당 결혼'으로도 불렀다. 목사가 신랑과 신부 앞에서 결혼에 관련된 성경 구절을 읽고 결혼 증빙 서류에 결혼 당사자, 친권자, 주례, 증인의 도장을 찍는 등의 절차를 거쳤다.[12]

조선에 대해 이중적인 생각을 가진 선교사들

언더우드와 아펜젤러는 이수정이 일본에서 번역 · 출간한 『신약마가복음서언해』(1884년)를 가지고 입국했다. 그러나 이수정의 번역에 오역이 많고 문체와 맞춤법도 바르지 못해, 이들은 1887년 『신약전서 마가복음서 언해』를 간행했다. 또 이때에 선교사들이 합동으로 성서위원회와 성서번역위원회를 조직해 본격적인 번역 · 출판 활동에 돌입했다. 이것이 오늘날 대한성서공회의 출발이다. 신약 번역은 1900년, 구약 번역은 1910년에 완료되는데, 전택부는 "한글 성경은 한국 국어사에 있어서 가장 커다란 사건" 이라고 평가했다.[13]

선교와 함께 찬송가가 전파되었기에 1885년이 한국 양악洋樂의 시작이라는 주장도 있다. 양악洋樂의 시작에 대해선 1885년 설 이외에 여러 설이 있다. 두 번째 설은 1900년 12월 19일 군악대(양악대)가 창설되고, 1901년 2월 독일의 지휘자 프란츠 에케르트Franz Eckert, 1852~1916의 도착과 함께 양악이 본격 등장했다는 것이다. 세 번째 설은 1860년대 가톨릭의 전래와 함께 종교 음악도 들어왔으리라는 추측에 근거한다. 네 번째 설은 370년 전 서양 음악 이론이 수입되었다는 점을 강조하고, 다섯 번째 설은 1810년을 기점으로 본다.[14]

조선에서 활동한 서양 선교사들은 모두 20대의 혈기왕성한 젊은이들이었기에, 이들 사이의 치열한 갈등과 싸움이 없을 수 없었다. 게다가 각자의 선교관도 달랐고, 조선 정치권과 연계되는 바람에 그쪽의 정파 싸움이 그대로 선교사들 내부에 옮겨온 점도 있었다.[15] 그런 복합적 요인이 겹쳐 이들은 서로 없는 곳에서 지독한 욕들을 퍼부어댔다. 알렌 부부는 헤론 부인을 '교활하고 엉큼한 거짓말쟁이', 언더우드는 '위선자요, 수다쟁이'라고 욕했고, 반면 헤론 부인은 알렌을 '선교사로서 부적합한 인물'로 보았다. 실제로 알렌의 잘못을 알리는 지독한 편지가 수없이 태평

양을 건너 선교 본부에 우송되었다.[16]

게다가 선교사들은 모두 청교도적인 인물이었다. 때마침 선교사들이 미국을 떠나기 직전 미국에서는 청교도 정신의 회복이라는 입장에서 흡연을 쾌락에 대한 탐닉으로 규정하는 대대적인 금연 운동이 일어나고 있었다. 선교사들은 조선인을 지독한 골초로 보고 금연을 강조했다. 아니 금연을 아예 교리화했다.[17] 미국 북장로교 외지 선교회 총무로 있던 브라운은 1884년부터 1911년까지 한국에 온 선교사들을 이렇게 평했다.

"나라를 개방한 이후 처음 25년간의 전형적 선교사는 퓨리턴형이었다. 이 퓨리턴형 선교사는 안식을 지키되 우리 뉴잉글랜드 조상들이 한 세기 전에 행하던 것과 같이 지켰다. 춤이나 담배 그리고 카드놀이 등은 기독교 신자들이 빠져서는 안 될 죄라고 보았다."[18]

그러니 그들 자신들도 낯선 환경에서 엄청난 스트레스를 받았을 것

• 조선에 온 선교사들은 춤, 담배, 카드놀이 등은 기독교 신자들이 빠져서는 안 될 죄라고 생각하는 퓨리턴형 선교사였다.

이다. 놀이 자체를 죄악시했으니, 할 일이 무엇이 있었겠는가. 서로의 사생활을 들춰내며 비난하는 걸 스트레스를 풀기 위한 취미로 삼았다고 보는 게 타당할지도 모르겠다.

일부 선교사는 조선에 대해 사랑과 경멸의 모순된 감정을 느끼기도 했던 것 같다. 1887년 9월 제중원 원장으로 취임한 바 있고 1890년 7월 이질에 걸려 사망한 미 북장로교 의료 선교사 헤론이 그런 경우가 아니었을까? 헤론은 "한국의 가난한 환자를 진료하는 일이 예수의 사랑을 실천하는 것이란 신념을 갖고 임했"지만, 안식년으로 미국에 가서 워싱턴 신문에 "한국의 왕은 3백의 후궁을 거느리고 있는 색마요, 그 나라의 멸망은 지척에 있다"고 주장했다.[19]

조선에서 받은 스트레스를 풀기 위해 그랬던 걸까? 사실 많은 선교사가 조선에 대해 그런 이중적인 생각을 갖고 있었던 것으로 보인다. 바로 이 점이 그들에 대한 평가를 어렵게 만들고 오늘날의 역사가들 사이에 논쟁을 불러일으키는 이유이기도 하다.

알렌과 관련된, '상상할 수도 없는 묵시록적 의미'란 과연 무엇일까? 조선이 개신교와 미국의 세례를 받게 되는 것이었을까? 그 무엇이든 훗날 조선, 아니 한국은 놀라울 정도로 많은 면에서 미국을 닮은 나라가 된다. 미국과 한국은 개신교의 세계 선교 규모에서 늘 1, 2위를 차지할 뿐만 아니라, 강한 근로 의욕과 노동강도, 경쟁과 성공의 미덕을 예찬하고 숭배한다는 면에서 한국은 유럽보다는 미국에 훨씬 가까운 나라가 된다.

억만장자는 자연도태의 산물인가?

사회진화론과 칼뱅주의의 결합

미국에서 폭발적 인기를 누린 스펜서의 '사회진화론'

1883년 미국 뉴잉글랜드 공장 직원의 5분의 2가 7~16세의 어린이였으며, 이들의 노동시간은 아침부터 저녁 8시까지였다. 그러나 이런 어린이 노동 문제는 별로 부각되지 않았으며 오히려 이 시기엔 '부자 예찬론'이 미국 사회를 휩쓸었다. 이런 사회 분위기 조성에 기여한 인물이 있었으니, 그가 바로 1882년 가을 미국을 방문한 영국의 사회학자 허버트 스펜서Herbert Spencer, 1820~1903다.

스펜서는 영국에선 점차 외면되고 있었지만, 미국에선 폭발적인 인기를 누렸다. 왜 그랬을까? '적자생존適者生存, survival of the fittest'이라는 말을 처음 사용한 스펜서의 사회진화론Social Darwinism이 영국을 거쳐 이젠 미국의 사회적 분위기에 잘 들어맞았기 때문이다. 역사가 리처드 호프스태터 Richard Hofstadter, 1916~1970의 표현을 빌리자면, "미국 사회가 이빨과 발톱으로 승자를 결정하는 자연 세계의 선택 과정에서 바로 스스로의 모습을 발견"했기 때문이다.[1]

스펜서는 1851년 『사회정학社會靜學, Social Statics』, 1855년 『심리학 원리』, 1862년 『제1원리』, 1864~1867년 『생물학 원리』, 1873년 『사회학 연구』, 1870년대에서 1890년대에 걸쳐 여러 권으로 된 『윤리학 원리』, 『사회학 원리』, 1884년 『인간 대 국가』, 1904년 『자서전』 등을 출간했다. 그는 이미 1850년대부터 『사회정학』을 통해 '벗어날 수 없는 생물학의 원칙을 통해 자유방임주의를 강화하려는 시도'를 함으로써 명성을 누렸다.[2]

스펜서는 사회진화론을 지정학 이론과 결합시켜 좀더 복잡한 사회가 잘 조직되어 있기 때문에 자연스럽게 전쟁에서 승리한다고 주장했다. 그는 전쟁을 사회적 진화의 중요한 동인으로 보았는데, 그 이유는 적들을 정복하거나 식민화함에 따라 사회조직의 전반적인 효율성과 사회적 보편성의 복잡성은 증가하기 때문이라는 것이다.[3]

스펜서는 의분을 느끼면 인도적이었지만 고독한 독신 생활 때문인지 인간적인 따뜻함이 부족한 사람이었다. 그는 좋아하던 당구에 지면 이런 오락에 전문가가 될 만큼 많은 시간을 허비했다고 상대를 비난했다. 그래도 솔직함의 미덕은 있었다. 그는 "나는 추상적인 것에 너무 빠져들었기 때문에 구체적인 인간에 대한 관찰이 서툴다"고 고백했다.[4]

그 '서툰' 실력으로 그는 인간에게 엄청난 영향을 미칠 수 있는 인간에 대한 주장을 쏟아냈다. 일련의 저서를 통해 스펜서는 빈부 격차의 심화는 사회 진화 과정에서 불가피하며, 기업의 활동을 규제하는 것은 종種

● 영국의 사회학자 허버트 스펜서는 사회진화론을 통해 빈부 격차의 심화는 사회 진화 과정에서 불가피한 것이며, 가난한 사람들을 돕는 것은 인류의 진보를 방해하는 것이라고 주장했다.

의 자연적 진화를 막는 것과 같다고 주장했다. 그는 가난한 사람들에게 사적으로든 공적으로든 도움을 준다는 것은 인류의 진보를 심하게 방해하는 것이라고 주장했다. 자연은 발전 정도가 가장 뒤떨어진 자를 배제하는 동시에 살아남은 자에게 끊임없이 시련을 가함으로써 생존의 조건을 이해하고 또 그것에 따라 행동할 수 있는 인간의 진보를 확실하게 하는 것이라는 이유 때문이었다.[5]

　　루이스 코저Lewis A. Coser, 1913~2003는 "지금까지 어떻게든 살아남은 사람은 그렇지 못한 사람보다 더욱 적합한 존재라고 보는 그의 학설은 이 시대의 탐욕적 개인주의를 정당화시켜 주었고 프로테스탄트 윤리가 교육받은 대중들의 마음속에 호소력을 상실해 버렸던 이 시대에 성공을 향한 정력적 추구를 합리화시켜 주었다"며 다음과 같이 말한다.

"스펜서주의는 벤담주의보다 훨씬 더 탐욕적 개인주의의 정당화에 봉사하였던 것 같다. 벤담의 사상도 개인주의를 주장하지만 그래도 그것은 사회계약에 있어서 법률의 긍정적 측면을 강조하고 있었다. 그러나 스펜서주의는 어떤 형태의 법률적 간섭도 궁극적으로는 인류의 전체 복지와 환경에 대한 최적의 적응을 손상시킨다 하며 거부하였다. 그는 열심히 '쾌락'을 극대화하기 위하여 노력하는 사람은 그의 그러한 행위로 인해 의식적이지는 않더라도 인류 전체의 최대행복과 그 진화적 발전에 공헌하게 된다는 것을 보여줌으로써 오로지 자신의 개인적 이익만을 추구하는 사람들에게 좋은 변명을 제공해주었다."[6]

사람이 나이가 들면 마음이 약해지는 걸까? 말년의 스펜서는 부자들에게 유리한 보호관세와 미국-스페인 전쟁에 격렬하게 반대했으며, 임종이 임박해선 "나는 이 나라 역사 중에 가장 최선의 시기를 살았다. 다음 세대들은 전쟁과 사회적 재난을 보게 될 것이다. 그런 것을 보게 될 때까지 계속 살지 않는 것이 기쁘다"며 비관적 견해를 드러냈다.[7]

"백만장자의 존재는 사회적으로 이로운 것이다"

1870년대 영국에선 경제적 위기와 노동자의 동요가 시작되자 빅토리아 중기의 낙관주의는 사라지게 되었고 스펜서의 학설도 내리막길에 서게되었지만, 미국은 영국과는 달리 여전히 급성장하는 사회였기에 사회진화론은 부자들에겐 복음이었다. 가난한 사람들을 그대로 내버려두는 게 인류의 진보에 기여하는 것이라지 않은가. 그러니 얼마나 마음이 편했겠는가.

'미국의 스펜서'라 할 미국의 대표적인 사회진화론자는 예일대학 교수 윌리엄 섬너William Graham Sumner, 1840~1910다. 엄격한 청교도인 섬너는 2년간 미국 성공회의 목사로 목회를 한 뒤 1872년 예일대학 정치학·사회과학 교수로 임용되었으며, 대표작으로는 『사회계급들이 서로에게 빚지고 있는 것What Social Classes Owe to Each Other』(1883), 『사회적 관행Folkways』(1906) 등이 있다.

사회학자 레스터 워드Lester F. Ward, 1841~1913는 1883년 『동태적 사회학Dynamic Sociology』에서 인간 사회는 동물 세계와 근본적으로 다르기 때문에 사회진화론은 아무런 의미가 없다고 주장했다.[8] 워드의 이론은 사회주의자들에게 큰 영향을 주었지만, 미국인들이 더 귀를 기울인 건 섬너의 주장이었다. 모두 다 부자가 되고 싶은 열망 때문이었으리라.

특별한 창조라고 하는 종교적 교리를 포기하면서 확신에 찬 진화론자가 된 섬너는 노골적인 '부자 옹호론'을 폈다. 그는 "백만장자는 자연도태의 산물"이며, 그들은 어떤 역할을 하기 위해 자연스럽게 선정된 사회의 대행자로 보는 것이 마땅하며, 그들의 존재는 사회적으로도 이로운 것이라고 단언했다. 당면한 사회문제를 인간의 힘으로 해결하거나 과학적인 방법으로 진보를 이룩할 수는 없다고 믿은 섬너는 "석판과 펜을 들고 새로운 사회를 건설할 청사진을 그릴 수 있다고 생각하는 것은 인간이 범할 수 있는 가장 큰 오류이다"고 주장했다.[9]

섬너는 『사회계급들이 서로에게 빚지고 있는 것』에서 "평등을 향한 열망은 질투와 선망의 소산이다. B에게 주려고 A에게서 강탈하는 것 빼고는 그 열망을 만족시킬 방안은 없다. 따라서 그러한 모든 안은 인간 본성의 지극히 비열한 악덕을 조장하고, 자본을 쇠퇴시키며, 문명을 전복시킨다"며 개혁가들을 공격하고 나섰다.

"기존 계층들 간에 이미 배분된 재산들을 재분배하려고 애쓰는 대신, 기회를 늘리고 다양화하여 확대하는 것이 우리의 목표여야 한다. 이렇게 하는 것이 문명화의 과제이기도 하다. 지나간 모든 잘못이나 폐해를 없앰으로써, 사회의 완전히 새로운 동력에 새로운 발전 기회를 터줄수 있다. 교육이나 학문, 예술, 정부 분야의 모든 향상은 세상 사람들의 기회를 확대시킨다. 이러한 확대는 평등의 보장이 아니다. 오히려 자유가 있으면 어떤 사람은 그 기회를 열심히 활용하여 득을 볼 것이고, 어떤 사람은 기회를 소홀히 하여 전부 날려 버릴 것이다. 따라서 기회가 많을수록, 이 두 부류의 자산은 더욱 불평등해지게 된다. 모든 정의와 올바른 이성의 관점에서 보아도 그것이 마땅하다."[10]

석유재벌 존 D. 록펠러 John D. Rockefeller, 1839~1937는 "내 돈은 하나님이 준 것"이라고 주장했는데, 섬너는 이런 종류의 주장을 뒷받침해주었다. 그는 예일대학 학생들에게 "워싱턴이 나라 전체에 정치적 섭리를 행사하도록 만들어야 한다고 생각할 필요는 없습니다. 하나님이 이 몫을 정치경제학적 법칙에 따라 훨씬 더 잘 수행해왔습니다"라고 주장했다.[11] 그러니 부자들이 어찌 섬너를 좋아하지 않을 수 있었겠는가.

그렇다면 사회적 약자의 고통은 외면해도 좋다는 것인가? 섬너의 답은 이렇다. "인간의 삶에 따르는 고통은 자연의 본성에서 비롯된다. 이것은 인간이 자연과의 투쟁을 통해서 생존해야 한다는 사실에서 비롯된다. 그렇기에 우리가 어떤 고통을 받는다 해서 그것을 이웃 탓으로 돌릴 수는 없다.……자유로운 국가에서는 누구도 남에게 도움을 청할 권리가 없고 또 어느 누구도 타인을 도와야 할 부담을 지지 않는다."

이런 '개인 책임주의' 사상을 역설한 섬너는 재능이 뛰어난 사람들에 의한 '자연적 독점natural monopolies'에는 찬성하지만 보호관세나 제국주의 정책에 의한 '인위적 독점artificial monopolies'에는 반대했다.[12]

'자연적 독점'과 '인위적 독점'의 경계가 명확한가 하는 의문이 남지만, 섬너의 이론 자체는 꼭 부자들만을 위한 것은 아니었다. 앨런 브링클리Alan Brinkley는 "사회적 진화론은 주식회사의 지도자들에게는 그들의 성공을 정당화해주고 그들의 덕목을 강화해주는 것처럼 보였기 때문에 호소력이 있었다"며 다음과 같이 말한다.

● 석유 재벌 록펠러를 묘사한 1901년의 미국 카툰. 섬너는 "내 돈은 하나님이 준 것"이라는 록펠러의 주장을 뒷받침해주며 부자들은 사회적으로 이로운 존재라고 단언했다.

"사회적 진화론은 자유와 개인주의라는 미국의 전통적인 사상의 맥락에서 그들의 활동을 자리매김하였고 또한 그들의 전략을 정당화시켰다. 그러나 사회적 진화론은 대기업 중심 경제 현실과 많은 관련이 있는 이념은 아니었다. 동시에 기업가들은 경쟁과 자유시장의 덕목을 찬양하면서, 자신들을 경쟁에서 보호하고 시장의 자연적 기능을 자신들의 거대한 기업 연합의 통제로 대체하기 위해 적극적으로 노력하였다. 스펜서와 섬너가 찬양하고 건전한 진보의 근원이라 불렸던 사악할 정도로 투쟁적인 경쟁은 사실 미국 기업가들이 가장 두려워하면서 제거하려고 했던 것이었다." [13]

사회진화론은 과연 쇠퇴했는가?

권용립은 "사회진화론이 당시 미국의 사회사상으로 자리 잡은 까닭을 자본주의 팽창기에 수반되는 자유경쟁과 약육강식의 현실을 정당화시키고 개인주의 정서를 강화시키는 데 적당했기 때문이라는 식으로 간단히 설명해서는 안 된다"며 다음과 같이 말한다.

"사회진화론이란 것은 다윈이 말한 생물 세계 내에서의 적자생존, 자연도태, 약육강식, 그리고 변화의 점진성을 인간사회까지 지배하는 보편법칙이라고 연역해낸 것인데, 이것은 신과 인간의 관계를 냉혹한 관계로 보는 캘빈주의 정서에 직결된다.……구체적으로 캘빈주의가 현세적 삶의 전형으로 보는 근면, 검소, 절약의 윤리는 나태하고 사회에 적응하지 못하는 부류의 도태를 자연법칙으로 보는 사회진화론과 일맥상통하는 것이고, 또 캘빈주의의 근면 관념은 자연히 '개인주의적' 성공에 대한 신념을 동반하게 된다."[14]

그 신념은 해외 지향성을 수반했다. 목사인 조사이어 스트롱Josiah Strong, 1847~1916은 1885년에 베스트셀러가 된 『우리 조국Our Country』에서 앵글로색슨 가치의 세계 전파를 역설하면서 "이 힘 있는 종족은 저 아래 멕시코와 중남미, 대양의 섬들, 아프리카와 그 너머에까지 이르게 될 것이다. 종족간의 이 같은 경쟁이 '적자생존의 법칙'으로 이어지게 되리라는 것은 불을 보듯 뻔하다"고 주장했다.[15]

스펜서 자신은 철저한 개인주의자로서 제국주의에 단호히 반대한 인물이었지만, 1870년대 이후 사회진화론은 우월한 인종이 열등한 인종을 지배하는 것을 자연의 법칙으로 주장함으로써 제국주의의 정당화에 기여했다. 카를 마르크스Karl Marx, 1818~1883조차 식민주의를 문명화의 사명으로서 정당화하는 관점에서 "잉글랜드의 죄악이 무엇이건 간에 그들은 아시아에 근본적인 혁명을 가져오는 데 역사의 무의식적인 도구가 되었다"며 제국주의에 지지를 보냈다.[16]

사회진화론은 다양한 경로를 거쳐 조선에도 수입되었다. 일본에서 베스트셀러가 된 후쿠자와 유키치의 『문명론의 개략』(1875)은 사회진화론을 국가 간의 생존경쟁에 적용시켰으며, 이는 유길준을 비롯한 조선 개화기 지식인들에게 큰 영향을 끼쳤다. 개화기에 발행되던 『한성순보』에도 사회진화론이 침투해, 이 신문은 제국주의에 비판적인 입장을 취하면서도 약육강식이 팽배한 세계 대세를 긍정하는 차원에서 그 책임을 피침략국으로 돌렸다. 물론 이는 당시 세계 사상계를 풍미하던 사회진화론을 받아들인 결과였다. 『한성순보』 1883년 11월 30일자가 아프리카의 야만

● 많은 사람이 20세기에 접어들어 사회진화론이 쇠퇴했다고 말하지만 신자유주의의 득세가 시사하듯, 사회진화론은 21세기에도 건재하다고 보아야 하지 않을까.

성을 장황하게 거론하면서 아프리카의 식민화를 '침략'이라기보다는 일종의 '교화'로 본 것도 바로 그런 시각을 반영한 것이었다.[17]

　　조선에서 사회진화론을 역설한 대표적 문헌은 유길준이 1883년에 쓴 「경쟁론」이다. 유길준이 1881년부터 1882년까지 일본 동경에서 유학하고 있을 당시 동경제국대학교에서 생물학을 강의한 미국인 교수 에드워드 모스Edward S. Morse, 1838~1925의 진화론은 일본 학계에 엄청난 반응을 불러일으키고 있었다. 그는 1883년 한국 최초의 도미 사절인 보빙사의 일행으로 미국을 가게 되자 모스를 찾아가 그를 스승으로 삼아 1885년까지 공부했다. 유길준은 훗날 『서유견문』(1895)의 서문에서 모스를 가리켜 "뛰어난 재주와 넓은 학식으로 미국 전체를 통하여 학문의 지도자 위치에 있으며, 그의 명성을 온 세계에 떨치는 사람"이라고 했으며, 후에 막내아들에게 남긴 글에서도 자신의 생애에 가장 큰 영향을 끼친 인물로 모스를 꼽았다.[18]

　　이명화는 '한국 사회에서 전개된 사회진화론의 특수성'에 주목하면서 "한국 근대사에서 사회진화론은 강자에 대한 패배를 불가피한 숙명으로 보고 그 저항 의욕을 약화시키는 패배주의를 낳기도 했지만, 반면 한국 민족주의의 자강론自強論을 형성시키고 제국주의 침략으로부터 실력 양성 운동을 촉발하는 계기를 이루기도 하였다"고 주장한다.[19]

　　많은 사람이 사회진화론은 19세기 말에 유행했던 것으로 20세기에 접어들면서 쇠퇴했다고 말한다. 그러나 사회진화론이 쇠퇴했다면 신자유주의의 득세는 어떻게 설명할 것인가? 사회진화론은 21세기에도 건재할 뿐 아니라 형식만 세련되었을 뿐 이전보다 더욱 강해진 이데올로기가 되었다고 보아야 하지 않을까?

기가 죽으면 저항 의지도 꺾이는가?
소스타인 베블런의 '유한계급의 이론'

괴짜 학자 베블런, 교수 사회의 배척을 받다

값이 비쌀수록 더 잘 팔린다. 사치를 위해 많은 돈을 지불했다는 사실을 자신만 알아서는 안 된다. 남들이 알아주어야 한다. 가격표가 본질적으로 지위를 상징하는 것이기 때문이다. 이런 '과시적 소비conspicuous consump-tion'의 속성을 가리켜 '베블런 효과'라고 한다. '베블런 효과'는 경제학적 관점에서 보면 틀림없는 비합리적인 소비 행위이지만, 세상은 결코 합리적인 공간이 아니다.

오늘날엔 진부한 상식이 되고 말았지만, '베블런 효과'가 나온 건 110여 년 전이다. 경제학자 소스타인 베블런Thorstein Veblen, 1857~1929이 1899년에 출간한 『유한계급의 이론The Theory of the Leisure Class』에서 제시한 것이다. 19세기 미국 경제학자가 쓴 책 가운데 지금까지 널리 읽히고 있

는 책은 딱 두 권뿐이라고 하는데, 헨리 조지Henry George, 1839~1897의 『진보
와 빈곤Progress and Poverty』(1879)과 더불어 바로 이 책이다.

　　노르웨이 이민자의 자손인 베블런은 보수적 사회진화론자인 예일
대학 교수 윌리엄 섬너William Graham Sumner, 1840~1910의 제자로 사회진화론
을 진보적으로 해석한 '진보적 사회진화론자'였다. 허버트 스펜서Herbert
Spencer, 1820~1903와 에드워드 벨러미Edward Bellamy, 1850~1898의 영향을 동시에
받은 그는 탐욕스런 자본가들을 약탈적 충동의 노예로 보면서 그들이 도
덕적으로 비난받을 행동을 저질렀다고 비난했다.[1]

　　베블런은 진보적이었지만 마르크스주의자는 아니었다. 한 문장에
서는 마르크스를 칭찬하고 다음 문장에서는 비난하는 등 종잡을 수 없는
독립 지식인이었다. 베블런은 유대인들의 지적 업적은 그들이 이 소외된
세상에서 차지하는 주변인적 지위와 피억압자의 역할에 의한 것이며 따
라서 이들이 조국을 갖게 되어 다른 민족과 마찬가지로 되는 날에는 그

들의 독창성도 고갈되고 말 것이라고 주장했다.[2] 마치 자신의 이야기를 하는 것 같다. 그는 괴짜로 스스로 자신을 고립시키는 생활을 해왔기 때문이다. 이와 관련된, 재미있는 일화가 많다.

대학교수로서 뛰어난 지성을 보였지만 워낙 괴팍한 데다 이단자였기 때문에 대학을 여기저기 옮겨 다닌 베블런은 관행을 조롱하는 것을 좋아해서 종종 학업 성과에 관계없이 모든 학생에게 같은 학점을 주었다. 어떤 학생이 장학금을 신청하기 위해 좀더 높은 학점이 필요하다고 요청하면 기꺼이 C 학점을 A 학점으로 고쳐주었다.[3]

베블런은 기존 관행은 물론 합리적 이기심을 경제 행동의 기본 동기로 본 주류 경제학, 즉 신고전학파 경제학에도 도전장을 내밀었다. 그는 "합리성을 바탕으로, 자신의 효용을 계산해 선택한다는 평균적 인간 유형을 가정한 신고전학파의 이론은 잘못됐다"며 인간은 그보다는 탐욕, 공포, 순응 등과 같이 훨씬 더 근본적인 심리적 힘에 의한 지배를 받는다고 주장했다.

폴 스트레턴Paul Strathern은 『세계를 움직인 경제학자들의 삶과 사상』에서 "『유한계급의 이론』이 나오면서 소비자의 지출은 합리적 계산의 문제라는 신고전학파 경제학의 기본 가정에 구멍에 뚫렸다"며 다음과 같이 말한다.

"베블런은 제도학파를 낳았다. 과거 마르크스는 경제적 변화를 계급과 같은 사회적 제도, 기업과 노조, 정부와 국민 간의 투쟁의 산물로 보았다. 그러나 베블런은 경제의 원리를 결정하는 비가시적 제도, 즉 '일반 사람들에게 공통적인 사고습관'에 초점을 맞추었다. 그는 경제 제도는 '관례, 관습, 행동규범'으로 구성된다고 보았다. 마침내 베블런의 이단적 행동에 부담을 느낀 시카고 대학 당국은 1906년 그에게 사직을 권고한다. 베블런의 저서는 그를 유명하게 만들었지만 교수 사회에서 그를 두둔하는 동료는 거의 없었다. 경제학을 진지한 과학으로 만들어보려는 신고전학파의 시도를 방해하고 고소해한 그였으니 당연한 결과라고 할 수 있겠다. 그때부터 베블런은 대우가 나쁜 강사 자리를 찾아 여러 대학을 전전해야 했다."[4]

베블런의 책이 큰 인기를 누리면서 특히 거드름 피우는 유한계급이 많은 동부에 평지풍파를 일으킨 게 문제였을까? 그는 큰 시련을 겪어야 했다. 그의 주장에 대한 반발은 오늘날까지도 계속되고 있다. "소비자들이 이웃들에게 뒤처지지 않으려 항상 지위 경쟁에 빠져 있다"는 베블런의 주장에 대해 데이비드 브룩스David Brooks는 『보보스는 파라다이스에 산다』에서 다음과 같은 반론을 편다.

"정말 그런 이유로 물건을 구입한다고 생각하는가? 만약 당신이 그렇지 않다면, 다른 사람들은 당신보다 더 친박하고 지위에 환장한 사람이라고 생각하는가? 더군다나 분화된 세상에서 도대체 어떤 이웃과 수준을 맞춘다는 건가?……소비 행위의 핵심은 이익 계산이나 경쟁 심리가 아니다. 그것은 열망이다. 불필요한 물건을 사는 쇼핑은 공상과 비슷하다. 사람들은 가게를 돌아다니며 꿈을 불태운다. 자신들에게 환상을 불러일으킬 만한 물건들을 찾아다닌다."[5]

'사치 단속법'은 신분 상승을 막기 위한
특권층의 몸부림

브룩스가 말한 '환상'과 베블런의 '과시효과'가 분리될 수 있는 것일까? 그게 그 말인 것 같은데, 많은 미국인이 베블런의 주장에 발끈하는 건 "속물근성은 좋지 않다"는 생각에 근거한 것으로 보인다. 미국인들만 그런 것도 아닌데, 뭐 그렇게까지 예민하게 반응하는지 모르겠다. 혹 거시 이론을 미시적으로 해석했기 때문은 아닐까? 베블런의 『유한계급의 이론』은 경제학보다는 정치학이나 사회학의 범주에 속하는 책으로 이해하는 게 베블런의 사상을 이해하는 데에 더 도움이 되는 건 아닐까?

그런 관점에서 보자면 '베블런 효과'를 단지 '과시적 소비'에 국한시킨 게 잘못인지도 모른다. 기가 죽으면 저항 의지도 꺾이는가? 이 질문과 연계시켜 '베블런 효과'를 좀더 적극적으로 해석해보자. 즉, '베블런 효과'를 거시적인 이데올로기 차원으로 격상시켜 그 의미를 탐구해보자는 것이다.

먼저 수백 년 전 여러 유럽 국가에 존재했던 '사치 단속법'에 대해 생각해보자. 과도한 사치를 하는 사람들에게 벌금을 물렸던 사치 단속법은 무슨 '근검절약 캠페인'이 아니라 기존 신분제도를 유지하기 위한 방책이었다. 낮은 신분의 사람이 사치를 통해 자신의 신분을 한 단계 끌어올리려는 시도를 용납하지 않으려 했던 특권층의 몸부림이었다.

그러나 사치가 신분과 계급을 나타낸다면 그건 '신분투쟁'이자 '계급투쟁'일진대, 그 열망을 어찌 그런 수준의 단속법으로 통제할 수 있었겠는가. 사치 단속법은 별 효과를 거두지 못한 채 오히려 사치의 유행 속도를 가속화시켰을 뿐이다. 영국에서 마지막 사치 단속법은 1648년에 폐지되었다. 다른 유럽 국가와 일본은 18세기까지 사치 단속법을 시행했지만, 19세기에 이르러 결국엔 다 사라지고 말았다. 이에 대해 낸시 에트코프Nancy Etcoff는 다음과 같이 말한다.

"왜 국가가 그다지도 사소하게 보이는 행동들을 규제하는 법률을 제정하려 노력했을까? 사회학자 어빙 고프먼이 말한 바대로, 만약 사물의 구매 목적이 한 특정 신분 집단의 일원임을 드러낸다면 사물은 신분의 상징이다. 만약 다른 신분 집단이 이러한 물건들을 산다면 그것들은 신분 상징으로서의 가치를 잃어버린다. 현대에도 구매는 터무니없는 가격, 권력층, 구매의 친근한 장소, 사회적 표준을 통해서 규제된다."[6]

베블런이 지적한 '존경할 만한 약탈 충동'은 부자들의 사회적 지배를 위한 기본적 도구가 되었다. 과거에 부자들은 흔히 약탈적인 권력을 과시하기 위해 손님들을 실제 사냥에 초청하기도 하고 피로 동맹을 맺기도 했다. 특히 여우 사냥은 부의 상징이 되었다. 부자들은 고대의 귀족 의상을 입고 시골 들판을 시원스럽게 내달리며 죽은 왕들의 망령들과 교분을 나누었다.[7] 오늘날엔 '과시적 소비'가 그런 기능을 수행하고 있다는 게 베블런의 주장이다.

후발 국가인 미국에선 1890년대에 이르러 그간 급성장해온 경제력이 꽃을 피우기 시작했다. 미국에서 1차 산업의 생산물을 수입하고 공산품을 수출해왔던 유럽 국가들이 급성장하는 미국의 제조업에 긴장할 정도였다. 1890년대에 유럽에서 『미국이라는 침략자The American Invaders』, 『유럽으로 몰려드는 미국산The American Commercial Invasion of Europe』 등과 같은 반미주의 서적들이 출간된 것은 결코 우연이 아니다.[8]

● 과거 부자들은 '약탈적 권력'과 신분을 과시하기 위해 여우 사냥을 즐겨 했는데, 베블런은 오늘날에는 '과시적 소비'가 그런 기능을 수행하고 있다고 주장했다.

　　돈으로 상품을 구매함으로써 권력과 가치관을 과시하는 새로운 엘리트의 출현은 사회의 작동 방식이 이전보다 더욱 복잡해졌다는 걸 말해주는 것이지만, 그 내막은 금권의 사회 통제력 강화였다. 부자들의 '약탈 충동'은 상원까지 지배했다. 이 시기에 각 주의 상원의원들은 유권자가 아닌 주의회에 의해 선출되었기 때문에, 이렇게 선출된 상원의원들은 스탠더드 오일 상원의원, 설탕 트러스트 상원의원, 철강 상원의원, 철도 상원의원 등으로 불릴 만큼 각 주를 대표한다기보다는 재벌과 부자들의 이익을 대변했다. 역사가 아서 슐레진저Arthur Schlesinger Sr., 1888~1965는 이 시대를 돌아보면서 "미국이 링컨의 게티즈버그 연설과는 정반대로 기업의, 기업에 의한, 기업을 위한 정부가 되었다"고 평가했다.[9]

　　귀족의 족보가 없거나 부실한 미국의 신흥 부자들은 새로 획득한 자

신들의 신분을 만천하에 알릴 길이 없음을 애통해하다가 '과시적 소비'
라는 탈출구를 찾게 되며, 이때에 형성된 이런 문화는 오늘날까지 지속
되고 있다.

'명품에 대한 열망'은 처절한 '신분투쟁'

리처드 코니프Richard Conniff는 『부자』라는 책에서 "오늘날 사교계의 명사
들이 일류 손님들을 초대하기 위하여 결사적으로 다투면서 파티를 경쟁
적으로 열고 있는 현상에 학자들이 주목하지 않는 것은 안타까운 노릇이
다"고 개탄한다. 낭비적인 접대는 뇌물만큼 효과가 있으며, 향연은 사회
적 지위를 획득하고 보유하는 수단이었을 뿐만 아니라 전쟁의 의식화儀
式化된 대용 수단이라는 것이다.[10]

어찌 향연뿐이겠는가. 부자의 모든 것이 '전쟁의 의식화된 대용 수
단'으로 활용되고 있다고 해도 과언이 아니다. 예컨대, 부자의 으리으리
한 저택을 보자. 그런 저택에서 살던 한 여성은 어린 시절 친구들을 자신
의 집에 데려왔을 때 일어난 '사건'을 다음과 같이 묘사한다.

"그들의 말과 표정이 참으로 재미있었습니다. 그저 아무 말 없이 조
용했습니다. 자동차 진입로로 차를 타고 들어올 때 친구들은 더욱 더 조
용해졌습니다.……친구들은 자기 이름을 기억하는 것조차 어려웠습니
다."[11]

소녀의 친구들은 어마어마한 부富의 드라마틱한 증거에 기가 죽은
것이다. 각 분야의 권력자들이 한사코 집무실을 크게 만들고 웅장하게

꾸미는 것도 바로 그런 이치에 따른 것임은 두말할 나위가 없다. '과시적 소비'는 바로 그런 '기죽이기' 효과를 발휘한다. 베블런이 이에 대해 많은 지면을 할애하지 않은 건 아쉽지만, 그래도 짚을 건 다 짚어주었다. 이와 관련, 『유한계급의 이론』에서 다음과 같은 네 대목에 주목해보는 게 어떨까?

(1) "사람들의 존경을 받고 이 존경을 유지하려 한다면 단지 부나 실력을 소유하는 것만으로 충분하지 않다. 부나 실력은 반드시 입증되어야 한다. 왜냐하면 존경은 그 증거를 토대로 해야 받을 수 있는 것이기 때문이다. 그리고 부의 증거는 자신의 우월성을 다른 사람에게 심어주어 그것을 생생하게 보존시키는 데 이바지할 뿐 아니라, 스스로 자기만족을 만들어내어 그것을 보존시키는 데에도 적지 않은 도움을 준다."[12]

(2) "지출이 한 개인의 '명성'을 떨치는 데 공헌하기 위해서는 일반적으로 '쓸데없는 물건'에 쓰여져야 하고, 쓸데없는 데에 돈을 쓴다는 사실 자체가 바로 명성의 원인이 된다."[13]

(3) "현대 문명사회에서 사회 계급 사이의 경계선은 막연하고 무의미한 것으로 되어버렸다. 그리고 이런 현상이 생겨나면 상류 계급이 정해놓은 명성의 기준은 아무 장애도 받지 않고 최하층까지 강제적인 영향력을 끼치게 된다. 그 결과 각 계층의 사람들은 바로 자기 위의 계층에서 영위되는 생활양식을 생활의 이상으로 받아들여 그것에 따라 생활하기 위해 온 정력을 쏟는다."[14]

(4) "잘 먹고 잘 사는 유한계급의 용어나 행동, 관점들이 사회의 여타 부문에 대해 행동규범으로서의 성격을 부여한다고 하는 사실은, 그 계급의 보수적 영향력에 무게와 범위를 더욱 강화해준다. 그것은 그들의

MK 뉴스 연예 · 스포츠 · 패션 · 오피니언

구찌도 가격인상 대열 합류…핸드백 4.8% 인상(종합)

뉴스홈 전체기사

최신뉴스 연합뉴스 기사입력 2013-03-25 10:30 최종수정 2013-03-25 17:30

페이스북 로그인을 하시면 친구가 ...읍 수 있습니다.

프라다 또 가격 인상…올들어 세번째

기업

이데일리 뉴스 증권

4.24

속보 | 11:30 산업부, 해양플랜트 100대 전략기술 선정

경제·금융 기업 부동산 IT·과학 정치 사회 국제

종합 전자 자동차 생활/건강 산업 중소기업 기업일반 아웃도어 캠핑

佛 루이비통, 또 가격 올렸다..최고 6% ↑

입력시간 | 2013.03.07 14:36 | 김미경 기자 midory@

osunBiz

2013. 4. 25 (목)

CHAIRMAN

뉴스 마켓 부동산 자동차 Wee

기업 ▾
서비스 · 유통

샤넬, 화장품 가격 최고 5% 인상

안상희 기자 ▾

● 한국 사회에서 명품은 처절한 '계급투쟁'이요 '신분투쟁'이다. 세계적인 명품 업체들이 한국에서 유독 명품
의 가격을 올리는 것도 이와 관련이 깊다.

지도를 따르는 것이 명망 있는 사람들의 의무가 되도록 만들어준다. 그러므로 훌륭한 격식의 화신이라는 높은 지위의 덕택으로, 재산이 좀더 많은 계급은, 그 계급의 단순한 수적 강력함에 의해 할당된 것보다도 훨씬 강력하게 사회의 진보 과정에 전체적 영향력을 발휘하는 것이다."[15]

일반 대중의 명품 욕망은 위와 같은 네 단계의 메커니즘이 성공적으로 작동하고 있음을 웅변해준다. 명품 욕망을 '허영심' 정도로 간단히 정리하고 넘어가려는 건 어리석다. 그건 계급과 신분의 성격이 바뀌고 경계선이 희미해진 소비자본주의 체제하에서 처절한 '계급투쟁'이요 '신분투쟁'이기 때문이다.

베블런은 '과시적 소비'를 고발하거나 비판했다기보다는 그것이 '지배의 천명manifestation of dominance'임을 밝히고,[16] 그것이 갖는 이데올로기 효과를 보여주고자 했다고 이해하는 게 옳지 않을까? 사람이 기가 죽으면 저항 의지도 꺾이는 법이다. '과시적 소비'로 그런 소비는 꿈도 꿀 수 없는 사람들의 기를 죽임으로써 저항 의지를 약화시키는 건 물론이고 부자들이 만든 게임의 법칙을 내면화하게 만드는 효과, 이게 바로 '베블런 효과'라고 재정의해보는 건 어떨까?

테일러가 마르크스보다 위대한가?
프레더릭 테일러의 '과학적 관리법'

프레더릭 테일러는 '효율의 화신'

필라델피아의 부유한 변호사 집안에서 태어난 프레더릭 테일러Frederick Winslow Taylor, 1856~1915는 어렸을 때부터 '효율의 화신'이라고 해도 좋을 정도로 독특한 면을 보였다. 그는 학교까지 가는 길에 발걸음 수를 세어 가장 효율적인 보폭을 찾아낼 정도였으며, 게으른 것을 참아내지 못했다. 그는 아버지의 뜻대로 하버드대학 법대에 지원해 합격했지만, 입학을 포기하고 필라델피아에 있는 펌프 제조회사Enterprise Hydraulic Works에 견습공으로 취직했다. 시력이 나빠져서 하버드대학 입학을 포기했다고 알려져 있지만, 아버지의 그늘에서 벗어나고 싶어서 그랬을 것이라는 설도 있다.

테일러는 3년 후인 1878년 필라델피아에 있는 미드베일 제철회사 Midvale Steel Company로 옮겨 선반공으로 일하면서 당시 철강 산업과 기계산업에 보편화되어 있었던 '은밀한 태업soldiering'의 관행에 강한 문제의식을 갖게 되었다. 은밀한 태업은 공식적 태업sabotage과 달리 적당히 일함으로써 생산량을 제한하는 것을 뜻한다. 테일러는 이런 불합리한 문제를 획기적으로 바꿀 수 있는 아이디어 개발에 몰두하기 시작했다.[1]

당시 미드베일 제철회사를 포함한 대부분의 제조업체는 노동 시간 기준으로 노동자에게 임금을 지불하지 않고 생산량에 따라 임금을 지불하는 '생산고당 임금 시스템piece rate system'을 사용하고 있었다. 그럴듯해 보이지만, 실제로는 임금이 높아지면 생산고당 임금을 깎는 방식이었다. 미드베일 제철회사에서 고속 승진을 거듭해 1884년 수석 엔지니어가 된 테일러는 차등 임금 시스템differential rate system이라는 새로운 임금 체계를 제시했다. 건강한 노동자가 하루에 생산할 수 있는 '정당한 생산량'을 과

● 여성 노동자들이 미드베일 제철회사에서 일하고 있는 모습(1918). 테일러는 이곳에서 선반공으로 일하면서 노동과 효율에 대한 문제의식을 갖게 된다.

학적인 방법으로 결정해 그 이상을 생산한 노동자는 그렇지 못한 노동자에 비해 50퍼센트 정도 임금을 더 받도록 한 것이다.[2]

이를 위해 노동자의 작업 행위를 체계적으로 분석하는 일이 필요했다. 이미 1881년 최초로 지식을 작업의 연구와 작업의 분석에 적용해 작업을 과학화하기 시작한 테일러는 스톱워치를 이용해 개별 노동자의 과업을 가장 작은 단위의 확인 가능한 작업 요소로 나눠서 효율을 추구했다. 테일러는 1889년 미드베일 제철회사를 떠나 경영 컨설턴트로 일하면서 1901년까지 베들레헴 철강회사Bethlehem Iron Company의 작업 디자인에 관여했는데, 이때 사용한 스톱워치 사용법이 자주 거론되었다. 처세술 전문가 데일 카네기Dale Carnegie, 1888~1955가 휴식의 중요성을 테일러의 연구 사례를 들어 역설한 게 흥미롭다. 이런 이야기다.

테일러는 베들레헴 철강회사에서 노동자 한 사람당 하루에 거의 12.5톤의 선철을 화물 차량에 실어 올리며 정오가 되면 몹시 지쳐버린다는 사실을 알게 되었다. 그는 슈밋이라는 사람을 선택해 스톱워치에 따라 일하도록 했다. "이제 선철을 들고 걸어가세요. 이제 앉아서 쉬세요. 이제 걸어가세요. 이제 쉬세요"라는 말을 들으면서 일한 슈밋은 놀랍게도 다른 사람이 12.5톤을 옮기는 동안 47톤을 옮겼다. 슈밋이 그렇게 할 수 있었던 이유는 지치기 전에 휴식을 취했기 때문이다. 그는 한 시간에 약 26분 정도를 일했고 34분 정도는 휴식을 취했다. 이를 소개한 뒤 카네기는 이런 결론을 내린다. "당신의 심장이 그러하듯, 지치기 전에 휴식을 취하라. 그러면 당신은 하루에 한 시간을 더 활동할 수 있다."[3]

테일러는 특허로 벌어들인 수입과 저축이 충분했기 때문에 특정 기업에 얽매이지 않고 집필과 강연에 몰두했다. 그는 여기저기 여행을 다니면서 과학적 관리를 널리 알리는 일을 하면서 내내 한 가지 원칙을 고수했는데, 그건 강의와 자문에서 보수는 물론 차비조차 받지 않는 것이었다.[4] 훗날 테일러주의Taylorism로 불리는 이념 지향성의 발로로 볼 수도 있겠다.

1910년에 동부철도회사가 운임 인상을 요구했을 때 당시 '민중의 변호사'로 불린 루이스 브랜다이스Louis D. Brandeis, 1856~1941는 테일러의 방법을 적용해 비능률적 요소를 제거하면 운임을 인상할 필요가 없다고 맞섰다. 이때에 브랜다이스는 테일러의 방법을 '과학적 관리scientific management'라고 불렀는데, 이 사건을 계기로 '과학적 관리'는 신속하게 널리 보급되었다.

테일러의 '과학적 관리법', 노사 양측의 배척을 받다

브랜다이스의 작명이 마음에 들었는지 테일러도 1911년에 출간한 대표적 저서의 제목을 『과학적 관리법Principles of Scientific Management』이라고 했다. 이 책이 출간되었을 땐 스톱워치를 구하기 어려울 정도로 스톱워치 수요가 폭발하고 있었다. 제러미 리프킨Jeremy Rifkin은 "읍내에 설치된 공동 시계가 유럽의 새 시대를 알리는 상징이었다면 스톱워치는 미국의 새 시대를 알리는 상징이었다"며 다음과 같이 말한다.

"테일러는 직공들의 업무를 작은 단위로 나눈 다음 스톱워치를 이용해 최적의 상태에서 각 업무 단위를 가장 효율적으로 수행할 수 있는 표준 작업 시간을 결정했다. 테일러는 직공의 세부적인 행동까지 조사함으로써 효율성 제고를 위해 어떤 행동을 고쳐야 하는지 권고할 수 있었다. 그에 따른 시간 절약은 종종 몇 분의 1초까지 측정되었다."[5]

노동자들이 이런 '스톱워치의 독재'를 반겼을 리 만무하다. 테일러는 『과학적 관리법』에서 이렇게 말한다.

"노동자 동료들이 나를 한두 번 찾아와 철도변을 따라 있는 4킬로미터의 외진 길을 다니지 말라고 말한 적도 있고, 계속 그렇게 한다면 목숨이 위태로울 수 있다는 말을 하기도 했다. 하지만 그와 같은 얘기를 듣는다고 위축된 모습을 보였다가는 더 위험해지기 때문에, 나는 밤마다 철도변을 따라 집으로 돌아갈 것이며 무기 같은 것은 지니지 않을 테니 공장 사람들에게 쏠 테면 쏘라고 엄포를 놓았다. 대략 3년간 이런 식으로 분쟁을 벌이고 나니 생산량이 현저히 증가했다."[6]

테일러는 "노동자들에게 임금은 과거 그대로 지불하면서 더 많은 작업을 하도록 유도하는 수단으로 이런 지식을 악용할 수도 있다"며 한 가지 실패 사례를 제시한다.

"과학적 관리법의 기본 원칙을 무시한 결과는 곧바로 나타났다. 파업이 연달아 일어났고 책임자들이 쫓겨났으며 회사 전반의 사정은 변화를 시도하기 전에 비해 훨씬 악화되었다. 이 사례는 새로운 관리법의 핵심을 간과한 채 그 수단만을 활용하거나, 과거의 경험을 완전히 무시하면서 긴 시간을 두고 봐야 할 일을 짧은 시간에 해결하려는 것은 무의미하다는 교훈을 던진다."[7]

테일러는 노동조합에서도 욕을 먹었지만 자본가들을 '돼지들'이라고 부르는 등 그들의 탐욕에 대해서도 독설을 퍼부었기 때문에 처음엔 노

● 프레데릭 테일러의 '과학적 관리법'은 등장과 동시에 노동조합과 자본가들에게 배척을 받았다.

사 양쪽 모두에게 배척을 받았다. 그는 그런 배척을 잘 알고 있다며, 결국엔 모든 게 자신의 뜻대로 될 것이라는 말로 『과학적 관리법』을 끝맺는다.

"과학적 관리법은 문제의 모든 요소를 공정하고 과학적으로 분석하여 세 당사자들(노동자들, 고용주, 전체 사회 구성원) 모두에게 정의가 실현되도록 하는 것을 유일한 목표로 삼는 경영 시스템으로서, 노사 양측이 효율성을 실현하고 협동을 통해 이익을 균등하게 배분할 수 있는 방법이라고 나는 확고히 믿고 있다. 한동안은 노사 양측이 모두 이런 진전된 변화를 거부할 것이다. 노동자들은 자신들의 주먹구구식 방법을 건드리는 것에 분개할 것이고 경영자는 새로운 책임과 부담을 짊어져야 한다는 사실에 불만을 나타낼 것이다. 하지만 결국에는 개선된 여론을 통해 고용주들과 노동자들이 모두 새로운 관리방식을 채택하게 될 것이다."[8]

물론 세상은 그의 뜻대로 바뀌었다. '과학적 관리법', 즉 테일러리즘은 미국의 기업계를 점령한 데 이어 1920~1930년대에 소련으로 수출되었다. 레닌과 트로츠키는 테일러리즘을 포용하면서 미국의 전문가들을 소련으로 불러들였으니 말이다. 반면 이탈리아 공산주의자 안토니오 그람시Antonio Gramsci, 1891~1937는 『옥중수고Prison Notebooks』(1934)에 쓴 「아메리카니즘과 포디즘Americanism and Fordism」이라는 글에서 테일러의 '훈련된 원숭이'라는 표현을 거론하면서 다음과 같이 말했다.

"테일러는 사실상 미국 사회의 목적을 노골적인 냉소주의로써 표현하는 것이다. 그 목적이란, 노동자 속에 자동적·기계적인 태도를 최대한으로 조장하고, 노동자 쪽의 지성·상상력·창의력들의 적극적 참여를 일정하게 요구하는 기능적·전문적인 작업의 구래舊來의 심리·신체적 연관을 파괴하여 생산적 활동을 오직 기계적·신체적인 측면으로만 환원시키는 것이다."[9]

'훈련된 원숭이'라는 말은 테일러가 '훈련된 원숭이'가 웬만한 사람보다 잘할 수 있는 단순 노동일지라도 과학적 분석이 필요하다는 뜻에서 한 말이었지만, 다소 왜곡된 위와 같은 비난은 이후 테일러리즘 비판에서 빠지지 않고 등장하게 된다.

미국 사회주의노동자당 창당에 참여한 트로츠키운동 활동가인 해리 브레이버만Harry Braverman, 1920~1976은 『노동과 독점자본주의』(1974)에서 테일러리즘의 목적은 노동자들을 상호 교체할 수 있도록 하고, 그들의 개성이나 인간성을 빼앗아 상품과 같이 매매되는 규격품처럼 다룸으로써 새로운 분업이 필요로 하는 단순노동을 할 수 있도록 하는 데 있다고 비판했다.[10]

효율성에 대한 미국인들의 깊은 애착

크게 보아 이런 비판은 결과적으론 타당한 면이 있다. 테일러의 뜻이 어떠했든, 테일러리즘의 실천으로 인한 문제는 테일러의 의도를 벗어난 점이 있다는 것이다. 백욱인은 테일러가 작업장에서 노동과정을 법칙화하고 규칙으로 만든 것은 개별 노동자들의 지식을 착복해 작업장 단위에서 새로운 기술과 지식으로 노동자를 통제하고 지배하는 결과를 낳았다고 말한다. 노동자들의 작업 관련 지식은 자신에게서 멀어졌으며, 이제 거꾸로 작업에 관한 자신들의 주체적인 지식이 상실, 즉 탈숙련화되었다는 것이다.

"탈숙련화된 노동력은 노동과정에 대한 자율성이나 결정권을 갖지 못한다. 이들은 노동과정의 수인囚人에 불과하다. 이와 유사한 방식이 사회적인 차원에서 이루어질 경우 우리는 이를 '사회적 테일러리즘'이라 부를 수 있다. '사회적 테일러리즘'은 일상생활에서 이루어지는 사회 구성원의 지식과 정보가 문화산업체로 수렴되어 그곳에서 일방적인 규칙과 법칙을 만들어내어 대중의 여가와 취미를 일률적으로 조정하고 조작하는 방식이다."[11]

반면 피터 드러커Peter Drucker, 1909~2005는 "테일러를 자극한 것은 능률이 아니었다. 그것은 또한 소유주를 위해 이익을 창조하는 것도 아니었다"며 이렇게 옹호한다.

"테일러는 생산성의 열매를 가장 많이 가지고 가는 것은 소유주가 아니라 노동자라는 생각을 죽을 때까지 갖고 있었다. 그의 주된 동기는 소유주와 노동자, 즉 자본가와 프롤레타리아가 생산성 향상에 공통으로 관심을 갖고 지식을 작업에 적용하는 데 있어 협조관계에 있는 사회를 창조하는 것이었다. 이러한 테일러의 사상을 지금까지 가장 가깝게 이해한 것은 제2차 세계대전 후 일본의 소유주와 일본의 노동조합이었다."[12]

드러커는 지적 역사知的 歷史에서 테일러보다 큰 영향을 준 인물은 거의 없었지만, 테일러만큼 의도적으로 왜곡된 사람도 없었으며 또한 한결같이 잘못 인용되고 있는 사람도 없다고 개탄한다. 드러커가 보기에 테일러가 왜곡된 이유는 그때까지 어느 누구보다도 지식인들 사이에 일을 경시하는 풍조가 가시지 않았기 때문이다.

드러커는 테일러에 대한 악평의 대부분은 정확하게 말하면 지식을 작업 연구에 적용했기 때문에 받은 것이었다고 말한다. 테일러의 주장, 즉 작업은 연구될 수 있고, 분석될 수 있으며 또한 작업은 일련의 간단하고도 반복적인 동작으로 나눌 수 있고, 각 동작은 하나의 옳은 방법으로, 주어진 시간 내에, 알맞은 도구를 사용해 수행될 수 있다고 한 것은 노동조합에는 정말이지 치명적 공격이었다는 것이다.

드러커는 '다윈-마르크스-프로이트'가 '현대 세계를 창조한 삼위일체'로 인용되고 있는 것에 불만을 표하면서 "만약 이 세상에 정의라는 것이 있다면 마르크스는 빼고 테일러를 대신 집어넣어야만 한다"고 주장한다. 또 드러커는 지난 100여 년간의 폭발적인 생산성 향상을 통해 선진국 경제를 창조한 것은 작업에 대한 지식의 적용이라는 것을 인식하는 사람이 너무나도 적은 것은 심각한 문제라고 주장한다. 기술자들은 기계에, 경제학자들은 자본 투자에 그 공을 돌리고 있다는 것이다.[13]

진보 진영과 노동 쪽의 테일러에 대한 비판은 여전하지만, 경영의 세계는 테일러와 그를 추앙하는 드러커의 편을 들고 있다. 아니 경영의 세계가 아니라 미국 사회 전체라고 하는 게 옳겠다. 과학적 관리법이 미국에서 탄생한 건 우연이 아니라 필연이라고 보는 게 옳을 것이다. 제러미 리프킨은 "유럽인들은 종종 왜 미국인들이 살기 위해 일하기보다 일

• 효율성이 높을수록 하나님께 더욱 가까워진다고 믿는 미국인들의 '효율성 사랑'은 메가처치의 번성으로도
나타나고 있다.

하기 위해 살까 하고 궁금해한다. 그 대답은 효율성efficiency에 대한 미국인들의 깊은 애착에서 찾을 수 있다. 미국인들은 효율성이 높을수록 더욱 하나님께 가까워진다고 믿는다"고 말한다.[14]

아닌 게 아니라 테일러의 『과학적 관리법』이 출간된 1911년 시카고대학 신학대학장인 셰일러 매슈스Shailer Mathews, 1863~1941는 교계 지도자들에게 교회를 위해 일하는 사람들이 너무 비과학적으로 일을 한다며 "테일러에게 배워라"라고 촉구했다.[15] 이른바 '메가처치megachurch'의 번성은 매슈스의 촉구가 받아들여진 걸로 보아야 하지 않을까?

효율을 늘 쟁취하고 정복해야 할 대상으로 간주한 테일러리즘은 기업·산업계를 넘어 미국 사회 전체의 새로운 프런티어였다. 이 프런티어의 정복으로 미국은 모든 면에서 세계 최강국으로 우뚝 서게 된다. 이른바 '디지털 테일러리즘Digital Taylorism'이 미국의 실리콘밸리에서 탄생해세계를 제패하게 된 것도 결코 우연이 아니다. 테일러가 마르크스보다위대한가? 적어도 미국에선 우문愚問 중의 우문이라 할 수 있겠다.

왜 시카고 시민은
마피아를 지지했을까?

'밤의 대통령' 알 카포네

조직범죄의 춘추전국시대와 알 카포네

"미국 역사상 가장 악명 높은 마피아 두목 알 카포네가 인생을 마감한 호화 주택이 최근 84억 원 상당에 팔렸다.……대지 면적만 3만 평방피트(3,716㎡)에 이르는 대저택에는 60×30피트(18×9m)의 수영장과 경호원 숙소까지 따로 있다. 주택 정문 옆에도 손님방을 마련하고, 경호원을 세워 철통같은 경비를 유지했다. 미국 최대 폭력 조직을 이끌던 카포네가 말년에는 다른 조직의 급습에 대한 불안에 떨었기 때문이다."[1]

2013년 6월에 전해진 이 외신은 알 카포네Al Capone, 1899~1947에 대한 관심이 여전함을 잘 말해주고 있다. 하기야 그간 카포네를 소재로 수없이 많은 영화, 드라마, 만화가 만들어져 왔고, 지금도 시카고에 가면 카포네를 추억하는 투어가 관광객을 끌어들이고 있으니, '카포네 마케팅'은 앞으로도 한동안 지속될 게 틀림없다.

1893년 이탈리아 나폴리에서 미국으로 이주한 부모의 아홉 자녀 중 넷째로 태어난 카포네는 유년기를 뉴욕 빈민가에서 보냈다. 이미 13세 때 담임교사와 교장을 폭행해 퇴학을 당할 정도로 갱단 두목의 자질을 보였다. 그는 왼쪽 뺨에 칼 맞은 상처가 있어 '스카페이스scarface(흉터 난 얼굴)'라는 별명으로 불렸다. 카포네를 다룬 브라이언 드 팔마 감독의 영화 〈스카페이스〉(1983)도 바로 여기서 따온 제목이다.

암흑가의 두목 조니 토리오Johnny Torrio, 1882~1957의 보디가드로 출발한 카포네는 1925년 토리오의 후계자가 되어 부하 1,000명을 거느리며 시카고에서 '밤의 황제' 노릇을 했다. 왜 뉴욕이 아닌 시카고였던가? 마피아 내부에도 등급이 있었다. A급인 시실리 출신이 장악하고 있는 뉴욕에서는 나폴리 출신은 명함을 내밀기가 어려웠다.[2]

하지만 1920년 금주법의 시행과 함께 시카고가 지리적 이점으로 주류 밀매의 최대 근거지로 떠오르면서 마피아의 세계에선 시카고가 뉴욕 못지않은 위상을 갖게 되었다. 1927년 정부 관리들은 카포네 갱단이 주류 취급으로 연간 약 1억 달러의 수입을 올리는 것으로 추정했다.

그 엄청난 이권을 놓고 마피아들 사이에선 주도권 다툼이 자주 벌어졌는데, 당시 시카고의 암흑가는 벅스 모란Bugs Moran, 1891~1957이 이끄는 아일랜드계 갱단에 카포네의 이탈리아계 갱단이 도전하는 형국이었다. 이들 사이에 벌어진 전쟁은 미국 이민사를 지배하는 '선착순 원리'를 잘 보여주고 있다.

이탈리아계는 백인들 중 이민 막차를 탄 그룹이었으며, 주로 하층계급 출신이었다. 쓸 만한 사업과 일자리들이 먼저 이민을 온 다른 계열의

• '밤의 대통령'으로 불렸던 알 카포네는 1931년 연방소득세법 위반 혐의로 체포되었다. 사진은 체포되었을 때 찍힌 알 카포네.

백인들에 의해 선점된 탓에 먹고살 길이 막막했다. 이게 바로 조직범죄 집단에 이탈리아계가 많이 진출한 배경이다.

카포네는 스스로 이탈리아계 출신임을 꺼려 자신의 이름을 WASP White, Anglo-Saxon, Protestant 풍인 앤터니 브라운으로 부르게 했으며, 아들 앤터니도 WASP 일류 교육을 받도록 예일대학에 입학시켰고, 결혼도 그런 식으로 하게끔 했다.[3]

이탈리아계는 심지어 가톨릭교회에서도 차별을 받았으며, 이는 수십 년간 지속되었다. 1960년대 말 이탈리아계가 미국 가톨릭 인구의 6분의 1을 차지하고 있었지만, 대주교 21명은 물론 주교 100여 명 가운데 이탈리아 출신은 단 한 명도 없었다. 이탈리아계보다 50년 전에 이민을 온 아일랜드계가 미국 가톨릭을 장악하고 있었기 때문이다.[4]

그러나 이탈리아계보다 좀 낫다는 것이지 아일랜드계 역시 적잖은 차별을 받고 있었기에 이들 역시 조직범죄 집단에 많이 진출했다. 암흑가의 세계마저 아일랜드계에 의해 선점을 당한 이탈리아계로선 '한판 전쟁'이 불가피한 셈이었는데, 가장 널리 알려진 게 1929년 2월 14일 미국 시카고 북쪽 링컨공원 근처에서 카포네 부하 7명이 모란 부하 7명을 톰슨 기관총으로 사살한 이른바 '밸런타인데이 학살Saint Valentine's Day Massacre' 사건이다.

그러나 이 사건으로 처벌받은 사람은 아무도 없었다. 그 이유에 대해 이창무는 이렇게 말한다. "사건 해결은 애초부터 기대하기 힘들었다. 알 카포네가 쌓아놓은 거대한 인맥이 움직인 것이다. 경찰과 검찰은 물론 '빅 빌'로 불리던 윌리엄 톰슨 시카고 시장도 알 카포네의 영향력 아래에 있었다. 당시 미국에는 낮과 밤 두 명의 대통령이 존재한다는 얘기가 나돌았다. 밤의 대통령이 바로 알 카포네였다."[5]

때는 바야흐로 조직범죄의 춘추전국시대였는데, 1929년 시카고에는 91개 협박 조직이 존재해 사업가들에게서 돈을 갈취하는 걸 생업으로 삼고 있었다. 주류 밀매업을 하는 갱단은 톰슨 기관총을 애용한 반면, 협박 조직들은 주로 폭탄을 사용했다. 1927년 10월 11일부터 1929년 1월 15일까지 15개월이 조금 넘는 기간 동안 시카고 지역에서 적어도 157건의 폭탄이 터졌지만, 이 모든 사건의 가해자들 가운데 벌을 받은 사람 역시 한 사람도 없었다.[6]

'현대판 로빈 후드'

법이 썩었을 뿐 아니라 무능한 상황에서 사업가들은 카포네 갱단의 보호를 요청해 안전을 도모하는 길을 택했다. 일반 시민들도 '밤의 대통령'을 미워하거나 싫어하지 않았다. 아니 오히려 좋아하기까지 했다. 카포네는 부모에 대한 효성, 형제간 우애, 아내에 대한 충성이 지극했다. 실업자들을 위해 무료 급식소를 차려주고 가난한 사람들을 위해 파티도 열어주고 돈이 없어 수술을 받지 못하는 이들의 병원비를 대신 내주는 등 자선사업도 많이 했다.

그래서 일부 사람들은 카포네를 '현대판 로빈 후드'로 여기기까지 했다. 그는 아인슈타인, 헨리 포드와 함께 당시 시카고 젊은이들이 존경하는 인물 중 한 명으로 꼽히기도 했다. '밤의 대통령'이란 말은 결코 나쁜 뜻만은 아니었던 셈인데, 그는 이에 걸맞게 자신이 좋은 일을 하는 사업가라고 주장했다. "만일 사람들이 술을 원하지 않고 술을 마시지 않는다면, 그것을 팔려고 하는 놈은 미친놈일 것이다. 나는 좋은 술을 공급하는 것이 사람들에게 좋은 일을 하는 것이라고 생각하고 있다."[7]

1929년 알 카포네와 사이가 좋지 않았던 『시카고트리뷴』의 기자 제이크 링글턴의 살해 사건 직후에 저널리스트 클라우드 콕번은 『런던타임스』의 요청을 받고 카포네를 인터뷰했다. 인터뷰를 통해서 콕번은 엉뚱하게도 '미국 체제'가 가진 미덕을 칭송하는 강의를 들어야 했다. 카포네가 자유와 기업가 정신과 개척자들을 칭송하면서, 사회주의와 전체주의에 대해선 경멸적인 혐오감을 표출했다는 것이다. 카포네는 자신의 범법 행위마저 철저하게 미국적인 방식에 따라 이루어지고 있다고 주장하면서 이렇게 말을 끝맺었다.

"우리들의 이런 미국적인 방식은 (그는 소리 높여 말했다) 그걸 '아메리카니즘'이라고 부르든 '자본주의'라 부르든, 아니면 뭐라 부르든 간에, 우리 모두에게 기회를 던져주는 겁니다. 우리는 다만 양손으로 그걸 꽉 붙잡아서, 충분히 활용하기만 하면 되는 거죠."[8]

결국 이 인터뷰는 신문에 실리지 않았다. 영국인들이 미국의 갱단 두목에게서 그런 '강의'를 듣게끔 할 수는 없다는 이유에서였다. 카포네는 다른 언론 인터뷰에서 자신의 악명惡名에 대해선 언론에 화살을 돌렸다.

"뉴스 갱들은 아마 영원히 나를 팔아먹을 거요. 꼭 내가 이 나라에서 벌어지는 모든 범죄에 대해 책임이 있는 것처럼 말이오. 당신도 내가 무한정한 권력과 엄청난 재력을 가졌다고 생각합니까? 글쎄요. 내가 권력을 가진 건 사실입니다. 하지만 이 어려운 시대에 내 재정 형편 역시 다른 사람들 못지않게 어려운 상태입니다. 내가 지불해야 하는 돈은 언제나 엄청나죠. 하지만 이익금은 계속 줄어들고 있어요. 아마 내가 돌봐줘야 하는 사람들 가운데는 당신이 들으면 깜짝 놀랄 이름도 많을 겁니다."[9]

카포네 갱단은 250명에 달하는 사람들을 살해했지만, 카포네는 건재했다. 그가 엘리엇 네스Eliot Ness, 1903~1957를 비롯한 사법당국에 걸려든 죄목은 우습게도 연방소득세법 위반이었다. 그는 그 혐의로 1931년 기소되어 8년간 징역살이를 했으며, 출감 후 플로리다주에 있는 자신의 농장에서 은둔 생활을 했다. 그는 죽을 때까지 암살에 대한 공포에 시달리고 매독으로 고통 받다가 심장마비로 사망했다.

흥미롭게도 1990년 미국 주류업협회는 카포네의 탈세에 대한 모의재판을 열었는데, 여기서 나온 결론은 카포네의 변호사들이 그들의 의무

• 알 카포네가 실업자들을 위해 운영했던 무료 급식소에서 사람들이 줄을 서서 기다리고 있다. 하루 세 끼의
식사가 제공된 이 무료 급식소는 매일 약 3,500명이 이용했다.

를 충실히 이행하지 않았다는 것이었다. 카포네의 변호인단은 연방정부가 자신들의 고객에 대한 반대 증인으로 내세운 이들 중 일부가 강요로 출두한 사람들이었다는 것조차 몰랐다고 한다.[10]

더욱 흥미로운 것은 카포네가 구속된 1931년에만 전년의 두 배가 넘는 체납 세금이 들어왔다는 점이다. 탈세범에 대한 강력한 처벌에 놀란 범죄자와 시민이 체납된 세금을 납부하기 시작한 것인데, 이를 가리켜 '알 카포네 효과'라고 한다. 『중앙일보』(2013년 2월 25일)는 「국세청, 역외탈세와 전면전 돌입: '알 카포네 효과' 노린다」라는 기사에서 이렇게 말했다.

"국세청이 역외탈세와의 전면전에 돌입했다. 역외탈세는 세원 발굴은 물론 국부 유출 엄단을 위해서도 근절해야 한다는 게 국세청의 인식이다. 수천 억 원의 세금을 포탈한 혐의로 기소된 '선박왕' 권혁 시도상선 회장이 최근 법원에서 실형을 선고받고 법정 구속되면서 국세청은 한층 자신감을 얻었다.……국세청은 특히 권혁 시도상선 회장의 법정구속을 계기로 그동안 세금을 탈루해온 이들이 자발적으로 세금을 내는 '알 카포네 효과'가 생겨날 것으로 기대하고 있다."[11]

'낮의 대통령'이 타락하면
'밤의 대통령'이 부활한다

'알 카포네 효과'는 그럴듯한 작명이긴 하지만, 왜 희대의 범죄자가 보통 사람들의 지지나 인기를 누릴 수 있었을까 하는 의문과 관련해 쓰는 것이 더 낫지 않을까? 조직범죄 집단이 대중의 지지를 누리는 현상은 오늘날에도 전 세계적으로 적잖이 일어나고 있기에, 이런 의문과 관련해 카포네를 써먹는 것이 좋지 않겠느냐는 것이다.

조직범죄 전문 역사가인 루치아노 이오리초Luciano Iorizzo는 카포네가 누린 인기의 이유에 대해 이렇게 말한다.

"아마도 카포네는 불황기에 억압받는 사람들에게 희망의 상징이었을 것이다. 미국인들은 일찍이 전 세계적 경기 불황의 고통을 느끼고 있었다. 그런데 카포네는 무료 식당에서 가난한 사람들에게 식사를 제공했다. 그는 번영이 바로 코앞에 다가왔다는 희망을 품은 사람들에게 살아 있는 증거가 되면서 한참 잘 나가고 있었다." [12]

그런 점도 있었겠지만, 아무래도 답은 카포네의 다음과 같은 주장에서 찾는 게 좋을 것 같다. "상류사회란 사회적 지위를 잃지 않고 이익을 만끽하려는 뻔뻔스러운 놈들로 이 '훌륭한 사람들'은 합법적인 공감을 일삼고 있다. 나는 시민이 바라는 것을 공급했을 뿐이다. 내가 범죄자라면 선량한 시카고 시민들 역시 유죄다." [13]

영국 정치학자 수잔 스트레인지Susan Strange, 1923~1998는 '국가의 퇴각the retreat of the state'이라는 관점에서 마피아 현상을 바라본다. 마피아 권력의 강화와 세계적 확산에 주목하는 그는 "국가와 같이 마피아 조직 또한 경제적 기생충과 같다. 이는 시민들로부터 보호할 테니 돈을 내라는 식의 수입을 얻어내는 방법에서의 말이다"며 다음과 같이 주장한다.

"이탈리아의 마피아 조직들은 질서와 투표권을 지켜 나가면서 정부 기관의 그림자와 같은 시스템으로 작용하여왔다. 바로 이러한 점이 이탈리아를 어느 정도의 문제로부터 빠져 나올 수 있게 했다. 몇십 년 동안

● 알 카포네의 사망 증명서. 알 카포네는 죽을 때까지 암실에 대한 공포에 시달리고 매독으로 고통 받다가 심장마비로 사망했다.

국가는 마피아에게 사회적 매개체로서의 중재 역할을 맡겨왔다. 더불어 사람들과 그들의 소유권 보호 그리고 질서 유지가 모두 마피아의 역할이었던 것이다."[14]

또 영국 미래학자 이언 엥겔Ian Angell은 일본의 마피아(야쿠자)가 1990년 도요타자동차의 8배에 달하는 55억 6,000만 달러의 이익을 냈으며, 일본 증시에 등록된 기업의 98퍼센트가 범죄 조직에 '연구비' 등의 명목으로 많은 돈을 지급하고 있다는 추정 통계를 거론하면서, "하지만 이러한 거래가 현대 국가들에 만연한 정당에 대한 기부 행위와 다른 점은 또 뭐란 말인가?"라고 묻는다.

"범죄자들은 중산층 시민들만큼이나 무정부 상태를 원하지 않는다.

그들의 난폭하고 잔인한 도덕성은 주로 범죄 조직들 사이의 싸움에서 나타난다. 범죄자들은 기생충이다. 그러므로 그들이 먹이로 삼을 건강하고 질서 정연한 사회가 필요하다.……국가는 조직범죄 집단들이 무정부 상태와 사회 붕괴를 낳을 것이라고 거짓말을 퍼뜨린다. 그러나 진실보다 앞서는 것은 아무것도 없다.……마피아 조직이 주변을 다스릴 때에는 힘없는 할머니들조차도 거리에서 강도를 당하지 않는다.……범죄자들은 점차 지배 범위를 넓히고 있으며, 자신들을 새로운 독립국가로 보기 시작하고 있다. 1995년 1월 고베 대지진 직후에 야쿠자들은 일본 정부보다 더 빠르고 효과적으로 식량과 담요들을 전달했다."[15]

카포네 갱단은 이탈리아나 일본의 마피아 수준에 미치진 못했지만, 이와 같은 시각은 카포네가 누린 인기를 설명하는 데엔 도움이 된다. 국가, 즉 공직자들 역시 마피아 조직원들과 경제적 기생충이라는 점에선 같다는 시각은 공직자들이 본분에 충실하지 않을 때에 벌어질 수 있는 시나리오를 예고해준다.

카포네를 어떻게 평가하든, 그가 당시 상류사회와 권력층의 탐욕·부패·위선을 이용하고 그 터전에서 자신의 제국을 건설했다는 데엔 이견이 없을 것이다. '낮의 대통령'이 타락하거나 시원찮으면 언제든 '밤의 대통령'이 인기를 끌 수도 있다는 사실, 카포네는 바로 그 점을 온몸으로 웅변해준 게 아닐까?

왜 킨제이는 '20세기의 갈릴레이'가 되었나?

아직도 끝나지 않은 '킨제이 보고서' 논쟁

미국 사회를 경악시킨 『킨제이 보고서』

"배우 장혁은 8일 방송된 MBC 〈황금어장-무릎팍도사〉에서 '1권인데 500페이지짜리 『킨제이 보고서』를 군대에서 세 번 정독했다'고 고백했다. 이날 장혁은 '군대에 가면 성인 잡지들이 있는데 나이 어린 동생들과 차마 못 보겠더라. 그래서 교양 있어 보이게 『킨제이 보고서』를 봤다'고 털어놔 웃음을 자아냈다. 『킨제이 보고서』는 포털사이트 검색어 1위에 오르며 눈길을 끌었다."

2013년 8월 이런 기사들이 인터넷에 200건 넘게 오르는 등 장혁 덕분에 『킨제이 보고서』가 때 아닌 화제가 되었다. 『킨제이 보고서』가 성인잡지에 비해 교양성이 훨씬 뛰어나다는 건 두말할 나위가 없지만, 이 보고서를 만든 주인공인 앨프리드 킨제이Alfred Kinsey, 1894~1956는 혹독한 사회적 비난과 공격에 시달려야만 했다. 어떤 일에서든 시대를 앞서간다는 건 모진 시련과 고초를 감내해야 하는 일인가?

1948년 1월 7일 인디애나대학의 곤충학 교수 킨제이가 『남성의 성적 행동Sexual Behavior in the Human Male』이라는 보고서를 출간했을 때 세상은 경악했다. 킨제이는 사회가 믿고 싶어 하는 미국인의 성적 행동과 실생활에서 이루어지는 성행위 사이에 커다란 차이가 있다는 걸 밝혀냈기 때문이다. 책은 27만 부가 팔려 나갔으며, 8개국에서 번역본이 출간되었다.

10년 동안 1만여 명을 인터뷰한 결과를 토대로 작성한 이 보고서에 따르면, 기혼 남성의 85퍼센트는 혼전 성경험이 있고, 성공한 사업가들 가운데 적어도 80퍼센트 이상이 혼외정사 경험이 있고, 유부남의 30~45퍼센트는 아내 몰래 바람을 피웠고, 남자 셋 중 한 명은 동성애 경험이 있고, 남성의 90퍼센트는 자위행위를 했다.

킨제이가 이런 엉뚱한 일에 뛰어든 건 인디애나대학에서 결혼에 관한 비공식 강좌를 맡아달라는 요청을 받고 나서부터였다. 동물학 중에서도 곤충학을 연구했던 그는 동물과는 달리 인간의 성적 행동에 관한 믿을 만한 통계자료가 거의 없다는 것에 충격을 받고 그런 기록을 남겨야겠다는 강한 사명감을 갖게 되었다.

킨제이를 더욱 놀라게 만든 건 학생들의 성에 대한 무지였다. 성 아우구스티누스Aurelius Augustinus, 354~430가 '성에 대한 지식'을 원죄로 간주한 이래로 기독교는 성을 입에 올리는 것조차 죄로 보았으며, 이런 생각은 1930년대까지도 미국 사회를 지배하고 있었다. 아이가 어떻게 태어나는지 모르는 건 물론 키스만 해도 임신이 된다고 생각하는 여대생이 수두룩했다.

● 앨프리드 킨제이는 『킨제이 보고서』를 통해 미국 사회를 경악시켰다.

킨제이의 가정은 그런 무지를 강요하는 사회의 축소판이었다. 공대 교수이자 독실한 감리교 신자였던 아버지의 도덕 교육은 어찌나 엄격했던지 킨제이는 훗날 성인이 되어서도 아버지의 '독재'를 용서할 수 없다고 했다. 공학도가 되라는 자신의 뜻을 어기고 생물학을 전공했다는 이유만으로 아버지는 킨제이의 대학 졸업식은 물론 결혼식에도 불참했다고 하니, 어떤 아버지였는지 알 만하다.

전제적인 아버지에 대한 반항심은 성을 억압하는 사회적 독재에 대한 반항심으로 이어졌고, 바로 이것이 그의 연구를 지속시키는 원동력이 되었다. 겉 다르고 속 다른 위선의 문화에 대한 혐오감도 또 다른 원동력이었다. 주일엔 기도 이외에는 아무 일도 하지 못하게 할 정도로 엄격했던 아버지는 바람을 피운 뒤 아내와 이혼하기 위해 이혼이 쉬운 네바다주까지 갔는데, 킨제이가 보기에 이는 성에 대한 사회적 이중성의 축소판이었다. 독재와 위선에 대한 반항, 독재와 위선으로 인해 고통 받는 사람들에 대한 공감과 애정은 킨제이의 열정을 불타오르게 만들었다.[1]

킨제이는 1938년부터 학생들의 성행위 사례들을 수집하기 시작했다. 수백 명의 학생들이 자신의 결혼 강의를 신청해 처음엔 그들을 인터뷰 대상으로 삼았지만, 점점 더 다양한 사람, 다양한 지역으로 연구 범위를 넓혀 나갔다. 록펠러재단에서 지원을 받아 조수 몇 명을 데리고 그 일을 미친 듯이 해낸 것이다.

당시 결혼 강의는 다른 대학들에도 개설된 과목이었지만, 킨제이의 결혼 강의는 성격을 전혀 달리하는 파격적인 성 강의였다. 학생들은 질 안으로 들어가는 음경을 클로즈업으로 묘사한 슬라이드가 등장하는 것에 충격을 받아 숨을 죽이곤 했다. 학생들의 반응은 열광적이었지만, 지역사회는 분노했다. 인디애나대학의 소재지인 블루밍턴의 목사연합은 대학 당국에 강의 중단을 거세게 요구했고 의대 교수들도 이 공격에 합세했다. 이런 압박에 밀려 킨제이는 1940년 강의를 중단하면서 자신을 갈릴레오 갈릴레이Galileo Galilei, 1564~1642에 비유했다.

"보고서가 사실이라면 미국인들의 성적 타락은 로마시대보다 심하다"

강의는 중단되었지만, 킨제이의 성경험 수집은 계속되었고, 10년의 세월이 흘러 『남성의 성적 행동』을 출간할 수 있게 된 것이다. 언론은 이 책이 원자폭탄과 같은 충격을 주었다고 보도했고, 킨제이는 니콜라우스 코페르니쿠스Nicolaus Copernicus, 1473~1543와 찰스 다윈Charles Darwin, 1809~1882에 비교되었다. 킨제이는 대중문화 현상이 되었다. 그는 만평과 코미디의 단골 소재가 되었으며, 라디오에선 킨제이 리포트에 관해 토론하는 게 유행이었다.

어디 그뿐인가. 킨제이 보고서가 출간된 이후 미국 전역에 새로운 경범죄가 들끓었으니, 그건 바로 '음란 전화'였다. 아무 집이나 전화를 걸어 여자가 받으면 킨제이연구소라고 밝히고 상대방의 성 습관에 대해 꼬치꼬치 캐묻는 수법이었다. 이게 사회 문제로 비화되어 킨제이연구소는 전화 인터뷰는 하지 않는다고 밝히면서 주의를 당부했지만, 의외로 이런 속임수에 넘어가는 여성이 많아 킨제이를 빙자한 음란 전화는 수년간 유행했다.[2]

킨제이는 순식간에 전국적인 명성은 얻었지만, 그로 인한 희생은 만만치 않았다. 전국에서 분노의 편지들이 인디애나대학으로 몰려들었다. 특히 킨제이의 가족이 큰 고생을 했다. 아이들은 자신의 아버지는 킨제이가 아니라고 했고, 미국 전역에서 킨제이라는 성을 가진 사람들 중 일부는 자신이 그와 친척이 아님을 밝히는 광고까지 냈다.[3]

킨제이는 이런 탄압에 굴하지 않고 1953년 9월 9일 두 번째 보고서인 『여성의 성적 행동Sexual Behavior in the Human Female』을 출간했다. 여대생 4명 가운데 1명꼴로 혼전 성관계를 경험했으며 그 가운데 거의 과반수가 후회하지 않는다고 답했다. 유부녀의 29.6퍼센트가 혼외정사를 경험했고, 여성의 60퍼센트는 자위행위를 했으며, 여자 8명 중 1명은 동성애를 체험했다. 이런 조사 결과들과 더불어 킨제이는 이른바 '질 오르가슴'은 미신이며 자위가 성교에 해로운 영향을 끼친다는 주장은 사실무근이라고 반박했다. 이 책 역시 수십만 부가 팔려나가면서 폭발적인 관심의 대상이 되었다.

보고서가 출간되기 직전 킨제이를 표지 인물로 등장시킨 『타임』(1953년 8월 24일자)은 킨제이를 '섹스의 콜럼버스'로 묘사했다. 그러나 동시에 "이것이 미국 여성일 리가 없다. 매춘부를 조사한 게 아니냐"는 분노와 비난이 빗발쳤다. 신학자 헨리 반 듀센Henry P. Van Dusen은 "보고서가 정말 사실이라면 미국인들의 성적 타락상은 역사상 최악의 로마시대보다 더 심하다"고 했고, 빌리 그레이엄Billy Graham 목사는 "킨제이의 책이 이미 타락하고 있는 미국의 도덕에 입힌 손해를 계산하기는 불가능하다"고 비난했다.[4]

진보적인 신학자인 라인홀드 니부어Reinhold Niebuhr, 1892~1971도 공격 대열에 가담했다. 니부어는 킨제이의 견해를 과학의 특권이라는 미명하에 감추어진 인간 영혼에 대한 무지의 소치라고 혹평하면서 성교는 상대방에 대한 지속적인 책임감 안에서 이루어져야 한다고 강조했다. 그간 성에 대해 열린 자세를 취했던 문화인류학자 마거릿 미드Margaret Mead, 1901~1978는 한 걸음 더 나아가 킨제이의 책이 사람들을 타락시킨다며 판매 금지 조치를 요구했다.[5]

앵거스 매크래런Angus McLaren은 "킨제이는 젊은 남자들에 비해서 불과 5분의 1 정도밖에 안 되는 성 충동을 가진 나이 든 여자들이, 억압적 형태의 성교육을 가르치고 비행 청소년 반대 운동을 지휘한다는 잔인한 아이러니에 특히 주목했다"며 다음과 같이 말한다.

"사회가 성을 금지하려고 하는 것은 쓸데없는 짓이었다. 군대와 감옥도 그런 금지를 강요하는 데 실패했는데, 하물며 시민사회에서 무엇을 기대한단 말인가? 어떤 경우든 킨제이는 섹스가 품위를 떨어뜨리는 것이 아님을 주장했다. 그는 자신의 성적 충동에 굴복하는 사람은 정신적·도덕적 부적응자라는 오래된 주장과는 반대로, 성적으로 가장 능동적인 사람들이 직업적으로 가장 성공한 사람들에 속한다는 통계자료로

응수했다. 사람마다 제한된 여분의 성 에너지가 있어서 함부로 그것을 써버리면 안 된다는 식의, '정자 경제학seminal economy'에 대한 19세기적 사고에 맞서서, 킨제이는 성적 활력이 건강의 징표라고 단언했다."[6]

그러나 보수파는 킨제이 보고서가 가족을 공격함으로써 미국을 무너뜨리려는 공산주의 음모라고 몰아붙였다. 유니언신학교의 해리 에머슨 포스딕Harry Emerson Fosdick, 1878~1969 목사는 일단의 반대자들을 규합해 킨제이에 대한 연구 자금 지원을 중단하도록 록펠러재단을 압박했다. 이런 압박에 굴복한 록펠러재단은 1954년 킨제이에 대한 지원을 끊었으며, 그 대신 유니언신학교에 52만 5,000달러를 지원했다. 이는 킨제이가 13년간 받은 연구비 총액보다 많은 액수였다. 킨제이가 죽을 때까지 필

● 킨제이는 연구비를 마련하기 위해 죽을 때까지 돈을 구하려 했지만 이는 실패로 돌아갔다. 사진은 킨제이연구소 홈페이지.

사적으로 매달렸던 일은 바로 돈을 구하는 것이었지만, 대부분 실패로 돌아가 킨제이는 절망 속에서 지내야 했다.[7]

'플레이보이 제국'을 건설하다

킨제이가 시대를 앞서간 선구자였음을 입증하겠다는 듯 킨제이를 자신의 영웅으로 여기면서 킨제이의 연구 자료를 중요한 사업 기반으로 삼은 인물이 나타났으니, 그가 바로 휴 헤프너Hugh Hefner, 1926~다. 그가 1953년 창간한 『플레이보이』는 첫 표지 모델로 메릴린 먼로Marilyn Monroe, 1926~1962의 누드 사진을 게재함으로써 큰 성공을 거둬 '플레이보이 제국'을 건설하게 된다.

킨제이는 1956년 8월 25일 7,985번째 인터뷰를 하고선 급성 폐렴에 걸려 62세로 사망했다. 절망 속에서 한을 품고 세상을 떠난 것이다. 킨제이의 사후 발견된 「성 연구를 할 권리」라는 글에서 그는 "과학자들의 뜻을 꺾고, 위협하고, 이 분야의 연구를 중단하게 만들려고 활동해온 다양한 세력"에 비난을 퍼부었다. 킨제이연구소는 살아남았지만, 킨제이라는 이름은 여전히 '끝나지 않은 전쟁'을 계속해야만 했다.[8]

1997년 제임스 존스James H. Jones가 출간한 『앨프리드 킨제이: 공적·사적 삶Alfred C. Kinsey: A Public·Private Life』은 증거들을 교묘히 왜곡해서 킨제이를 관음증 환자, 여성 혐오자, 마조히스트 등과 같은 딱지를 붙이며 기괴한 인물로 묘사했다. 이 책을 읽은 비평가들은 덩달아 '킨제이 때리기'에 나섰다. 예컨대, 크리스토퍼 히친스Christopher Hitchens, 1949~2011는 킨제이가 "자신의 남성 동료들 몇 명을 상대로 자신의 아내를 이용한 매춘을 시작했으며……방법론적으로 빈약하기 그지없는 이 황폐하고 쓸쓸한 글에서……그의 관음증이 사회의 관음증과 어색하게 뒤엉켜 있다"고 썼다.[9]

반反포르노운동가 주디스 라이스먼Judith A. Reisman, 1935~은 '반反킨제이 운동의 창설자'라는 말을 들을 정도로 '킨제이 때리기'를 넘어서 '킨제이 죽이기'에 나섰다. 자신의 딸이 성적 괴롭힘을 당해 극심한 우울증을 앓다가 사망하자 그 근본적 책임을 킨제이에게 돌린 주디스는 사회운동 차원에서 킨제이를 '희대의 성도착자이자 사기꾼'으로 묘사하며 공격했다.[10]

킨제이는 양성애자였으며, 킨제이 부부가 합의하에 서로 혼외정사

● 휴 헤프너는 킨제이의 연구 자료를 중요한 사업 기반으로 삼아 『플레이보이』를 창간해 상업적으로 큰 성공을 거두었지만 미국 사회는 여전히 킨제이에 대해 결벽증적인 자세를 취하고 있다.

를 허용하는 등 파격적인 모습을 보인 건 사실이다. 또 킨제이가 이야기를 듣는 것만으론 모자라며 관찰이 필요하다고 생각해 성행위 관찰을 여러 차례 시도한 것도 사실이다. 그렇지만, 이걸 관음증이나 성도착으로 몰아붙이고, '아내를 이용한 매춘'에 사기꾼이라는 욕까지 입에 올리다니, 해도 너무 했다. 그러나 정작 문제는 킨제이에 대해 그렇게까지 말해도 무방한 미국 사회의 분위기에 있는 건 아닐까?

조너선 개손 하디Jonathan Gathorne-Hardy는 1998년에 출간한 『킨제이와 20세기 성 연구』에서 "미국 사회는 여전히 킨제이에 대해 놀라울 정도로 결벽증 환자 같은 태도를 보이고 있다. 무려 16권에 이르는 『과학인명사전』은 킨제이를 깡그리 무시하고 있다. 4권에서 과거 그의 스승이었던 린든 퍼널드를 설명하며 그가 『먹을 수 있는 야생식물』을 킨제이와 함께 썼다고 밝힌 것이 전부다. 최근에 나온 보충판에도 킨제이의 이름은 전혀 언급되어 있지 않다"며 다음과 같이 말한다.

"심지어 그가 학문으로 확립한 분야조차 적어도 미국 사회에서는 여전히 어느 정도 경계의 대상이 되고 있다. 베테랑 성 연구자인 번 벌로가 FBI의 조사를 받고 안보를 위협하는 인물로 분류되었을 정도다. 또한 킨제이의 업적을 제대로 인정해주는 것도 이 분야의 사람들뿐이다.……킨제이는 사회 개혁가이자 해방자였으며, 서로 아무 관련이 없는 두 분야에서 선구적인 업적을 남긴 과학자였다. 많은 비난을 받았지만 용감했고, 까탈스러웠지만 위대한 사람이었다. 나는 그의 위대함을 부정할 이유가 없다고 생각한다."[11]

킨제이가 위대하다면, 무엇보다도 그가 자신의 조언을 간절히 원하는 사람들에게 직접 써서 보낸 편지가 4~5만 통에 이른다는 사실이 가장 먼저 언급되어야 하는 건 아닐까? 그는 그들을 죄책감, 금기의식, 무지에서 해방시키는 일에 보람과 사명감을 느낀 인물이었다. 당시 '성범죄'로 간주되던 것의 80~90퍼센트가 전혀 범죄가 아니라고 여기면서 자위, 혼전 성관계, 동성애를 옹호한 것에 반감을 갖는 사람일지라도, 킨제이가 성 문제로 인해 고통 받는 사람들에 대한 공감과 애정을 갖고 있었다는 것만큼은 인정해야 하지 않을까?

주

머리말

1. 「'대박 드라마' 성공 공식 있다」, 『조선일보』, 2006년 1월 21일, A4면.
2. Todd Gitlin, 『The Twilight of Common Dreams: Why America Is Wracked by Culture Wars』 (New York: Metropolitan Books, 1995), p.46.
3. 이현송, 『미국 문화의 기초』(한울아카데미, 2006), 423쪽.
4. 다니엘 J. 부어스틴(Daniel J. Boorstin), 이보형 외 옮김, 『미국사의 숨은 이야기』(범양사출판부, 1989/1991), 357쪽.
5. 김신영 · 엄보운, 「韓人 노숙자서 흑인 미혼모까지…국가가 '개천의 용'으로 키워주는 미국: 아메리칸 드림 은 계속된다」, 『조선일보』, 2013년 6월 15일.

왜 포카혼타스는 나오미 캠벨이 되었나?

1. 김진호, 「'美 건국'의 씨앗, 제임스타운」, 『경향신문』, 2007년 5월 19일.
2. 케네스 데이비스(Kenneth C. Davis), 이순호 옮김, 『미국에 대해 알아야 할 모든 것, 미국사』(책과함께, 2003/2004), 62~63쪽.
3. 정의길, 「'포카혼타스 전설'의 고향서 400년 만에 드러난 '식인의 추억'」, 『한겨레』, 2013년 5월 3일.
4. 레이 태너힐(Ray Tannahill), 손경희 옮김, 『음식의 역사』(우물이있는집, 2002/2006), 304쪽.
5. Daniel J. Boorstin, 『Democracy and Its Discontents: Reflections on Everyday America』(New York: Vintage Books, 1975), pp.26~29; 대니얼 J. 부어스틴(Daniel J. Boorstin), 이보형 외 옮김, 『미국사의 숨은 이야기』(범양사출판부, 1989/1991), 197~199쪽.
6. 리처드 솅크먼(Richard Shenkman), 이종인 옮김, 『미국사의 전설, 거짓말, 날조된 신화들』(미래M&B, 1988/2003), 180쪽; 「John Smith(explorer)」, 『Wikipedia』.
7. 케네스 데이비스(Kenneth C. Davis), 이순호 옮김, 『미국에 대해 알아야 할 모든 것, 미국사』(책과함께, 2003/2004), 68쪽.

8. 정지원, 「나윤선 "프랑스 공연 중 포카혼타스로 오해받았다"」, 『뉴스엔』, 2013년 4월 29일.
9. 서정아, 「포카혼타스는 실존 인물인가: 백인 남성과 최초로 결혼한 전설의 인디언」, 『서울신문』, 1995년 8월 29일, 11면.
10. 케네스 데이비스(Kenneth C. Davis), 이순호 옮김, 『미국에 대해 알아야 할 모든 것, 미국사』(책과함께, 2003/2004), 33쪽.
11. 연동원, 『영화 대 역사: 영화로 본 미국의 역사』(학문사, 2001), 30~32쪽.
12. 김성곤, 『문학과 영화』(민음사, 1997), 72~73쪽.

'추수감사절'인가, '추수강탈절'인가?

1. 앨런 브링클리(Alan Brinkley), 황혜성 외 옮김, 『미국인의 역사 1』(비봉출판사, 1993/1998), 23~44쪽; 정만득, 『미국의 청교도 사회: 정착 초기의 역사』(비봉출판사, 2001), 41~43쪽; 대니얼 J. 부어스틴(Daniel J. Boorstin), 이보형 외 옮김, 『미국사의 숨은 이야기』(범양사출판부, 1989/1991), 261~262쪽.
2. 마크 쿨란스키(Mark Kurlansky), 박광순 옮김, 『세계를 바꾼 어느 물고기의 역사』(미래M&B, 1997/1998), 84쪽; 정만득, 『미국의 청교도 사회: 정착 초기의 역사』(비봉출판사, 2001), 46쪽.
3. 앨런 브링클리(Alan Brinkley), 황혜성 외 공역, 『미국인의 역사 1』(비봉출판사, 1993/1998), 41~43쪽; 김용관, 『탐욕의 자본주의: 투기와 약탈이 낳은 괴물의 역사』(인물과사상사, 2009), 173쪽; 케네스 데이비스(Kenneth C. Davis), 이순호 옮김, 『미국에 대해 알아야 할 모든 것, 미국사』(책과함께, 2003/2004), 69~70쪽.
4. 정만득, 『미국의 청교도 사회: 정착 초기의 역사』(비봉출판사, 2001), 49쪽.
5. CCTV 다큐멘터리 대국굴기 제작진, 소준섭 옮김, 『강대국의 조건: 미국』(ag, 2007), 25~26쪽; 김동길, 『미국이라는 나라: 김동길 역사강연집』(햇빛출판사, 1987), 38쪽.
6. 마크 쿨란스키(Mark Kurlansky), 박광순 옮김, 『세계를 바꾼 어느 물고기의 역사』(미래M&B, 1997/1998), 85~86쪽.
7. 제임스 로웬(James W. Loewen), 이현주 옮김, 『선생님이 가르쳐 준 거짓말』(평민사, 1995/2001), 128~129쪽.
8. 제임스 로웬(James W. Loewen), 이현주 옮김, 『선생님이 가르쳐 준 거짓말』(평민사, 1995/2001), 129~130쪽.
9. 최민영, 「"추수감사절(Thanksgiving Day)이 아니라 추수강탈절(Thankstaking Day)이다"」, 『경향신문』, 2005년 11월 26일.
10. 「Thanksgiving(United States)」, 『Wikipedia』.

펜실베이니아의 꿈은 어디로 갔나?

1. 앨런 브링클리(Alan Brinkley), 황혜성 외 옮김, 『미국인의 역사 1』(비봉출판사, 1993/1998), 57~58쪽; 사라 에번스(Sara M. Evans), 조지형 옮김, 『자유를 위한 탄생: 미국 여성의 역사』(이화여자대학교출판부, 1997/1998), 50쪽; 제임스 M. 바더맨(James M. Vardaman), 이규성 옮김, 『두 개의 미국사: 남부인이 말하는 미국의 진실』(심산, 2003/2004), 28~31쪽.
2. 정만득, 『미국의 청교도 사회: 정착 초기의 역사』(비봉출판사, 2001), 219~220쪽.
3. 케네스 데이비스(Kenneth C. Davis), 이순호 옮김, 『미국에 대해 알아야 할 모든 것, 미국사』(책과함께, 2003/2004), 89쪽; 앨런 브링클리(Alan Brinkley), 황혜성 외 옮김, 『미국인의 역사 1』(비봉출판사, 1993/1998), 58~59쪽; 제임스 M. 바더맨(James M. Vardaman), 이규성 옮김, 『두 개의 미국사: 남부인

이 말하는 미국의 진실』(심산, 2003/2004), 33~35쪽.

4. 케네스 데이비스(Kenneth C. Davis), 이순호 옮김, 『미국에 대해 알아야 할 모든 것, 미국사』(책과함께, 2003/2004), 89쪽.

5. 스토 퍼슨스(Stow Persons), 이형대 옮김, 『미국 지성사』(신서원, 1975/1999), 91~99쪽.

6. 유종선, 『미국사 100장면: 신대륙 발견에서 LA 흑인폭동까지』(가람기획, 1995), 45쪽.

7. CCTV 다큐멘터리 대국굴기 제작진, 소준섭 옮김, 『강대국의 조건: 미국』(ag, 2007), 243쪽; 리처드 솅크먼(Richard Shenkman), 이종인 옮김, 『미국사의 전설, 거짓말, 날조된 신화들』(미래M&B, 1988/2003), 182~183쪽.

8. 대니얼 J. 부어스틴(Daniel J. Boorstin), 이보형 외 옮김, 『미국사의 숨은 이야기』(범양사출판부, 1989/1991), 240~241쪽.

9. 앨런 브링클리(Alan Brinkley), 황혜성 외 옮김, 『미국인의 역사 1』(비봉출판사, 1993/1998), 153~154쪽.

10. 이상민, 「닉슨-키신저 시대의 대외정책(1969~1976)」, 최영보 외, 『미국 현대외교사: 루즈벨트 시대에서 클린턴 시대까지』(비봉출판사, 1998), 335쪽.

11. 네이션 밀러(Nathan Miller), 김형곤 옮김, 『이런 대통령 뽑지 맙시다: 미국 최악의 대통령 10인』(혜안, 1998/2002), 377~378쪽.

왜 청교도는 종교적 박해의 피해자에서 가해자가 되었나?

1. 오성근, 『마녀사냥의 역사: 불타는 여성』(미크로, 2000), 15~23쪽; 찰스 매케이(Charles Mackay), 이윤섭 옮김, 『대중의 미망과 광기』(창해, 1841/2004), 280~298쪽; 존 B. 베리(John Bagnell Bury), 박홍규 옮김, 『사상의 자유의 역사』(바오, 1914/2006), 80쪽.

2. 헨드릭 빌렘 반 룬(Hendrik Willem van Loon), 이혜정 옮김, 『관용』(서해문집, 1925/2005), 164~165쪽.

3. 빌 브라이슨(Bill Bryson), 정경옥 옮김, 『빌 브라이슨 발칙한 영어산책: 엉뚱하고 발랄한 미국의 거의 모든 역사』(살림, 1994/2009), 534쪽; 정만득, 『미국의 청교도 사회: 정착 초기의 역사』(비봉출판사, 2001), 29쪽.

4. 앨런 브링클리(Alan Brinkley), 황혜성 외 옮김, 『미국인의 역사 1』(비봉출판사, 1993/1998), 88~89쪽.

5. 빌 브라이슨(Bill Bryson), 정경옥 옮김, 『빌 브라이슨 발칙한 영어산책: 엉뚱하고 발랄한 미국의 거의 모든 역사』(살림, 1994/2009), 534~535쪽.

6. 케네스 데이비스(Kenneth C. Davis), 이순호 옮김, 『미국에 대해 알아야 할 모든 것, 미국사』(책과함께, 2003/2004), 98~100쪽; 스토 퍼슨스(Stow Persons), 이형대 옮김, 『미국 지성사』(신서원, 1975/1999), 99~107쪽; 이주영, 『미국사』(대한교과서, 1995), 21쪽.

7. 앨런 브링클리(Alan Brinkley), 황혜성 외 옮김, 『미국인의 역사 1』(비봉출판사, 1993/1998), 89쪽.

8. 케네스 데이비스(Kenneth C. Davis), 이순호 옮김, 『미국에 대해 알아야 할 모든 것, 미국사』(책과함께, 2003/2004), 100~102쪽.

9. 케네스 데이비스(Kenneth C. Davis), 이순호 옮김, 『미국에 대해 알아야 할 모든 것, 미국사』(책과함께, 2003/2004), 101~102쪽.

10. 빌 브라이슨(Bill Bryson), 정경옥 옮김, 『빌 브라이슨 발칙한 영어산책: 엉뚱하고 발랄한 미국의 거의 모든 역사』(살림, 1994/2009), 535~536쪽; 리처드 솅크먼(Richard Shenkman), 이종인 옮김, 『미국사의 전설, 거짓말, 날조된 신화들』(미래M&B, 1988/2003), 225~229쪽.

'프로테스탄트 윤리와 자본주의 정신'의 원조인가?

1. 허버트 알철(J. Herbert Altschull), 강상현·윤영철 옮김, 『지배권력과 제도언론: 언론의 이데올로기적 역

할과 쟁점』(나남, 1984/1991), 52쪽.

2. 빌 브라이슨(Bill Bryson), 정경옥 옮김, 『빌 브라이슨 발칙한 영어산책: 엉뚱하고 발랄한 미국의 거의 모든 역사』(살림, 1994/2009), 97~98쪽.

3. 마이클 헌트(Michael H. Hunt), 권용립 · 이현휘 옮김, 『이데올로기와 미국외교』(산지니, 1987/2007), 129쪽.

4. 폴 스트레턴(Paul Strathern), 김낙년 · 전병윤 옮김, 『세계를 움직인 경제학자들의 삶과 사상』(몸과마음, 2001/2002), 155~156쪽; 로버트 L. 하일브로너(Robert L. Heilbroner), 장상환 옮김, 『세속의 철학자들: 위대한 경제사상가들의 생애, 시대와 아이디어』(이마고, 2000/2005), 65쪽.

5. 태혜숙, 『다인종 다문화 시대의 미국문화 읽기』(이후, 2009), 81쪽.

6. 알리스테어 쿠크(Alistair Cooke), 윤종혁 옮김, 『도큐멘터리 미국사』(한마음사, 1973/1995), 151쪽.

7. I. M. 자이틀린(Irving M. Zeitlin), 이경용 · 김동노 옮김, 『사회학 이론의 발달사: 사회사상의 변증법적 과정』(한울, 1981/1985), 182쪽.

8. 리처드 셴크먼(Richard Shenkman), 이종인 옮김, 『미국사의 전설, 거짓말, 날조된 신화들』(미래M&B, 1988/2003), 183~184쪽.

9. 마이클 헌트(Michael H. Hunt), 권용립 · 이현휘 옮김, 『이데올로기와 미국외교』(산지니, 1987/2007), 127~128쪽.

10. 조지프 나이(Joseph S. Nye), 홍수원 옮김, 『제국의 패러독스』(세종연구원, 2002), 184쪽.

11. 빌 브라이슨(Bill Bryson), 정경옥 옮김, 『빌 브라이슨 발칙한 영어산책: 엉뚱하고 발랄한 미국의 거의 모든 역사』(살림, 1994/2009), 99쪽.

12. 찰스 패너티(Charles Panati), 최희정 옮김, 『문화라는 이름의 야만』(중앙M&B, 1989/1998), 84~87쪽.

13. 막스 베버(Max Weber), 박성수 옮김, 『프로테스탄티즘의 윤리와 자본주의 정신』(문예출판사, 1905/1996), 37쪽.

14. 박중서, 「벤저민 프랭클린: 미국의 과학자 겸 정치가」, 『네이버캐스트』, 2011년 5월 11일.

혁명은 '공포'와 '신화'를 먹고사는가?

1. 알리스테어 쿠크(Alistair Cooke), 윤종혁 옮김, 『도큐멘터리 미국사』(한마음사, 1973/1995), 159~161쪽; 리처드 셴크먼(Richard Shenkman), 이종인 옮김, 『미국사의 전설, 거짓말, 날조된 신화들』(미래M&B, 1988/2003), 132~133쪽.

2. 찰스 패너티(Charles Panati), 최희정 옮김, 『문화라는 이름의 야만』(중앙M&B, 1989/1998), 133~136쪽.

3. 리처드 셴크먼(Richard Shenkman), 이종인 옮김, 『미국사의 전설, 거짓말, 날조된 신화들』(미래M&B, 1988/2003), 133쪽.

4. Frederick Lewis Allen, 「Came the Revolution」, 『The New York Times Book Review』, July 6, 1997, p.8; Kenneth C. Davis, 『America's Hidden History: Untold Tales of the First Pilgrims, Fighting Women, and Forgotten Founders Who Shaped a Nation』(New York: Smithonian Books, 2008), pp.199~201; 「Benedict Arnold」, 『Wikipedia』.

5. 토머스 프랭크(Thomas Frank), 김병순 옮김, 『왜 가난한 사람들은 부자를 위해 투표하는가: 캔자스에서 도대체 무슨 일이 있었나』(갈라파고스, 2004/2012), 208쪽.

6. 최명 · 백창재, 『현대 미국정치의 이해』(서울대학교출판부, 2000), 21쪽.

7. 사루야 가나메, 남혜림 옮김, 『검증, 미국사 500년의 이야기』(행담출판, 2004/2007), 61쪽.

8. 빌 브라이슨(Bill Bryson), 정경옥 옮김, 『빌 브라이슨 발칙한 영어산책: 엉뚱하고 발랄한 미국의 거의 모든 역사』(살림, 1994/2009), 135~136쪽.

9. 이주영, 『미국사』(대한교과서, 1995), 64~65쪽.

10. 레이 라파엘(Ray Raphael), 남경태 옮김, 『미국의 탄생: 미국 역사 교과서가 왜곡한 건국의 진실들』(그린

비, 2004/2005), 19~39쪽; 리처드 솅크먼(Richard Shenkman), 이종인 옮김, 『미국사의 전설, 거짓말, 날조된 신화들』(미래M&B, 1988/2003), 61쪽.

11. 레이 라파엘(Ray Raphael), 남경태 옮김, 『미국의 탄생: 미국 역사 교과서가 왜곡한 건국의 진실들』(그린 비, 2004/2005), 183~197쪽; 제임스 로웬(James W. Loewen), 이현주 옮김, 『선생님이 가르쳐 준 거짓말』(평민사, 1995/2001), 195~196쪽; CCTV 다큐멘터리 대국굴기 제작진, 소준섭 옮김, 『강대국의 조건: 미국』(ag, 2007), 55~56쪽.

12. 레이 라파엘(Ray Raphael), 남경태 옮김, 『미국의 탄생: 미국 역사 교과서가 왜곡한 건국의 진실들』(그린 비, 2004/2005), 41~61쪽.

13. 리처드 솅크먼(Richard Shenkman), 이종인 옮김, 『미국사의 전설, 거짓말, 날조된 신화들』(미래M&B, 1988/2003), 134~136쪽.

14. 하워드 진(Howard Zinn)·도날도 마세도(Donaldo Macedo), 김종승 옮김, 『하워드 진, 교육을 말하다』(궁리, 2005/2008), 241쪽.

15. 신용호, 「영화 '패트리어트', 'U-571' 역사 왜곡 비난 여론」, 『중앙일보』, 2002년 2월 26일; 「The Patriot(2000 film)」, 「Wikipedia」.

자유의 나무는 피를 먹고 자라는가?

1. 하워드 진(Howard Zinn)·레베카 스테포프(Rebecca Stefoff), 김영진 옮김, 『하워드 진 살아있는 미국역사』(추수밭, 2007/2008), 48~49쪽.

2. 하워드 진(Howard Zinn)·도날도 마세도(Donaldo Macedo), 김종승 옮김, 『하워드 진, 교육을 말하다』(궁리, 2005/2008), 243쪽.

3. 케네스 데이비스(Kenneth C. Davis), 이순호 옮김, 『미국에 대해 알아야 할 모든 것, 미국사』(책과함께, 2003/2004), 145~146쪽; 유종선, 『미국사 100장면: 신대륙 발견에서 LA 흑인폭동까지』(가람기획, 1995), 93~96쪽.

4. 앨런 브링클리(Alan Brinkley), 황혜성 외 옮김, 『미국인의 역사 1』(비봉출판사, 1993/1998), 172~173쪽.

5. 하워드 진(Howard Zinn)·도날도 마세도(Donaldo Macedo), 김종승 옮김, 『하워드 진, 교육을 말하다』(궁리, 2005/2008), 115쪽.

6. 손세호, 『하룻밤에 읽는 미국사』(랜덤하우스, 2007), 76쪽; 마이클 헌트(Michael H. Hunt), 권용립·이현휘 옮김, 『이데올로기와 미국외교』(산지니, 1987/2007), 80쪽.

7. 함규진, 「제임스 매디슨」, 「네이버캐스트」, 2011년 8월 10일.

8. 앨런 브링클리(Alan Brinkley), 황혜성 외 옮김, 『미국인의 역사 1』(비봉출판사, 1993/1998), 185~186쪽.

9. 정경희, 『미국을 만든 사상들』(살림, 2004), 53~55쪽.

10. 찰스 비어드(Charles A. Beard), 양재열 옮김, 『미국 헌법의 경제적 해석』(지만지, 1913/2008), 8~13쪽·142~144쪽; 하워드 진(Howard Zinn), 조선혜 옮김, 『미국민중저항사 I』(일월서각, 1980/1986), 111쪽.

11. 토마스 아이크(Thomas Ayck), 소병규 옮김, 『잭 런던: 모순에 찬 삶과 문학』(한울, 1976/1992), 51~52쪽.

12. 놈 촘스키(Noam Chomsky), 강주헌 옮김, 『지식인의 책무』(황소걸음, 1996/2005), 149쪽.

13. 채동배, 『법으로 보는 미국 그리고 한국의 사법개혁』(살림, 2004), 4~5쪽.

14. 다니엘 J. 부어스틴(Daniel J. Boorstin), 이보형 외 옮김, 『미국사의 숨은 이야기』(범양사출판부, 1989/1991), 130쪽.

15. Philip K. Howard, 『The Death of Common Sense: How Law Is Suffocating America』(New York: Grand Central Publishing, 1994); Philip K. Howard, 『Life Without Lawyers: Liberating Americans form Too Much Law』(New York: W. W. Norton & Co., 2009); Philip K. Howard, 『The Collapse of the Common Good: How America's Lawsuit Culture Undermines Our

Freedom』(New York: Ballantine Books, 2001).

인간은 '커다란 짐승'인가, '생각하는 육체'인가?

1. 장태한, 『아시안 아메리칸: 백인도 흑인도 아닌 사람들의 역사』(책세상, 2004), 53쪽.
2. 앨런 브링클리(Alan Brinkley), 황혜성 외 옮김, 『미국인의 역사 1』(비봉출판사, 1993/1998), 189~195쪽; 이구한, 『이야기 미국사: 태초의 아메리카로부터 21세기의 미국까지』(청아출판사, 2006), 180~184쪽.
3. 마이클 헌트(Michael H. Hunt), 권용립 · 이현휘 옮김, 『이데올로기와 미국외교』(산지니, 1987/2007), 211~215쪽.
4. 조웅, 「독립, 팽창, 전쟁(1789~1815)」, 차상철 외, 『미국 외교사: 워싱턴 시대부터 루즈벨트 시대까지(1774 ~1939)』(비봉출판사, 1999), 67~69쪽; 이구한, 『이야기 미국사: 태초의 아메리카로부터 21세기의 미국까지』(청아출판사, 2006), 190~192쪽.
5. 최웅 · 김봉중, 『미국의 역사』(소나무, 1997), 133~134쪽.
6. 하워드 진(Howard Zinn), 이아정 옮김, 『오만한 제국: 미국의 이데올로기로터 독립』(당대, 1991/2001), 326~327쪽.
7. 스토 퍼슨스(Stow Persons), 이형대 옮김, 『미국 지성사』(신서원, 1975/1999), 198쪽.
8. 앨런 브링클리(Alan Brinkley), 황혜성 외 공역, 『미국인의 역사 1』(비봉출판사, 1993/1998), 201~207쪽; 커윈 C. 스윈트(Kerwin C. Swint), 김정욱 · 이훈 옮김, 『네거티브, 그 치명적 유혹: 미국의 역사를 바꾼 최악의 네거티브 캠페인 25위~1위』(플래닛미디어, 2005/2007), 341~354쪽.

왜 미국의 국가國歌는 호전적인가?

1. 앨런 브링클리(Alan Brinkley), 황혜성 외 옮김, 『미국인의 역사 1』(비봉출판사, 1993/1998), 245~249쪽; 리처드 솅크먼(Richard Shenkman), 이종인 옮김, 『미국사의 전설, 거짓말, 날조된 신화들』(미래M&B, 1988/2003), 84~86쪽.
2. 알렉시 드 토크빌(Alexis de Tocqueville), 임효선 · 박지동 옮김, 『미국의 민주주의 1』(한길사, 1840/1997), 338~339쪽.
3. 앨런 브링클리(Alan Brinkley), 황혜성 외 옮김, 『미국인의 역사 1』(비봉출판사, 1993/1998), 250~251쪽.
4. 폴 존슨(Paul Johnson), 왕수민 옮김, 『영웅들의 세계사』(웅진지식하우스, 2007/2009), 197~198쪽.
5. 홍사중, 『근대시민사회사상사』(한길사, 1997), 169~202쪽.
6. 리처드 솅크먼(Richard Shenkman), 이종인 옮김, 『미국사의 전설, 거짓말, 날조된 신화들』(미래M&B, 1988/2003), 305~306쪽.
7. Rosemarie Ostler, 『Let's Talk Turkey: The Stories behind America's Favorite Expressions』 (New York: Prometheus Books, 2008), pp.84~86; 진인숙, 『영어 단어와 숙어에 담겨진 이야기』(건국 대학교출판부, 1997), 136~137쪽.

'보통 사람들의 시대'인가, '지배 엘리트의 교체'인가?

1. 캐슬린 홀 재미슨(Kathleen Hall Jamieson), 원혜영 옮김, 『대통령 만들기: 미국 대선의 선거 전략과 이미지메이킹』(백산서당, 1996/2002), 22~24쪽; 로버트 그린(Robert Greene), 강미경 옮김, 『유혹의 기술』(이마고, 2001/2002), 650~653쪽.

2. 커윈 C. 스윈트(Kerwin C. Swint), 김정욱·이훈 옮김, 『네거티브, 그 치명적 유혹: 미국의 역사를 바꾼 최악의 네거티브 캠페인 25위~1위』(플래닛미디어, 2005/2007), 389~403쪽.
3. 앨런 브링클리(Alan Brinkley), 황혜성 외 옮김, 『미국인의 역사 1』(비봉출판사, 1993/1998), 300~303쪽.
4. 이구한, 『이야기 미국사: 태초의 아메리카로부터 21세기의 미국까지』(청아출판사, 2006), 235쪽; 리처드 셴크먼(Richard Shenkman), 이종인 옮김, 『미국사의 전설, 거짓말, 날조된 신화들』(미래M&B, 1988/2003), 79쪽.
5. 윌리엄 라이딩스 2세(William J. Ridings, Jr.)·스튜어트 매기버(Stuart B. McIver), 김형곤 옮김, 『위대한 대통령 끔찍한 대통령』(한언, 1997/2000), 100쪽.
6. 앨런 브링클리(Alan Brinkley), 황혜성 외 옮김, 『미국인의 역사 1』(비봉출판사, 1993/1998), 305쪽; 케네스 데이비스(Kenneth C. Davis), 이순호 옮김, 『미국에 대해 알아야 할 모든 것, 미국사』(책과함께, 2003/2004), 211쪽.
7. 케네스 데이비스(Kenneth C. Davis), 이순호 옮김, 『미국에 대해 알아야 할 모든 것, 미국사』(책과함께, 2003/2004), 200~201쪽; 앨런 브링클리(Alan Brinkley), 황혜성 외 옮김, 『미국인의 역사 1』(비봉출판사, 1993/1998), 305~306쪽.
8. 양홍석, 『미국정치문화의 전통과 전개: 잭슨시대를 중심으로』(국학자료원, 1999), 26쪽.
9. 앨런 브링클리(Alan Brinkley), 황혜성 외 옮김, 『미국인의 역사 1』(비봉출판사, 1993/1998), 335~337쪽.
10. 하워드 진(Howard Zinn), 조선혜 옮김, 『미국민중저항사 I』(일월서각, 1980/1986), 158~159쪽.
11. 케네스 데이비스(Kenneth C. Davis), 이순호 옮김, 『미국에 대해 알아야 할 모든 것, 미국사』(책과함께, 2003/2004), 199~200쪽.
12. 앨런 브링클리(Alan Brinkley), 황혜성 외 옮김, 『미국인의 역사 1』(비봉출판사, 1993/1998), 299~300쪽.

왜 지금도 자꾸 토크빌을 찾는가?

1. 박홍규, 『누가 아렌트와 토크빌을 읽었다 하는가: 한국 인문학의 왜곡된 추상주의 비판』(글항아리, 2008), 91쪽.
2. 케네스 데이비스(Kenneth C. Davis), 이순호 옮김, 『미국에 대해 알아야 할 모든 것, 미국사』(책과함께, 2003/2004), 207~208쪽.
3. 알렉시 드 토크빌(Alexis de Tocqueville), 임효선·박지동 옮김, 『미국의 민주주의 I』(한길사, 1840/1997), 111~112쪽.
4. 김봉중, 『미국은 과연 특별한 나라인가?: 미국의 정체성을 읽는 네 가지 역사적 코드』(소나무, 2001), 110쪽.
5. 알렉시 드 토크빌(Alexis de Tocqueville), 임효선·박지동 옮김, 『미국의 민주주의 I』(한길사, 1840/1997), 253~255쪽; 허버트 알철(J. Herbert Altschull), 강상현·윤영철 옮김, 『지배권력과 제도언론: 언론의 이데올로기적 역할과 쟁점』(나남, 1984/1991), 88쪽.
6. 알렉시 드 토크빌(Alexis de Tocqueville), 임효선·박지동 옮김, 『미국의 민주주의 II』(한길사, 1840/1997), 563~565쪽.
7. 알렉시 드 토크빌(Alexis de Tocqueville), 임효선·박지동 옮김, 『미국의 민주주의 II』(한길사, 1840/1997), 704쪽.
8. 케네스 데이비스(Kenneth C. Davis), 이순호 옮김, 『미국에 대해 알아야 할 모든 것, 미국사』(책과함께, 2003/2004), 208쪽; 김동춘, 『미국의 엔진, 전쟁과 시장』(창비, 2004), 286쪽.
9. 데이비드 브룩스(David Brooks), 김소희 옮김, 『보보스는 파라다이스에 산다』(리더스북, 2004/2008), 116~117쪽.
10. 알렉시 드 토크빌(Alexis de Tocqueville), 임효선·박지동 옮김, 『미국의 민주주의 I』(한길사, 1840/1997), 341~342쪽; 루터 S. 루드케(Luther S. Luedtke), 「미국 국민성의 탐색」, 루터 S. 루드케

(Luther S. Luedtke. 편, 고대 영미문학연구소 옮김, 『미국의 사회와 문화』(탐구당, 1989), 38~42쪽.

11. 알렉시 드 토크빌(Alexis de Tocqueville), 임효선·박지동 옮김, 『미국의 민주주의 II』(한길사, 1840/1997), 615쪽.

12. 알렉시 드 토크빌(Alexis de Tocqueville), 임효선·박지동 옮김, 『미국의 민주주의 II』(한길사, 1840/1997), 619~620쪽.

13. George Wilson Pierson, 『Tocqueville in America』(Baltimore, Md.: The Johns Hopkins University Press, 1996), pp.755~774.

14. Robert D. Putnam, 『Bowling Alone: The Collapse and Revival of American Community』(New York: Touchstone Book, 2000/2001).

15. Robert N. Bellah et al., 『Habits of the Heart: Individualism and Commitment in American Life』 (Berkeley: University of California Press, 1985/2008).

16. 케네스 데이비스(Kenneth C. Davis), 이순호 옮김, 『미국에 대해 알아야 할 모든 것, 미국사』(책과함께, 2003/2004), 206쪽.

17. 알렉시 드 토크빌(Alexis de Tocqueville), 임효선·박지동 옮김, 『미국의 민주주의 I』(한길사, 1840/1997), 446쪽; 토머스 J. 딜로렌조(Thomas J. DiLorenzo), 남경태 옮김, 『링컨의 진실: 패권주의-위대한 해방자의 정치적 초상』(사회평론, 2002/2003), 39쪽.

18. 알렉시 드 토크빌(Alexis de Tocqueville), 임효선·박지동 옮김, 『미국의 민주주의 I』(한길사, 1840/1997), 146~147쪽.

19. 이향순, 「2. 민주주의와 도덕 사회: 또끄빌과 뒤르케임의 비교」, 김성건 외, 『알렉시스 또끄빌을 찾아서: 민주주의와 '마음의 습속'에 대한 사상』(학문과사상사, 1996), 60~61쪽.

왜 찰스 디킨스는 미국 신문과 전쟁을 벌였는가?

1. 미첼 스티븐스(Mitchell Stephens), 이광재·이인희 옮김, 『뉴스의 역사』(황금가지, 1997/1999), 334~335쪽; 알렉시 드 토크빌(Alexis de Tocqueville), 임효선·박지동 옮김, 『미국의 민주주의 I』(한길사, 1840/1997), 253~255쪽.

2. Michael Emery & Edwin Emery, 『The Press and America: An Interpretive History of the Mass Media』, 8th ed.(Boston, Mass.: Allyn and Bacon, 1996); 이상철, 『커뮤니케이션 발달사』(일지사, 1982), 245~246쪽.

3. Jean Folkerts & Dwight L. Teeter, Jr., 『Voices of a Nation: A History of Mass Media in the United States』, 3rd ed.(Boston, Mass.: Allyn and Bacon, 1998); 임근수, 『신문발달사』(정음사, 1986), 260~261쪽.

4. 이상철, 『커뮤니케이션 발달사』(일지사, 1982), 247쪽.

5. Michael Emery & Edwin Emery, 『The Press and America: An Interpretive History of the Mass Media』, 8th ed.(Boston, Mass.: Allyn and Bacon, 1996); 허버트 알철(J. Herbert Altschull), 강상현·윤영철 옮김, 『지배권력과 제도언론: 언론의 이데올로기적 역할과 쟁점』(나남, 1984/1991), 91쪽.

6. Michael Schudson, 『Discovering the News: A Social History of American Newspapers』(New York: Basic Books, 1978), pp.14~60; 이상철, 『커뮤니케이션 발달사』(일지사, 1982), 245쪽.

7. Michael Emery & Edwin Emery, 『The Press and America: An Interpretive History of the Mass Media』, 8th ed.(Boston, Mass.: Allyn and Bacon, 1996).

8. 허버트 알철(J. Herbert Altschull), 양승목 옮김, 『현대언론사상사: 밀턴에서 맥루한까지』(나남, 1990/1993), 388쪽.

9. W. 서머싯 몸(W. Somerset Maugham), 권정관 옮김, 『불멸의 작가, 위대한 상상력』(개마고원,

1954/2008), 224~225쪽.

10. 허버트 알철(J. Herbert Altschull), 강상현 · 윤영철 옮김, 『지배권력과 제도언론: 언론의 이데올로기적 역할과 쟁점』(나남, 1984/1991), 86~87쪽; 에드윈 무어(Edwin Moore), 차미례 옮김, 『그 순간 역사가 움직였다: 세계사를 수놓은 운명적 만남 100』(미래인, 2007/2009), 235~236쪽.

11. 허버트 알철(J. Herbert Altschull), 양승목 옮김, 『현대언론사상사: 밀턴에서 맥루한까지』(나남, 1990/1993), 510쪽.

"신이 무엇을 이룩했는가?"

1. 빌 브라이슨(Bill Bryson), 정경옥 옮김, 『빌 브라이슨 발칙한 영어산책: 엉뚱하고 발랄한 미국의 거의 모든 역사』(살림, 1994/2009), 159~161쪽.

2. Paul Starr, 『The Creation of the Media: Political Origins of Modern Communications』(New York: Basic Books, 2004), pp.174~178.

3. 헨리 데이비드 소로(Henry David Thoreau), 강승영 옮김, 『월든』(이레, 1854/1993), 64쪽.

4. 슈테판 츠바이크(Stefan Zweig), 안인희 옮김, 『광기와 우연의 역사』(자작나무, 1927/1996), 216~218쪽.

5. Marshall McLuhan, 『Understanding Media: The Extensions of Man』(New York: McGraw-Hill, 1964/1965), p.269.

6. 김주환, 『디지털 미디어의 이해』(생각의나무, 2008), 143~144쪽.

7. Michael Emery & Edwin Emery, 『The Press and America: An Interpretive History of the Mass Media』, 8th ed.(Boston, Mass.: Allyn and Bacon, 1996); Jean Folkerts & Dwight L. Teeter, Jr., 『Voices of a Nation: A History of Mass Media in the United States』, 3rd ed.(Boston, Mass.: Allyn and Bacon, 1998); 이문호, 『뉴스에이전시란 무엇인가』(커뮤니케이션북스, 2001), 288쪽; 이상철, 『커뮤니케이션 발달사』(일지사, 1982), 256~257쪽.

8. 스티븐 컨(Stephen Kern), 박성관 옮김, 『시간과 공간의 문화사 1880~1918』(휴머니스트, 1983/2004), 289~290쪽.

9. 임영호, 『기술혁신과 언론노동: 노동과정론에서 본 신문노동의 역사』(커뮤니케이션북스, 1999), 106쪽.

10. 볼프강 쉬벨부시(Wolfgang Schivelbusch), 박진희 옮김, 『철도여행의 역사: 철도는 시간과 공간을 어떻게 변화시켰는가』(궁리, 1977/1999), 53쪽; 노형석, 『한국 근대사의 풍경』(생각의나무, 2006), 17쪽.

왜 에머슨은 "유럽이라는 회충을 몰아내자!"고 외쳤는가?

1. 이주영, 『미국사』(대한교과서, 1995), 134쪽.

2. 이보형, 『미국사 개설』(일조각, 2005), 136쪽; 이형대, 「미국의 지적 전통과 위기」, 김형인 외, 『미국학』(살림, 2003), 85쪽.

3. 폴 존슨(Paul Johnson), 김욱 옮김, 『위대한 지식인들에 관한 끔찍한 보고서』(한언, 1988/1999), 170~172쪽.

4. 이종훈, 「로맨티시즘」, 김영한 · 임지현 편, 『서양의 지적운동 I: 르네상스에서 포스트모더니즘까지』(지식산업사, 1994), 467~504쪽; 이상섭, 「낭만주의」, 『문학비평 용어사전』(민음사, 2001), 49~54쪽; 프랭클린 보머(Franklin L. Baumer), 조현연 옮김, 『유럽 근현대 지성사』(현대지성사, 1977/1999), 378~422쪽.

5. 이주영, 『미국사』(대한교과서, 1995), 101쪽.

6. 스토 퍼슨스(Stow Persons), 이형대 옮김, 『미국 지성사』(신서원, 1975/1999), 303~304쪽.

7. 조지프 히스(Joseph Heath) · 앤드루 포터(Andrew Potter), 윤미경 옮김, 『혁명을 팝니다』(마티,

2004/2006), 91쪽.
8. 폴 A. 코헨(Paul A. Cohen), 이남희 옮김, 『학문의 제국주의: 오리엔탈리즘과 중국사』(산해, 1984/2003), 143~144쪽.
9. 잭 비어티(Jack Beatty), 유한수 옮김, 『거상: 대기업이 미국을 바꿨다』(물푸레, 2001/2002), 135쪽 · 161~162쪽.
10. 데이비드 브룩스(David Brooks), 김소희 옮김, 『보보스는 파라다이스에 산다』(리더스북, 2004/2008), 146쪽.
11. 김병걸, 『문예사조, 그리고 세계의 작가들: 단테에서 밀란 쿤데라까지 1』(두레, 1999), 270~273쪽; 이영옥, 「미국 문학의 미국적 특성」, 김형인 외, 『미국학』(살림, 2003), 112~113쪽.
12. 데이비드 브룩스(David Brooks), 김소희 옮김, 『보보스는 파라다이스에 산다』(리더스북, 2004/2008), 141쪽.
13. 크리스토프 샤를(C. Charle) · 자크 베르제르(J. Verger), 김정인 옮김, 『대학의 역사』(한길사, 1989/1999), 131~134쪽.
14. 대니얼 J. 부어스틴(Daniel J. Boorstin), 이보형 외 옮김, 『미국사의 숨은 이야기』(범양사출판부, 1989/1991), 309쪽.

텍사스 탈취는 미국의 '명백한 운명' 이었나?

1. 케네스 데이비스(Kenneth C. Davis), 이순호 옮김, 『미국에 대해 알아야 할 모든 것, 미국사』(책과함께, 2003/2004), 214~216쪽.
2. 케네스 데이비스(Kenneth C. Davis), 이순호 옮김, 『미국에 대해 알아야 할 모든 것, 미국사』(책과함께, 2003/2004), 216~217쪽.
3. 마이클 헌트(Michael H. Hunt), 권용립 · 이현휘 옮김, 『이데올로기와 미국외교』(산지니, 1987/2007), 95쪽.
4. 김봉중, 『카우보이들의 외교사: 먼로주의에서 부시 독트린까지 미국의 외교전략』(푸른역사, 2006), 102~106쪽; 하워드 진(Howard Zinn) · 레베카 스테포프(Rebecca Stefoff), 김영진 옮김, 『하워드 진 살아있는 미국역사』(추수밭, 2007/2008), 107쪽.
5. 윌리엄 T. 헤이건(William T. Hagan), 「서부는 어떻게 사라져갔는가?」, 프레더릭 E. 혹시(Frederick E. Hoxie) · 피터 아이버슨(Peter Iverson) 엮음, 유시주 옮김, 『미국사에 던지는 질문: 인디언, 황야, 프런티어, 그리고 국가의 영혼』(영림카디널, 1998/2000), 239쪽.
6. 송기도, 『콜럼버스에서 룰라까지: 중남미의 재발견』(개마고원, 2003), 99쪽.
7. 하워드 진(Howard Zinn), 문강형준 옮김, 『권력을 이긴 사람들』(난장, 2007/2008), 139쪽.
8. 허버트 알철(J. Herbert Altschull), 강상현 · 윤영철 옮김, 『지배권력과 제도언론: 언론의 이데올로기적 역할과 쟁점』(나남, 1984/1991), 75쪽.
9. 하워드 진(Howard Zinn) · 레베카 스테포프(Rebecca Stefoff), 김영진 옮김, 『하워드 진 살아있는 미국역사』(추수밭, 2007/2008), 113쪽.
10. 케네스 데이비스(Kenneth C. Davis), 이순호 옮김, 『미국에 대해 알아야 할 모든 것, 미국사』(책과함께, 2003/2004), 217~218쪽.
11. 대니얼 J. 부어스틴(Daniel J. Boorstin), 이보형 외 옮김, 『미국사의 숨은 이야기』(범양사출판부, 1989/1991), 356쪽.

"선생님은 왜 감옥 밖에 계십니까?"

1. 김삼웅, 「소로: 숲속 오두막에서」, 『넓은 하늘 아래 나는 걸었네: 광기와 방랑의 자유인 33인의 이야기』(동방미디어, 2000), 149쪽.
2. 헨리 데이비드 소로(Henry David Thoreau), 강승영 옮김, 『시민의 불복종』(이레, 1849/1999), 9쪽.
3. 헨리 데이비드 소로(Henry David Thoreau), 강승영 옮김, 『시민의 불복종』(이레, 1849/1999), 12쪽.
4. 헨리 데이비드 소로(Henry David Thoreau), 강승영 옮김, 『시민의 불복종』(이레, 1849/1999), 29~30쪽.
5. 헨리 데이비드 소로(Henry David Thoreau), 강승영 옮김, 『시민의 불복종』(이레, 1849/1999), 31쪽.
6. 헨리 데이비드 소로(Henry David Thoreau), 강승영 옮김, 『시민의 불복종』(이레, 1849/1999), 33쪽.
7. 김삼웅, 「불복종운동과 헨리 소로」, 『대한매일』, 2000년 2월 29일, 7면.
8. 케네스 데이비스(Kenneth C. Davis), 이순호 옮김, 『미국에 대해 알아야 할 모든 것, 미국사』(책과함께, 2003/2004), 233쪽.
9. 프레더릭 더글러스, 안유회 옮김, 『노예의 노래: 흑인 노예해방 운동가 프레더릭 더글러스의 증언』(모티브, 1845/2003).
10. Jean Folkerts & Dwight L. Teeter, Jr., 『Voices of a Nation: A History of Mass Media in the United States』, 3rd ed.(Boston, Mass.: Allyn and Bacon, 1998).
11. 존 터먼(John Tirman), 이종인 옮김, 『미국이 세계를 망친 100가지 방법』(재인, 2006/2008), 17쪽.
12. 박승희, 「[글로벌 아이] 조지 W 오바마」, 『중앙일보』, 2013년 6월 18일.
13. 정의환, 「양심도 민영화했니?」, 『한겨레21』, 제966호(2013년 6월 24일).
14. 헨리 데이비드 소로(Henry David Thoreau), 강승영 옮김, 『시민의 불복종』(이레, 1849/1999), 27쪽.

'경쟁' 아닌 '협동'으로 살 수 없는가?

1. 에릭 홉스봄(Eric Hobsbawm), 정도영·차명수 옮김, 『혁명의 시대』(한길사, 1962/1998), 417쪽.
2. 김용관, 『탐욕의 자본주의: 투기와 약탈이 낳은 괴물의 역사』(인물과사상사, 2009), 74쪽.
3. 양동휴·송승철·윤혜준, 『산업문명과 기계문명』(서울대학교출판부, 1997), 110쪽.
4. 앨런 브링클리(Alan Brinkley), 황혜성 외 옮김, 『미국인의 역사 2』(비봉출판사, 1993/1998), 7~8쪽; 사라 에번스(Sara M. Evans), 조지형 옮김, 『자유를 위한 탄생: 미국 여성의 역사』(이화여자대학교출판부, 1997/1998), 128~129쪽.
5. 윈턴 U. 솔버그(Winton U. Solberg), 조지형 옮김, 『미국인의 사상과 문화』(이화여자대학교출판부, 1983/1996), 91쪽.
6. 앨런 브링클리(Alan Brinkley), 황혜성 외 옮김, 『미국인의 역사 2』(비봉출판사, 1993/1998), 6~7쪽; 김정열, 『미국에서 본 팍스 아메리카나』(이슈투데이, 2001), 39~42쪽.
7. 유종선, 『미국사 100장면: 신대륙 발견에서 LA 흑인폭동까지』(가람기획, 1995), 159~160쪽.
8. 스토 퍼슨스(Stow Persons), 이형대 옮김, 『미국 지성사』(신서원, 1975/1999), 269~274쪽.
9. 케네스 데이비스(Kenneth C. Davis), 이순호 옮김, 『미국에 대해 알아야 할 모든 것, 미국사』(책과함께, 2003/2004), 219~220쪽; 앨런 브링클리(Alan Brinkley), 황혜성 외 옮김, 『미국인의 역사 2』(비봉출판사, 1993/1998), 8~10쪽; 바버라 랜드(Barbara Land)·마이크 랜드(Myrick Land), 문현아 옮김, 『생각의 혁신, 라스베이거스에 답이 있다』(살림, 2004/2009), 49~53쪽.
10. 네이선 밀러(Nathan Miller), 김형곤 옮김, 『이런 대통령 뽑지 맙시다: 미국 최악의 대통령 10인』(혜안, 1998/2002), 317~319쪽.
11. 퍼트리샤 넬슨 리메릭(Patricia Nelson Limerick), 김봉중 옮김, 『정복의 유산: 서부개척으로 본 미국의 역사』(전남대학교출판부, 1988/1998), 324~328쪽.

12. 대니얼 벨(Daniel Bell), 김진욱 옮김, 『자본주의의 문화적 모순』(문학세계사, 1976/1990), 88쪽.

울분과 탐욕의 폭발인가?

1. 하워드 진(Howard Zinn) · 레베카 스테포프(Rebecca Stefoff), 김영진 옮김, 『하워드 진 살아있는 미국역사』(추수밭, 2007/2008), 124~125쪽.
2. 이구한, 『이야기 미국사: 태초의 아메리카로부터 21세기의 미국까지』(청아출판사, 2006), 325~326쪽.
3. 박보균, 『살아 숨쉬는 미국 역사』(랜덤하우스중앙, 2005), 100쪽.
4. 토머스 J. 딜로렌조(Thomas J. DiLorenzo), 남경태 옮김, 『링컨의 진실: 패권주의 위대한 해방자의 정치적 초상』(사회평론, 2002/2003), 223쪽.
5. 토머스 J. 딜로렌조(Thomas J. DiLorenzo), 남경태 옮김, 『링컨의 진실: 패권주의 위대한 해방자의 정치적 초상』(사회평론, 2002/2003), 217~223쪽.
6. 앨런 브링클리(Alan Brinkley), 황혜성 외 옮김, 『미국인의 역사 2』(비봉출판사, 1993/1998), 134~155쪽; 케네스 데이비스(Kenneth C. Davis), 이순호 옮김, 『미국에 대해 알아야 할 모든 것, 미국사』(책과함께, 2003/2004), 283~290쪽.
7. 네이선 밀러(Nathan Miller), 김형곤 옮김, 『이런 대통령 뽑지 맙시다: 미국 최악의 대통령 10인』(혜안, 1998/2002), 200~204쪽.
8. 토머스 J. 딜로렌조(Thomas J. DiLorenzo), 남경태 옮김, 『링컨의 진실: 패권주의 위대한 해방자의 정치적 초상』(사회평론, 2002/2003), 231쪽.
9. 김형인, 「마이너리티, 흑인의 삶」, 김형인 외, 『미국학』(살림, 2003), 329~330쪽.
10. 유종호, 『서정적 진실을 찾아서』(민음사, 2001), 386쪽; 페이터 리트베르헌(Peter Rietbergen), 김길중 외 옮김, 『유럽 문화사 하(下)』(지와 사랑, 1998/2003), 310~311쪽.
11. 하워드 민즈(Howard Means), 황진우 옮김, 『머니 & 파워: 지난 천년을 지배한 비즈니스의 역사』(경영정신, 2001/2002), 155쪽.
12. 윌리엄 번스타인(William Bernstein), 김현구 옮김, 『부의 탄생』(시아출판사, 2004/2005), 331~333쪽.

'거리의 소멸'과 '체험 공간의 팽창'인가?

1. 세스 슐만(Seth Shulman), 강성희 옮김, 『지상 최대의 과학 사기극: 알렉산더 그레이엄 벨의 모략과 음모로 가득 찬 범죄 노트』(살림, 2008/2009).
2. 앨빈 토플러(Alvin Toffler) · 하이디 토플러(Heidi Toffler), 김중웅 옮김, 『부의 미래』(청림출판, 2006), 35쪽; 요시미 순야 외, 오석철 · 황조희 옮김, 『전화의 재발견: 전화를 매개로 한 인간의 커뮤니케이션은 어떻게 변해왔는가?』(커뮤니케이션북스, 1992/2005), 33쪽.
3. 세스 슐만(Seth Shulman), 강성희 옮김, 『지상 최대의 과학 사기극: 알렉산더 그레이엄 벨의 모략과 음모로 가득 찬 범죄 노트』(살림, 2008/2009), 15~16쪽; 요시미 순야, 송태욱 옮김, 『소리의 자본주의: 전화, 라디오, 축음기의 사회사』(이매진, 1995/2005), 102~107쪽.
4. 진인숙, 『영어 단어와 숙어에 담겨진 이야기』(건국대학교출판부, 1997), 181쪽.
5. 요시미 순야, 송태욱 옮김, 『소리의 자본주의: 전화, 라디오, 축음기의 사회사』(이매진, 1995/2005), 140~142쪽 · 161~168쪽.
6. Marshall McLuhan, 『Understanding Media: The Extensions of Man』(New York: McGraw Hill, 1964/1965), p.269.
7. 스티븐 컨(Stephen Kern), 박성관 옮김, 『시간과 공간의 문화사 1880~1918』(휴머니스트, 1983/2004),

177쪽 · 457쪽.

8. 요시미 순야, 송태욱 옮김, 『소리의 자본주의: 전화, 라디오, 축음기의 사회사』(이매진, 1995/2005), 149~160쪽; 요시미 순야 외, 오석철 · 황조희 옮김, 『전화의 재발견: 전화를 매개로 한 인간의 커뮤니케이션은 어떻게 변해왔는가?』(커뮤니케이션북스, 1992/2005), 147쪽.

9. 앤서니 스미스, 최정호 · 공용배 옮김, 『세계신문의 역사』(나남, 1978/1990), 247쪽; 임영호, 『기술혁신과 언론노동: 노동과정론에서 본 신문노동의 역사』(커뮤니케이션북스, 1999), 104~105쪽.

10. 문정식, 『펜을 든 병사들: 종군기자 이야기』(전국언론노동조합연맹, 1999), 33쪽.

11. 요시미 순야 외, 오석철 · 황조희 옮김, 『전화의 재발견: 전화를 매개로 한 인간의 커뮤니케이션은 어떻게 변해왔는가?』(커뮤니케이션북스, 1992/2005), 155~157쪽; 요시미 순야, 송태욱 옮김, 『소리의 자본주의: 전화, 라디오, 축음기의 사회사』(이매진, 1995/2005), 150~151쪽.

12. 리오 휴버먼(Leo Huberman), 박정원 옮김, 『가자, 아메리카로』(비봉출판사, 1947/2001), 22쪽.

13. 스티븐 컨(Stephen Kern), 박성관 옮김, 『시간과 공간의 문화사 1880~1918』(휴머니스트, 1983/2004), 173~174쪽.

14. 스티븐 컨(Stephen Kern), 박성관 옮김, 『시간과 공간의 문화사 1880~1918』(휴머니스트, 1983/2004), 520~521쪽.

15. 데이비드 브룩스(David Brooks), 김소희 옮김, 『보보스는 파라다이스에 산다』(리더스북, 2004/2008), 129쪽.

16. 데이비드 브룩스(David Brooks), 김소희 옮김, 『보보스는 파라다이스에 산다』(리더스북, 2004/2008), 333~334쪽.

미국은 '야만시대'에서 '데카당스시대'로 건너뛰었나?

1. 데이비드 C. 코튼(David C. Korten), 채혜원 옮김, 『기업이 세계를 지배할 때』(세종서적, 1995/1997), 84쪽.

2. 케네스 데이비스(Kenneth C. Davis), 이순호 옮김, 『미국에 대해 알아야 할 모든 것, 미국사』(책과함께, 2003/2004), 293쪽.

3. 커윈 C. 스윈트(Kerwin C. Swint), 김정욱 · 이훈 옮김, 『네거티브, 그 치명적 유혹: 미국의 역사를 바꾼 최악의 네거티브 캠페인 25위~1위』(플래닛미디어, 2005/2007), 327~340쪽; 네이선 밀러(Nathan Miller), 김형곤 옮김, 『이런 대통령 뽑지 맙시다: 미국 최악의 대통령 10인』(헤안, 1998/2002), 181~216쪽.

4. 데니스 브라이언(Denis Brian), 김승욱 옮김, 『퓰리처: 현대 저널리즘의 창시자, 혹은 신문왕』(작가정신, 2001/2002), 54~66쪽.

5. 앨런 브링클리(Alan Brinkley), 황혜성 외 옮김, 『미국인의 역사 2』(비봉출판사, 1993/1998), 149~155쪽; 하워드 진(Howard Zinn) · 레베카 스테포프(Rebecca Stefoff), 김영진 옮김, 『하워드 진 살아있는 미국역사』(추수밭, 2007/2008), 125쪽.

6. 데이비드 캘러헌(David Callahan), 강미경 옮김, 『치팅컬처: 거짓과 편법을 부추기는 문화』(서돌, 2004/2008), 28쪽.

7. F. L. 알렌(Frederick Lewis Allen), 박진빈 옮김, 『빅 체인지』(앨피, 1952/2008), 60~64쪽; 찰스 패너티 (Charles Panati), 이용웅 옮김, 『문화와 유행상품의 역사 1』(자작나무, 1991/1997), 30쪽.

8. 마저리 켈리(Majorie Kelly), 강현석 옮김, 『자본의 권리는 하늘이 내렸나?』(이소출판사, 2001/2003), 233~234쪽; 케네스 데이비스(Kenneth C. Davis), 이순호 옮김, 『미국에 대해 알아야 할 모든 것, 미국사』(책과함께, 2003/2004), 305쪽.

9. 이보형, 『미국사 개설』(일조각, 2005), 199쪽.

10. 에드워드 챈슬러(Edward Chancellor), 강남규 옮김, 『금융투기의 역사: 튤립투기에서 인터넷 버블까지』(국일증권경제연구소, 1999/2001), 250~251쪽.

11. 글렌 포터, 손영호 · 연동원 편역, 『미국 기업사: 거대 주식회사의 등장과 그 영향』(학문사, 1986/1998), 21~22쪽.

12. 미첼 스티븐스(Mitchell Stephens), 이광재 · 이인희 옮김, 『뉴스의 역사』(황금가지, 1997/1999), 422~425쪽.

'백열등'이 '토지'의 문제를 은폐했나?

1. 케네스 데이비스(Kenneth C. Davis), 이순호 옮김, 『미국에 대해 알아야 할 모든 것, 미국사』(책과함께, 2003/2004), 314~316쪽; 하워드 진(Howard Zinn) · 레베카 스테포프(Rebecca Stefoff), 김영진 옮김, 『하워드 진 살아있는 미국역사』(추수밭, 2007/2008), 127~139쪽.

2. 잭 비어티(Jack Beatty), 유한수 옮김, 『거상: 대기업이 미국을 바꿨다』(물푸레, 2001/2002), 183쪽.

3. 헨리 조지(Henry George), 김윤상 옮김, 『진보와 빈곤』(비봉출판사, 1879/1997), 275쪽.

4. 헨리 조지(Henry George), 김윤상 옮김, 『진보와 빈곤』(비봉출판사, 1879/1997), 334~340쪽.

5. 레프 톨스토이, 「러시아어 번역판 서문」, 헨리 조지(Henry George), 전강수 옮김, 『사회문제의 경제학』(돌베개, 1883/2013), 14~15쪽.

6. 헨리 조지(Henry George), 전강수 옮김, 『사회문제의 경제학』(돌베개, 1883/2013), 247쪽.

7. 스티븐 컨(Stephen Kern), 박성관 옮김, 『시간과 공간의 문화사 1880~1918』(휴머니스트, 1983/2004), 89~90쪽; 하워드 민즈(Howard Means), 황진우 옮김, 『머니 & 파워: 지난 천년을 지배한 비즈니스의 역사』(경영정신, 2001/2002), 161쪽.

8. 박진희, 「서양과학기술과의 만남」, 국사편찬위원회 편, 『근현대과학기술과 삶의 변화』(두산동아, 2005), 12~13쪽; 노형석, 『모던의 유혹 모던의 눈물: 근대 한국을 거닐다』(생각의나무, 2004), 52쪽; 이승원, 『소리가 만들어낸 근대의 풍경』(살림, 2005), 80~81쪽.

9. 스티븐 컨(Stephen Kern), 박성관 옮김, 『시간과 공간의 문화사 1880~1918』(휴머니스트, 1983/2004), 90쪽 · 288쪽.

10. 스탠리 코렌(Stanley Coren), 안인희 옮김, 『잠 도둑들: 누가 우리의 잠을 훔쳐갔나?』(황금가지, 1996/1997), 11~25쪽.

11. 케이티 앨버드(Katie Alvord), 박웅희 옮김, 『당신의 차와 이혼하라』(돌베개, 2000/2004), 23쪽.

12. 헨리 조지(Henry George), 전강수 옮김, 『사회문제의 경제학』(돌베개, 1883/2013), 33~34쪽.

'미국은 영토 욕심이 없는 나라'인가?

1. 김남균, 「제4장 남북전쟁 전후 미국의 외교(1848~1898)」, 차상철 외, 『미국외교사: 워싱턴 시대부터 루즈벨트 시대까지(1774~1939)』(비봉출판사, 1999), 178쪽.

2. 김정기, 「1882년 조미수호통상조약과 이권침탈」, 『역사비평』, 제17호(1992년 여름), 20~21쪽.

3. 이정식, 『대한민국의 기원』(일조각, 2006), 29쪽.

4. 신복룡, 『한국정치사』(박영사, 1991), 299쪽; 김정기, 「1882년 조미수호통상조약과 이권침탈」, 『역사비평』, 제17호(1992년 여름), 22~23쪽; 안영배, 「1899년 대한제국과 1999년 대한민국/ '어설픈 근대화론이 조선 망쳤고, 서툰 세계화가 국난 불렀다'」, 『신동아』, 1999년 3월, 528~545쪽.

5. 하원호, 『한국근대경제사연구』(신서원, 1997), 17쪽.

6. 김정기, 「1882년 조미수호통상조약과 이권침탈」, 『역사비평』, 제17호(1992년 여름), 32쪽.

7. W. E. 그리피스, 신복룡 역주, 『은자의 나라 한국: 한말 외국인 기록 3』(집문당, 1882/1999).

8. 조현범, 『문명과 야만: 타자의 시선으로 본 19세기 조선』(책세상, 2002), 123쪽 · 177쪽; 정성화, 「W. 그리

피스, 「은자의 나라 한국」: 그리피스의 한국관을 중심으로」, 연세대학교 현대한국학연구소 편, 「해외한국학 평론」, 창간호(2000년 봄), 11~42쪽.

9. 이태진, 「고종시대의 재조명」(태학사, 2000), 135쪽.

10. 강재언, 이규수 옮김, 「서양과 조선: 그 이문화 격투의 역사」(학고재, 1998), 254쪽.

11. 김정기, 「1882년 조미수호통상조약과 이권침탈」, 「역사비평」, 제17호(1992년 여름), 29쪽.

12. 장인성, 「장소의 국제정치사상: 동아시아 질서변동기의 요코이 쇼난과·김윤식」(서울대학교출판부, 2002), 100~102쪽.

13. 이정식, 「초대 대통령 이승만의 청년 시절」(동아일보사, 2002), 241쪽; 허동현, 「수출할 수 있는 것은 소 가죽·쌀·머리털·전복껍데기뿐: 사회 모습 어땠나」, 「조선일보」, 2004년 3월 19일, A25면.

14. 김태익, 「최초의 대미사절 보빙사(유길준과 개화의 꿈 4)」, 「조선일보」, 1994년 11월 14일, 7면; 김정기, 「1882년 조미수호통상조약과 이권침탈」, 「역사비평」, 제17호(1992년 여름), 29쪽.

15. 전봉관, 「럭키경성: 근대조선을 들썩인 투기 열풍과 노블레스 오블리주」(살림, 2007), 307쪽.

16. 김인숙, 「무너져가는 나라가 기댈 것은 미래뿐…고종, 학교 설립 흔쾌히 허락: 광혜원·배재학당 등 설립…민간의 근대화 움직임」, 「조선일보」, 2004년 4월 9일, A26면.

17. F. H. 해링튼, 이광린 옮김, 「개화기의 한미관계: 알렌 박사의 활동을 중심으로」(일조각, 1973), 47쪽; 민경배, 「알렌의 선교와 근대한미외교」(연세대학교출판부, 1991), 66~67쪽; 류대영, 「개화기 조선과 미국 선교사: 제국주의 침략, 개화자강, 그리고 미국 선교사」(한국기독교역사연구소, 2004), 51쪽.

'상상할 수도 없는 묵시록적 의미'인가?

1. 박용규, 「미국 선교사들, 조선을 가장 선호」, 「주간조선」, 2006년 5월 8일, 76~77면.

2. 정성희, 「한권으로 보는 한국사 101장면」(가람기획, 1997), 248~249쪽; 박은봉, 「개정판 한국사 100장면」(실천문학사, 1997), 291쪽; 이덕주, 「한국교회 처음 이야기」(홍성사, 2006), 66쪽.

3. 장석만, 「'근대문명'이라는 이름의 개신교」, 「역사비평」, 제46호(1999년 봄), 255~256쪽.

4. 김영재, 「한국교회사」(개혁주의신행협회, 1992), 147쪽.

5. 김수진, 「김수진 목사의 신 한국교회사 (13) 의료선교사들의 활동」, 「국민일보」, 2001년 4월 18일, 18면.

6. 민경배, 「알렌의 선교와 근대한미외교」(연세대학교 출판부, 1991), 121쪽.

7. 김인숙, 「무너져가는 나라가 기댈 것은 미래뿐…고종, 학교설립 흔쾌히 허락: 광혜원·배재학당 등 설립…민간의 근대화 움직임」, 「조선일보」, 2004년 4월 9일, A26면; 황상익, 「한말 서양의학의 도입과 민중의 반응」, 「역사비평」, 제44호(1998년 가을), 281~282쪽.

8. 서정민, 「언더우드가 이야기: 한국과 가장 깊은 인연을 맺은 서양인 가문」(살림, 2005), 69쪽.

9. 김수진, 「김수진 목사의 신 한국교회사 (12) 부활절의 새 나팔소리: 1885년 부활절에 한국선교 첫걸음」, 「국민일보」, 2001년 4월 12일, 18면.

10. 김성호, 「아펜젤러 선교 숨결 간직한 국내 첫 서양식 '하나님의 집': 정동제일교회 '벧엘 예배당'」, 「서울신문」, 2006년 5월 15일, 18면.

11. F. H. 해링튼, 이광린 옮김, 「개화기의 한미관계: 알렌 박사의 활동을 중심으로」(일조각, 1973), 72쪽; 이덕주, 「한국교회 처음 이야기」(홍성사, 2006), 54쪽; 서정민, 「언더우드가 이야기: 한국과 가장 깊은 인연을 맺은 서양인 가문」(살림, 2005), 115쪽.

12. 이덕주, 「한국교회 처음 이야기」(홍성사, 2006), 66쪽; 신영숙, 「신식 결혼식과 변화하는 결혼 양상」, 국사편찬위원회 편, 「혼인과 연애의 풍속도」(두산동아, 2005), 199쪽.

13. 이중한 외, 「우리 출판 100년」(현암사, 2001), 45~46쪽; 이덕주, 「한국교회 처음 이야기」(홍성사, 2006), 54쪽; 한국기독교역사연구소, 「한국 기독교의 역사 I」(기독교문사, 1989), 201~202쪽.

14. 이강숙·김춘미·민경찬, 「우리 양악 100년」(현암사, 2001), 16~21쪽.

15. 한국기독교역사연구소, 『한국 기독교의 역사 I』(기독교문사, 1989), 227~228쪽.

16. F. H. 해링튼, 이광린 옮김, 『개화기의 한미관계: 알렌 박사의 활동을 중심으로』(일조각, 1973), 77~78쪽.

17. 조현범, 『문명과 야만: 타자의 시선으로 본 19세기 조선』(책세상, 2002), 179쪽; 김인수, 「한국교회의 청교도주의: 한국교회사적 입장」, 한국교회사학연구원 편, 『한국기독교사상』(연세대학교출판부, 1998), 371~372쪽.

18. 김기홍, 「한국 교회와 근본주의: 세계교회사적 입장」, 한국교회사학연구원 편, 『한국기독교사상』(연세대학교출판부, 1998), 15쪽.

19. 김수진, 「김수진 목사의 신 한국교회사 (14) 제중원 확장과 의료선교 활동」, 『국민일보』, 2001년 4월 25일, 18면; 강돈구, 「한국 기독교는 민족주의적이었나: 한국 초기 기독교와 민족주의」, 『역사비평』, 제27호 (1994년 겨울), 321쪽.

억만장자는 자연도태의 산물인가?

1. 케빈 필립스(Kevin P. Phillips), 오삼교·정하용 옮김, 『부와 민주주의: 미국의 금권정치와 거대 부호들의 정치사』(중심, 2002/2004), 524쪽.

2. 메릴 윈 데이비스(Merryl Wyn Davies), 이한음 옮김, 『다윈과 근본주의』(이제이북스, 2002).

3. 조너선 터너(Jonathan H. Turner), 정태환 외 옮김, 『현대 사회학 이론』(나남출판, 1997/2001), 121쪽.

4. 윌 듀랜트(Will Durant), 이철민 옮김, 『철학이야기』(청년사, 1926/1987), 207쪽·224쪽.

5. 이경원, 「미국학과 미국경제」, 김형인 외, 『미국학』(살림, 2003), 207쪽; 존 케네스 갤브레이스(John Kenneth Galbraith), 지길홍 옮김, 『불확실성의 시대』(홍신문화사, 1977/1995), 49쪽.

6. 루이스 A. 코저(Lewis A. Coser), 신용하·박명규 옮김, 『사회사상사』(일지사, 1975/1978), 193쪽.

7. 니콜라스 S. 티마셰프(Nicholas S. Timasheff)·조지 A. 테오도슨(George A. Theodorson), 박재묵·이정옥 옮김, 『사회학사: 사회학 이론의 성격과 발전』(풀빛, 1976/1985), 107~108쪽.

8. 최웅·김봉중, 『미국의 역사』(소나무, 1997), 197~198쪽.

9. 존 케네스 갤브레이스(John Kenneth Galbraith), 지길홍 옮김, 『불확실성의 시대』(홍신문화사, 1977/1995), 51쪽; 제임스 A. 스미스(James A. Smith), 손영미 옮김, 『미국을 움직이는 두뇌집단들』(세종연구원, 1991/1996), 61쪽.

10. F. L. 알렌(Frederick Lewis Allen), 박진빈 옮김, 『빅 체인지』(앨피, 1952/2008), 118~119쪽.

11. F. L. 알렌(Frederick Lewis Allen), 박진빈 옮김, 『빅 체인지』(앨피, 1952/2008), 119쪽.

12. 권용립, 『미국의 정치문명』(삼인, 2003), 234~235쪽.

13. 앨런 브링클리(Alan Brinkley), 황혜성 외 옮김, 『미국인의 역사 2』(비봉출판사, 1993/1998), 206~207쪽.

14. 권용립, 『미국의 정치문명』(삼인, 2003), 231쪽.

15. 케네스 데이비스(Kenneth C. Davis), 이순호 옮김, 『미국에 대해 알아야 할 모든 것, 미국사』(책과함께, 2003/2004), 328쪽.

16. 박지향, 『제국주의: 신화와 현실』(서울대학교출판부, 2000), 76~78쪽.

17. 윤건차, 「일본의 사회진화론과 그 영향」, 『역사비평』, 제32호(1996년 봄), 314쪽; 구선희, 「개화파의 대외인식과 그 변화」, 한국근현대사회연구회, 『한국근대 개화사상과 개화운동』(신서원, 1998), 146쪽; 박노자, 『나를 배반한 역사』(인물과사상사, 2003), 234쪽.

18. 박노자, 『우승열패의 신화』(한겨레신문사, 2005), 229~230쪽; 유길준, 허경진 옮김, 『서유견문』(서해문집, 2004), 22쪽; 김태익, 「'유길준과 개화의 꿈' (2) 유길준과 모스 교수」, 『조선일보』, 1994년 11월 10일, 7면.

19. 이명화, 『도산 안창호의 독립운동과 통일노선』(경인문화사, 2002), 22쪽.

기가 죽으면 저항 의지도 꺾이는가?

1. 케빈 필립스(Kevin P. Phillips), 오삼교 · 정하용 옮김, 『부와 민주주의: 미국의 금권정치와 거대 부호들의 정치사』(중심, 2002/2004), 525쪽.
2. 루이스 A. 코저(Lewis A. Coser), 신용하 · 박명규 옮김, 『사회사상사』(일지사, 1975/1978), 425쪽.
3. 로버트 L. 하일브로너(Robert L. Heilbroner), 장상환 옮김, 『세속의 철학자들: 위대한 경제사상가들의 생애, 시대와 아이디어』(이마고, 2000/2005), 288~289쪽.
4. 폴 스트레턴(Paul Strathern), 김낙년 · 전병윤 옮김, 『세계를 움직인 경제학자들의 삶과 사상』(몸과마음, 2001/2002), 298~306쪽.
5. 데이비드 브룩스(David Brooks), 김소희 옮김, 『보보스는 파라다이스에 산다』(리더스북, 2004/2008), 248~249쪽.
6. 낸시 에트코프(Nancy Etcoff), 이기문 옮김, 『미(美): 가장 예쁜 유전자만 살아남는다』(살림, 1999/2000), 262~263쪽.
7. 리처드 코니프(Richard Conniff), 이상근 옮김, 『부자』(까치, 2002/2003), 119~120쪽.
8. 존 스틸 고든(John Steele Gordon), 강남규 옮김, 『월스트리트제국: 금융자본권력의 역사 350년』(참솔, 1999/2002), 255쪽.
9. 케빈 필립스(Kevin P. Phillips), 오삼교 · 정하용 옮김, 『부와 민주주의: 미국의 금권정치와 거대 부호들의 정치사』(중심, 2002/2004), 21쪽.
10. 리처드 코니프(Richard Conniff), 이상근 옮김, 『부자』(까치, 2002/2003), 78~80쪽.
11. 리처드 코니프(Richard Conniff), 이상근 옮김, 『부자』(까치, 2002/2003), 274쪽.
12. 소스타인 베블런, 이완재 · 최세양 옮김, 『한가한 무리들』(동인, 1899/1995), 70쪽.
13. 소스타인 베블런, 이완재 · 최세양 옮김, 『한가한 무리들』(동인, 1899/1995), 21쪽.
14. 소스타인 베블런, 이완재 · 최세양 옮김, 『한가한 무리들』(동인, 1899/1995), 108쪽.
15. 소스타인 베블런, 이완재 · 최세양 옮김, 『한가한 무리들』(동인, 1899/1995), 207쪽.
16. 샘 피지개티(Sam Pizzigati), 이경남 옮김, 『부의 독점은 어떻게 무너지는가: 슈퍼리치의 종말과 중산층 부활을 위한 역사의 제언』(알키, 2012/2013), 49쪽.

테일러가 마르크스보다 위대한가?

1. 송성수, 「성과급제 원조…그는 노동자의 적인가: 테일러주의와 엔지니어의 꿈」, 『한겨레』, 2006년 9월 8일.
2. 김병도, 『코카콜라는 어떻게 산타에게 빨간 옷을 입혔는가: 위기를 돌파하는 마케팅』(21세기북스, 2003), 6~7쪽.
3. 데일 카네기, 베스트트랜스 옮김, 『데일 카네기의 자기관리론』(더클래식, 1948/2011), 287쪽.
4. 시요우민 · 류원뤼 · 무원우 엮음, 한혜성 옮김, 『경영이론의 설립자』(시그마북스, 2009/2011), 63쪽.
5. 제러미 리프킨(Jeremy Rifkin), 이원기 옮김, 『유러피언 드림: 아메리칸 드림의 몰락과 세계의 미래』(민음사, 2004/2005), 150쪽.
6. 프레더릭 테일러, 방영호 옮김, 『과학적 관리법』(21세기북스, 1911/2010), 67~68쪽.
7. 프레더릭 테일러, 방영호 옮김, 『과학적 관리법』(21세기북스, 1911/2010), 150~151쪽.
8. 프레더릭 테일러, 방영호 옮김, 『과학적 관리법』(21세기북스, 1911/2010), 157쪽.
9. 안토니오 그람시(Antonio Gramsci), 이상훈 옮김, 「3장 미국주의와 포드주의」, 『그람시의 옥중수고 1: 정치편』(거름, 1934/2004), 364쪽.
10. Harry Braverman, 『Labor and Monopoly Capitalism: The Degradation of Work in the Twentieth Century』(New York: Monthly Review Press, 1974), pp.12~119.

11. 백욱인, 「디지털혁명과 일상생활」, 『문화과학』, 제10호(1996년 가을), 40~41쪽.
12. 피터 드러커(Peter Drucker), 이재규 옮김, 『자본주의 이후의 사회』(한국경제신문사, 1993), 67~68쪽.
13. 피터 드러커(Peter Drucker), 이재규 옮김, 『자본주의 이후의 사회』(한국경제신문사, 1993), 68~75쪽.
14. 제러미 리프킨(Jeremy Rifkin), 이원기 옮김, 『유러피언 드림: 아메리칸 드림의 몰락과 세계의 미래』(민음사, 2004/2005), 150쪽.
15. R. Laurence Moore, 『Selling God: American Religion in the Marketplace of Culture』(New York: Oxford University Press, 1994), pp.212~213.

왜 시카고 시민은 마피아를 지지했을까?

1. 지연진, 「알 카포네 호화주택 84억 원에 팔려」, 『아시아경제』, 2013년 6월 20일.
2. 오치 미치오 외, 김영철 편역, 『마이너리티의 헐리웃: 영화로 읽는 미국사회사』(한울, 1993), 83~84쪽.
3. 오치 미치오, 곽해선 옮김, 『와스프: 미국의 엘리트는 어떻게 만들어지는가』(살림, 1998/1999), 46쪽.
4. Daniel Boorstin, 『The Americans: The Democratic Experience』(New York: Vintage Books, 1973/1974), pp.84~85.
5. 이창무, 「알 카포네와 금주법」, 『신동아』, 2013년 3월, 484~493쪽.
6. 케네스 데이비스(Kenneth C. Davis), 이순호 옮김, 『미국에 대해 알아야 할 모든 것, 미국사』(책과함께, 2003/2004), 345~346쪽.
7. 조프리 리건(Geoffrey Regan), 장동현 옮김, 『세계사의 대실수』(세종서적, 1994/1996), 51쪽; 이창무, 「알 카포네와 금주법」, 『신동아』, 2013년 3월, 484~493쪽; 「Al Capone」, 『Wikipedia』.
8. 크리스토퍼 실베스터(Christopher Sylvester) 편저, 서지영·변원미 옮김, 『인터뷰』(현일사, 1994), 237쪽.
9. 크리스토퍼 실베스터(Christopher Sylvester) 편저, 서지영·변원미 옮김, 『인터뷰』(현일사, 1994), 242쪽.
10. 크리스토퍼 실베스터(Christopher Sylvester) 편저, 서지영·변원미 옮김, 『인터뷰』(현일사, 1994), 238~239쪽.
11. 이상렬, 「국세청, 역외탈세와 전면전 돌입: '알 카포네 효과' 노린다」, 『중앙일보』, 2013년 2월 25일.
12. 루치아노 이오리초(Luciano Iorizzo), 김영범 옮김, 『알 카포네』(아라크네, 2003/2006), 18쪽.
13. 홍석민, 「암흑가의 대부: 1899년 알 카포네 출생」, 『동아일보』, 2005년 1월 17일, A27면.
14. 수잔 스트레인지(Susan Strange), 양오석 옮김, 『국가의 퇴각: 세계경제 내 권력의 분산』(푸른길, 1996/2001), 182, 188쪽.
15. 이언 엥겔(Ian Angell), 장은수 옮김, 『지식노동자 선언』(롱셀러, 2001), 234쪽·249~250쪽.

왜 킨제이는 '20세기의 갈릴레이'가 되었나?

1. 조너선 개손 하디(Jonathan Gathorne-Hardy), 김승욱 옮김, 『킨제이와 20세기 성 연구』(작가정신, 1998/2010), 38~53쪽.
2. Sarah E. Igo, 『The Averaged American: Surveys, Citizens, and the Making of a Mass Public』(Cambridge, MA: Harvard University Press, 2007), pp.200~201.
3. 조너선 개손 하디(Jonathan Gathorne-Hardy), 김승욱 옮김, 『킨제이와 20세기 성 연구』(작가정신, 1998/2010), 150~179쪽·326~329쪽.
4. 데이비드 핼버스탬(David Halberstam), 김지원 옮김, 『데이비드 핼버스탬의 1950년대 아메리카의 꿈(상)』(세종연구원, 1993/1996), 124쪽; 민융기, 『그래도 20세기는 좋았다 1901~2000』(오늘, 1999), 301쪽.
5. 이상원, 『라인홀드 니버: 정의를 추구한 현실주의 윤리학자』(살림, 2006), 34~35쪽; 조너선 개손 하디

(Jonathan Gathorne-Hardy), 김승욱 옮김, 『킨제이와 20세기 성 연구』(작가정신, 1998/2010), 439쪽.

6. 앵거스 매크래런(Angus McLaren), 임진영 옮김, 『20세기 성의 역사』(현실문화연구, 1999/2003), 246~247쪽.

7. 조너선 개손 하디(Jonathan Gathorne-Hardy), 김승욱 옮김, 『킨제이와 20세기 성 연구』(작가정신, 1998/2010), 448~469쪽.

8. 조너선 개손 하디(Jonathan Gathorne-Hardy), 김승욱 옮김, 『킨제이와 20세기 성 연구』(작가정신, 1998/2010), 471~476쪽.

9. 조너선 개손 하디(Jonathan Gathorne-Hardy), 김승욱 옮김, 『킨제이와 20세기 성 연구』(작가정신, 1998/2010), 413~414쪽.

10. 「Judith Reisman」, 『Wikipedia』.

11. 조너선 개손 하디(Jonathan Gathorne-Hardy), 김승욱 옮김, 『킨제이와 20세기 성 연구』(작가정신, 1998/2010), 481~483쪽.

미국은 드라마다

ⓒ 강준만, 2014

초판 1쇄 2014년 8월 6일 찍음
초판 1쇄 2014년 8월 11일 펴냄

지은이 | 강준만
펴낸이 | 강준우
기획·편집 | 박상문, 안재영, 박지석, 김환표
디자인 | 이은혜, 최진영
마케팅 | 이태준, 박상철
인쇄·제본 | 대정인쇄공사

펴낸곳 | 인물과사상사
출판등록 | 제17-204호 1998년 3월 11일

주소 | (121-839) 서울시 마포구 서교동 392-4 삼양E&R빌딩 2층
전화 | 02-325-6364
팩스 | 02-474-1413
www.inmul.co.kr | insa@inmul.co.kr

ISBN 978-89-5906-264-5 03900
값 16,000원

이 도서의 국립중앙도서관 출판시도서목록(CIP)은 서지정보유통지원시스템 홈페이지(http://seoji.nl.go.kr)와
국가자료공동목록시스템(http://www.nl.go.kr/kolisnet)에서 이용하실 수 있습니다.
(CIP제어번호 : CIP2014022727)